农牧企业成本会计实务

主编 刘东华 刘秋月

清华大学出版社
北京交通大学出版社
·北京·

内 容 简 介

随着国民经济和农村经济的迅速发展，多种类型的农牧企业不断涌现。农牧企业的生产组织形式、存货管理、费用成本核算等存在与其他企业的不同之处，尤其是它的成本核算及管理，已经成为一个亟待改善的问题。本书共分 7 篇，包括总论、农牧企业费用核算、基本成本核算方法及应用、辅助成本核算方法及应用、畜牧养殖企业成本核算、农业种植企业成本核算、成本报表编制与分析。每篇按项目组织内容，包括项目讲解、本篇小结、理念训练。

本书以就业为导向，以实训为手段，理论与实践相结合，既可以作为农业院校的会计学专业及财务管理学专业的教材，也可以作为相关在职人员的培训用书和参考书。

本书封面贴有清华大学出版社防伪标签，无标签者不得销售。
版权所有，侵权必究。侵权举报电话：010-62782989　13501256678　13801310933

图书在版编目（CIP）数据

农牧企业成本会计实务 / 刘东华，刘秋月主编. —北京：北京交通大学出版社：清华大学出版社，2018.11

ISBN 978-7-5121-3746-2

Ⅰ. ①农… Ⅱ. ①刘… ②刘… Ⅲ. ①成本会计-会计实务-高等学校-教材 Ⅳ. ①F234.2

中国版本图书馆 CIP 数据核字（2018）第 240831 号

农牧企业成本会计实务
NONGMU QIYE CHENGBEN KUAIJI SHIWU

责任编辑：	曾　华
出版发行：	清 华 大 学 出 版 社　邮编：100084　电话：010-62776969　http://www.tup.com.cn
	北京交通大学出版社　邮编：100044　电话：010-51686414　http://www.bjtup.com.cn
印 刷 者：	三河市兴博印务有限公司
经　　销：	全国新华书店
开　　本：	185 mm×260 mm　印张：21　字数：565 千字
版　　次：	2018 年 11 月第 1 版　2018 年 11 月第 1 次印刷
书　　号：	ISBN 978-7-5121-3746-2/F·1825
定　　价：	59.00 元

本书如有质量问题，请向北京交通大学出版社质监组反映。对您的意见和批评，我们表示欢迎和感谢。
投诉电话：010-51686043，51686008；传真：010-62225406；E-mail：press@bjtu.edu.cn。

本书编委会

主　编　刘东华　刘秋月

副主编　耿　敏　郭　勇

编　委（以姓氏笔画排序）

　　　　申瑞芳　刘东华　刘秋月

　　　　陈英乾　郭　勇　耿　敏

前　言

随着国民经济和农村经济的迅速发展,多种类型的农牧企业不断涌现。在农牧企业迅速发展的同时,农牧企业成本核算及管理成为一个亟待改善的问题。与一般企业的成本会计相比,农牧企业成本实务一方面具有企业成本实务的共性特征,另一方面由于农牧企业涉及的生物产品特性、生产周期特性等原因,以及农牧企业面临的较为复杂的社会、政治和经济环境,使得农牧企业的成本会计实务往往具有特殊的企业特征,从而使得农牧企业的生产组织形式、存货管理、费用成本核算等方面存在与其他企业的不同之处。

与我国农牧企业成本核算管理的现实需求形成鲜明对比的是,针对农牧企业的成本会计核算教材难以觅见,农牧企业成本会计教学明显薄弱。编写这本《农牧企业成本会计实务》教材,正是基于农牧企业成本会计核算的现实需求。

本书在内容上,除了包含企业成本会计的共性外,还具有针对农牧企业的下述几方面的特点:第一,体现了农牧企业在生产组织、会计科目设置、费用项目划分、成本核算等方面与一般企业的不同之处和难处;第二,在成本核算实务案例的编写上,尽可能体现农牧企业生产的特点,接近农牧企业的生产实际;第三,与财政部最新颁布的《农业企业会计核算办法》和《企业会计准则第5号——生物资产》相一致,特别体现在农牧业核算过程中账户的设置、成本计算方法等方面。

此外,为了便于学生学习和理解,每个项目在知识点讲解之后,都精心设置了有针对性的实务操作题以供训练,并且每一篇的最后都安排了理念训练题,方便学生巩固所学知识。本书以就业为导向,以实训为手段,通过角色模拟的方式,强化学生的实际动手能力,切实提升学生上岗前的实际应用能力。

如何遵循国家统一会计制度规定、体现农牧企业成本会计实务的特点、构建农牧企业成本核算体系及细则,是本书在写作中的难点所在,也是本书的基本任务之一。几经调研思考总结,本书采用把典型的普通制造业与特殊的农牧企业相结合的综合编写法,在突出企业共性的基础上,把农牧企业的成本核算理论与方法作为重点,单列两篇内容详细讲述其核算方法。为此,本书在编写过程中主要遵循了以下原则。

1. 合法性原则。作为一门行业会计,农牧企业成本会计同样是会计家族中的一员,本书的主要法律依据是《中华人民共和国会计法》,并结合《企业会计准则》等一系列会计法规。

2. 统一性原则。财政部制定颁布实施的《企业会计准则》,统一规范了企业会计有关确认、计量、记录和报告的内容与方法,用以维护国家会计体系的整体性、严肃性,其适用范围内的任何企业都必须遵照执行,这是强化会计管理、规范会计行为、提高会计信息质量的需要,农牧企业会计也不例外。

3. 灵活性原则。国家统一会计制度只是在宏观上做出了相应的规定,淡化和省略了各行各业的会计差异,通过"求同存异"来最大限度地保证会计信息的可比性,这就给不同行业的会计改革留下了较大的空间,其会计改革应体现该行业的特殊性。因此,农牧企业成本会计既不是简单地服从,更不应照搬国家统一会计制度,而是在不违反统一性原则的基础上,结合行业特点，灵活运用国家统一会计制度，设计符合自身特点的、具有实用性和可操作性的农牧企业成本会计理论体系和方法体系。

4. 实用性原则。与其他行业相比较，农牧企业具有十分明显的经营内容、生产工艺、管理体制等方面的特殊性，本书努力结合这些特点，使其更加符合农牧企业生产的自然规律、经济规律和管理规律，注重其科学性和有效性。

本书是在河南牧业经济学院一线教师的共同努力下编写完成的：刘东华、刘秋月担任主编，耿敏、郭勇担任副主编，陈英乾、申瑞芳等参与了编写工作。具体编写分工如下：刘东华编写了第一篇和第五篇的项目十四并负责全书审稿工作；刘秋月编写了第二篇和第六篇；耿敏编写了第三篇；申瑞芳编写了第四篇及第七篇；陈英乾编写了第五篇的项目十五；郭勇编写了第五篇的项目十六。

本书在编写过程中得到了河南花花牛乳业集团股份有限公司、河南永达食业集团的大力支持，他们提供了大量的实务案例，在此表示最诚挚的感谢！

农牧企业成本会计作为一门比较复杂的行业成本会计，既有自身的特殊性，又有诸多新旧会计理论和实务问题还处在探讨和实践之中，加之编者对新兴农牧企业会计实务的实践有限，尤其是编写水平所限，本书难免存在纰漏甚至不当之处，恳请读者不吝指正。

编　者
2018 年 11 月

目 录

第一篇 总 论

项目一 认知成本与成本会计 ·· 3
　一、成本的含义 ·· 3
　二、成本的分类 ·· 4
　三、成本的作用 ·· 10
　四、成本会计 ·· 11
　实务训练 ·· 19
项目二 明确成本核算原则与基本要求 ····································· 21
　一、成本核算原则 ··· 21
　二、成本核算基本要求 ·· 23
　实务训练 ·· 27
项目三 设置成本核算程序及账户 ··· 29
　一、成本核算的程序设置 ··· 29
　二、成本核算的账户设置 ··· 31
　三、成本核算的账务处理程序 ··· 37
　实务训练 ·· 38
本篇小结 ·· 39
理念训练 ·· 40

第二篇 农牧企业费用核算

项目四 要素费用核算 ·· 49
　一、材料费用的归集和分配 ··· 49
　二、职工薪酬费用的归集和分配 ·· 55
　三、折旧费用的归集和分配 ··· 60
　实务训练 ·· 61
项目五 辅助生产费用与制造费用核算 ···································· 65
　一、辅助生产费用核算 ·· 65
　二、制造费用核算 ··· 71
　实务训练 ·· 75
项目六 生产损失核算 ·· 78
　一、废品损失的核算 ·· 78

二、停工损失的核算 ··· 80
　　实务训练 ··· 82
项目七　生产费用在完工产品与期末在产品之间分配核算 ············· 84
　　一、不计算在产品成本法 ··· 84
　　二、在产品成本按年初固定成本计算法 ······································· 85
　　三、在产品成本按所耗材料费用计算法 ······································· 85
　　四、约当产量法 ··· 86
　　五、定额比例法 ··· 88
　　六、在产品按定额成本计价法 ··· 90
　　实务训练 ··· 91
本篇小结 ·· 94
理念训练 ·· 95

第三篇　基本成本核算方法及应用

项目八　成本计算方法概述 ··· 103
　　一、生产特点和管理要求对产品成本计算的影响 ······························ 103
　　二、产品成本计算的基本方法和辅助方法 ···································· 106
　　实务训练 ·· 109
项目九　品种法及应用 ·· 111
　　一、品种法概述 ·· 111
　　二、品种法核算应用案例 ·· 114
　　实务训练 ·· 120
项目十　分批法及应用 ·· 130
　　一、分批法概述 ·· 130
　　二、简化分批法 ·· 135
　　实务训练 ·· 140
项目十一　分步法及应用 ··· 144
　　一、分步法概述 ·· 144
　　二、逐步结转分步法及其应用 ·· 146
　　三、平行结转分步法及其应用 ·· 159
　　实务训练 ·· 163
本篇小结 ··· 167
理念训练 ··· 168

第四篇　辅助成本核算方法及应用

项目十二　分类法及应用 ··· 173
　　一、分类法概述 ·· 173

二、分类法应用案例 ··· 175
　　三、联产品、副产品成本的计算 ··· 178
　　实务训练 ·· 182
项目十三　定额法及应用 ·· 185
　　一、定额法概述 ·· 185
　　二、定额成本的计算 ·· 185
　　三、定额法应用案例 ·· 195
　　四、定额法的优缺点和应用条件 ·· 199
　　实务训练 ·· 199
本篇小结 ··· 206
理念训练 ··· 206

第五篇　畜牧养殖企业成本核算

项目十四　养禽企业成本核算 ··· 211
　　一、养禽企业成本核算的组织特点 ·· 211
　　二、养禽企业生产费用归集 ·· 213
　　三、养禽企业生产成本的计算 ··· 221
　　实务训练 ·· 223
项目十五　养猪企业成本核算 ··· 237
　　一、种猪场成本核算的意义 ·· 237
　　二、种猪场成本核算的要求 ·· 238
　　三、种猪场成本核算的组织特点 ·· 240
　　四、种猪场生产费用核算 ··· 243
　　五、种猪场生产成本计算方法 ··· 245
　　实务训练 ·· 254
项目十六　养牛企业成本核算 ··· 256
　　一、养牛企业成本核算概述 ·· 256
　　二、按生产管理流程发生的业务的账务处理方法 ···································· 258
　　三、按设置的会计科目进行的账务处理方法 ·· 263
　　四、养牛企业产品生产成本计算 ·· 266
　　实务训练 ·· 268
本篇小结 ··· 269
理念训练 ··· 270

第六篇　农业种植企业成本核算

项目十七　农业种植企业成本核算概述 ··· 275
　　一、农业种植企业的概念 ··· 275

III

二、生物资产与农产品的含义 ……………………………………………………… 275
三、农业企业生产的成本核算组织 ………………………………………………… 276
　实务训练 …………………………………………………………………………… 277
项目十八　农作物生物资产成本核算 ………………………………………………… 279
一、消耗性生物资产成本计算 ……………………………………………………… 279
二、生产性生物资产的农作物成本核算 …………………………………………… 283
　实务训练 …………………………………………………………………………… 286
本篇小结 ………………………………………………………………………………… 287
理念训练 ………………………………………………………………………………… 287

第七篇　成本报表编制与分析

项目十九　成本报表编制 ……………………………………………………………… 293
一、成本报表概述 …………………………………………………………………… 293
二、编制成本报表 …………………………………………………………………… 296
　实务训练 …………………………………………………………………………… 305
项目二十　成本报表分析 ……………………………………………………………… 307
一、成本报表分析概述 ……………………………………………………………… 307
二、分析成本报表 …………………………………………………………………… 311
　实务训练 …………………………………………………………………………… 320
本篇小结 ………………………………………………………………………………… 320
理念训练 ………………………………………………………………………………… 321
参考文献 ………………………………………………………………………………… 325

第一篇

总论

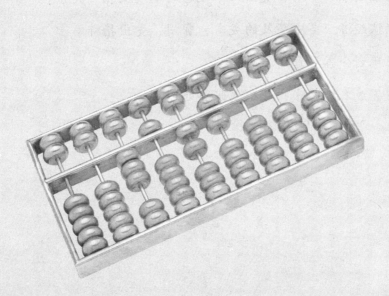

【知识目标】

1. 了解成本的含义及作用。
2. 了解成本会计的职能与任务。
3. 了解成本会计工作组织的内容及成本核算原则。
4. 熟悉成本核算的基本要求及成本核算的一般程序。
5. 掌握成本的分类、成本会计的对象。
6. 掌握进行产品成本核算应做好的基础工作。

【能力目标】

1. 能够把握成本、费用、支出三个概念的本质及相互关系。
2. 熟练确认经济业务中涉及的成本、费用、支出指标。
3. 能够正确划分各种费用界限。
4. 能够设置成本核算账户及确立账务处理程序。

项目一
认知成本与成本会计

一、成本的含义

成本是商品经济的产物,是商品经济中的一个经济范畴,是商品价值的主要组成部分。成本作为资源的耗费在现实生活中是无处不在、无时不在发生的,它贯穿于人们的日常工作、学习和生活中,可以说,凡是有经济活动和业务活动的地方,就必然有成本存在。尽管不同的经济环境、不同的行业特点、不同的目的,成本表现出的外在形式可能有所不同,但本质上都是资源耗费。

(一) 理论成本

马克思曾科学地指出了成本的经济性质:"按照资本主义方式生产的每一个商品 W 的价值,用公式来表示是 W=C+V+M。如果从这个产品价值中减去剩余价值 M,那么,在商品剩下来的,只是一个在生产要素上耗费的资本价值 C+V 的等价物或补偿价值。""商品价值的这个部分,即补偿所消耗的生产资料价格和所使用的劳动力价格的部分,只是补偿商品使资本家自身耗费的东西,所以对资本家来说,这就是商品的成本价格。"(《资本论》第 3 卷。《马克思恩格斯全集》第 25 卷,人民出版社 1974 年版,第 30 页。)马克思的这段话,第一,指出的只是产品成本的经济实质,并不是泛指一切成本;第二,从耗费角度指明了产品成本的经济实质是 C+V,由于 C+V 的价值无法计量,人们所能计量和把握的成本,实际上是 C+V 的价格,即成本价格;第三,从补偿角度指明了成本补偿的是商品生产中使资本自身消耗的东西,实际上说明了成本对再生产的作用。也就是讲,产品成本是企业维持简单再生产的补偿尺度,由此也可见,在一定的产品销售量和销售价格的条件下,产品成本水平的高低,不但制约着企业的生存,而且决定着剩余价值 M 即利润的多少,从而制约着企业再生产扩大的可能性。马克思对于成本的考察,既看到耗费,又重视补偿,这是对成本性质完整的理解。在商品生产条件下,耗费和补偿是对立统一的。任何耗费总是个别生产者的事,而补偿则是社会的过程。耗费要求得到补偿和能否得到补偿是两件不同的事情。这就迫使商品生产者不得不重视成本,努力加强管理,力求以较少的耗费来寻求补偿,并获取最大限度的利润。

从理论上讲，产品成本就是 C+V，即以货币表现的为制造产品而耗费的物化劳动（C）和活劳动中必要劳动的价值（V）之和，这样定义的成本可称为理论成本。

（二）现实成本

在实际工作中，一般是很难确定这种纯粹的 C+V 理论成本的，它只能是一种理论抽象。在会计实务中，由国家统一制定了成本开支范围，由这样的开支范围确定的成本称为现实成本。这是每个企业做好成本核算工作的依据。

现行财务制度规定的应计入产品成本的项目如下：

（1）在生产过程中为制造产品实际消耗的原材料、辅助材料、各种周转材料、修理用备件、燃料、外购商品等费用。

（2）生产性固定资产折旧费用、租赁费用、修理费用等。

（3）为制造产品而耗用的动力费用。

（4）支付给生产工人的工资、福利、奖金、津贴及社会保险费等。

（5）因生产原因发生的废品损失，以及季节性和修理期间的停工损失等。

（6）为组织和管理生产而支付的办公费、水电费、差旅费、运输费、保险费、试验检验费和劳动保护费等。

综上所述，就广义而言，成本是一个行为主体为达到预定的目的或目标而发生的可以用货币计量的各种资源（人力、物力和财力）耗费。

对广义成本含义的理解需要重点把握以下几点。

（1）成本的形成是以某种目标为对象的。目标可以是有形的产品或无形的产品，如生产的产品、一项工作、新技术、新工艺；也可以是某种服务，如教育、卫生系统的服务目标。这些目标就是成本对象。成本对象也就是费用负担者，是构成成本的要素之一。

（2）为达到预定的目标而发生耗费，这些耗费的货币表现形式，称为费用。没有目标的支出则是一种损失，不能叫作成本。

（3）耗费表现为一定的人力、物力和财力的消耗，如物质生产部门在生产产品的过程中要消耗原材料、支付人员工资、开支管理费用等。

二、成本的分类

成本的分类是指根据成本核算和成本管理的不同要求，按不同的标准对成本所做的划分。

（一）按成本的经济用途分类

按成本的经济用途分类即按费用要素在生产经营过程中转化为费用的方式分类。一类是资产化成本；另一类是费用化成本。资产化成本是指存货中的产品成本；费用化成本是指在发生的当期就转化为费用的成本即期间成本。因此，按成本的经济用途分类，成本最终分为产品成本和期间成本两大类。

1. 产品成本

产品成本是指按照一定的成本对象即"产品"归集的（要素）费用。它与一定的"产品"相联系。这里的"产品"是广义的，不仅指企业的产成品，还包括企业提供的劳务，实际上是指企业的产出物，即最终的成本计算对象。狭义的产品成本是指产品制造业在产品制造过程中发生的各项成本，又称生产成本或工厂成本。

在产品成本中包括的各个项目也称为成本项目。产品成本一般包括三大基本成本项目。

（1）直接材料：是指直接用于产品生产、构成产品实体的原料、主要材料、外购半成品、有助于产品形成的各种辅助材料等。

（2）直接人工：是指在产品生产过程中直接参加一线产品生产的工人的工资、福利、奖金和各种津贴等。

（3）制造费用：是指企业为生产产品和提供劳务而发生的各项间接费用，包括企业生产部门（如生产车间）发生的水电费、固定资产折旧、无形资产摊销、管理人员的薪酬、劳动保护费、季节性和修理期间的停工损失等。制造费用又称厂房费用或间接制造成本。

以上三个基本成本项目是由会计制度统一规定的，但企业也可在此基础上，根据本企业的实际生产特点，适当增减成本项目。例如，生产工艺用燃料及动力，耗用金额不大时，可将生产工艺用燃料费用并入"直接材料"，将生产工艺用动力费用并入"制造费用"，但金额较大时，就要增设"燃料及动力"成本项目进行单独反映。再如，企业的废品损失，其在产品成本中比重较大时，也可增设"废品损失"成本项目，以便于进行重点核算和管理。另外，有的企业还会用到"外购半成品"或"自制半成品"等成本项目。

具体到农牧企业，一般需要设置"直接材料""直接人工""机械作业费""其他直接费用""间接费用"等成本项目。

（1）直接材料：是指种植业生产中耗用的自产或外购的种子、种苗、饲料、肥料、农药、燃料及动力、修理用材料和零件、原材料及其他材料等；养殖业生产中直接用于养殖生产的苗种、饲料、肥料、燃料及动力、畜禽医药费等。

（2）直接人工：是指直接从事农业生产人员的薪酬。

（3）机械作业费：是指种植业在生产过程中农用机械进行耕耙、播种、施肥、除草、喷药、收割、脱粒等作业所发生的费用。

（4）其他直接费用：是指除直接材料、直接人工和机械作业费以外的畜力作业费等直接费用。

（5）间接费用：是指应摊销、分配计入成本核算对象的运输费、灌溉费、固定资产折旧、租赁费、保养费等费用。

其他行业企业的成本核算项目设置在《企业产品成本核算制度（试行）》第三章第二十三条至三十二条中进行了明确规定，如个别企业在《企业产品成本核算制度（试行）》中没规定到的，应当比照《企业产品成本核算制度（试行）》中规定的类似行业的企业确定成本项目。

将生产成本中的三个基本成本项目进行不同的组合，又可得出"主要成本"和"加工成本"的概念。成本项目组合形式如图1-1所示。

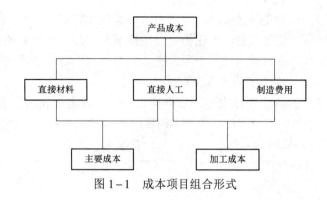

图 1-1 成本项目组合形式

2. 期间成本

期间成本是指不能计入产品的生产成本。它是直接计入当期损益的费用，与一定的"期间"相联系，这里的"期间"一般是指一个会计年度。因此，期间成本所包括的内容与期间费用的内容是一致的，具体可划分为管理费用、销售费用和财务费用。

（1）管理费用：是指企业为组织和管理企业生产经营所发生的管理费用，包括企业在筹建期间发生的开办费、董事会和行政管理部门在企业的经营管理过程中发生的或者应由企业统一负担的公司费用（包括行政管理部门职工工资及福利费、物料消耗、低值易耗品摊销、办公费和差旅费等）、工会经费、董事会费（包括董事会成员津贴费、会议费和差旅费等）、聘请中介机构费、咨询费（含顾问费）、诉讼费、业务招待费、房产税、车船使用税、土地使用税、印花税、技术转让费、矿产资源补偿费、研究费用、排污费，以及行政管理部门发生的固定资产修理费等。

（2）销售费用：是指企业在销售商品和材料、提供劳务的过程中发生的各种费用，包括企业在销售商品过程中发生的保险费、包装费、展览费和广告费、商品维修费、预计产品质量保证损失、运输费、装卸费等，以及为销售本企业商品而专设的销售机构（含销售网点、售后服务网点等）的职工薪酬、业务费、折旧费、固定资产修理费等。

（3）财务费用：是指企业为筹集生产经营所需资金等而发生的筹资费用，包括利息支出（减利息收入）、汇兑损益，以及相关的手续费、企业发生的现金折扣或收到的现金折扣等。

成本按经济用途分类是最基本的分类，此种分类的作用在于分清哪些费用可以计入产品成本，哪些费用不应计入产品成本而应计入期间成本，这对正确地进行产品成本计算和确定损益具有重要作用。无论是产品成本还是期间成本，都是生产经营的耗费，都必须从营业收入中扣除，但它们扣除的时间不同，期间成本直接从当期收入中扣除，而产品成本在产品出售前与当期收入不能配比，就按"存货"反映，是"储存成本"，只有在产品销售当期才能从当期收入中扣除。因此，在出售时应将产品成本转为费用。

以下等式体现得更充分：

期初在产品成本 + 本期投产产品成本 - 期末在产品成本 = 本期完工产品成本

期初库存产品成本 + 本期完工入库产品成本 - 期末库存产品成本 = 本期销售产品成本

（二）按成本与特定产品的关系或分派方式分类

按成本与特定产品的关系或分派方式分类，成本分为直接成本和间接成本。

1. 直接成本

直接成本是指与特定产品具有直接联系，直接为某种特定产品所消耗、可以直接计入某种产品的成本，又称可追溯成本。直接材料和直接人工一般属于直接成本。

2. 间接成本

间接成本是指与特定产品没有直接联系，或者不易直接计入产品成本的成本。间接成本需要采用适当的方法分配计入各种产品成本。制造费用一般属于间接成本。

成本划分为直接成本与间接成本并不是绝对的，如生产产品耗用的直接材料，只是一种产品耗用了就是直接成本，若是两种及以上产品耗用了就需要按一定标准在几种产品之间进行分配。此时，直接材料就成了间接成本。

成本划分为直接成本和间接成本后，直接成本要根据原始凭证直接计入某种产品成本；间接成本则应采用科学合理的分配标准将其在各种产品之间进行分配，否则会影响成本计算的正确性。因此，此种分类对于正确及时地计算各种产品成本具有重要意义。

（三）按成本习性分类

成本习性也称可变性，是指成本总额与业务量（产量或销量）变化的依存关系。按成本习性分类，成本分为固定成本、变动成本与混合成本。

1. 固定成本

固定成本是指在相关产量范围内，成本总额不随业务量变动而变动，但单位成本却随产量增减变化而成反比例变动的成本，如固定资产折旧费、管理人员工资等。固定成本分为裁决性固定成本（酌量性成本）和既定性固定成本（约束性成本）。

（1）裁决性固定成本：是指可调整性成本，如广告费、培训费等。

（2）既定性固定成本：是指经营能力成本，即企业根据生产能力确定的一定期间的固定成本总额，它不受短期因素的影响，如折旧费等。

2. 变动成本

变动成本是指在相关范围内，成本总额随业务量成正比例变动而变动的成本，但单位变动成本保持不变，如直接材料、直接人工等。

3. 混合成本

混合成本是指成本总额随业务量变动，但不保持严格的比例变动的成本。这种混合成本根据变动趋势的不同又分为半变动成本、半固定成本、延期变动成本和曲线变动成本，分别如图1-2～图1-5所示。

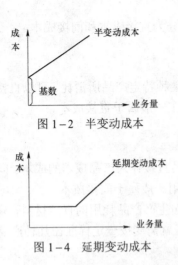

图1-2 半变动成本

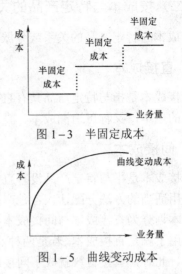

图1-3 半固定成本

图1-4 延期变动成本

图1-5 曲线变动成本

（1）半变动成本：是指在既定业务量范围内通常有一个固定成本初始量；在这个基础范围之外，业务量增加，成本也会相应增加，表现为变动成本。比较典型的例子是基本工资加业务提成工资形式下的工资费等，如图1-2所示。

（2）半固定成本：是指随产量的变化而呈阶梯形增长的成本。此种成本也称为阶梯成本。产量在一定限度内，这种成本不变，当产量增长到一定限度后，这种成本就跳跃到一个新水平。此成本是分阶段递增的，而在每一阶段内其总额是固定的。企业质检员、化验员、运输人员的工资就是这种成本，如图1-3所示。

（3）延期变动成本：又称低坡式混合成本，是指在一定产量范围内总额保持稳定，超过特定产量则开始随产量比例增长的成本。其特点是在一定的业务量范围内其总额保持固定不变，一旦突破这个业务量限度，其超额部分的成本就相当于变动成本。比较典型的例子是当企业职工的工资实行计时工资制时，其支付给职工的正常工作时间内的工资总额是固定不变的；但当职工的工作时间超过了正常水平，企业需要按规定支付加班工资，且加班工资的多少与加班时间长短存在某种比例关系，如图1-4所示。

（4）曲线变动成本：这类成本通常有一个初始量，一般不变，相当于固定成本；但在这个初始量的基础上，随着业务的增加，成本也逐步增加，不过两者不呈正比例的直线关系，而呈非线性的曲线关系。曲线变动成本又分为递增曲线变动成本和递减曲线变动成本。例如，累进计件工资、各种违约罚金等，当刚达到约定产量（或约定交货时间）时，成本是固定不变的，属于固定成本性质。但在这个基础上，随着产量或延迟时间的增加，计件工资或违约罚金就逐步上升，而其上升率是递增的，如图1-5所示。

由于混合成本可按一定的方法分解为变动成本和固定成本，所以按成本习性划分，应该只有变动成本和固定成本两类。

这种分类的意义在于寻求降低成本的途径。因为单位变动成本升降与产量的变化没有关系，若要降低单位变动成本，应通过改善管理、提高科技水平从而降低消耗来实现；固定成本则不同，虽然固定成本总额并不随产量变动而变动，但就单位产品来说，如果产量增加，每件产品分摊的固定成本就减少。可见，降低单位产品的固定成本，应通过控制固定成本总额和提高产量来实现。

（四）按成本与决策相关性分类

按成本与决策相关性分类分为相关成本与无关成本。

（1）相关成本：是指与决策有关的未来成本，包括专属成本、差别成本、机会成本、重置成本等。

（2）无关成本：是指过去已经发生或虽未发生但对未来决策没有影响的成本，包括沉没成本、共同成本等。

（五）按成本可控性分类

按成本可控性分类分为可控成本与不可控成本。

（1）可控成本：是指能由一个责任单位或个人的行为控制，受其工作好坏影响的成本。可控成本属于责任成本，需要进行成本考核。

（2）不可控成本：是指不能由一个责任单位或个人的行为控制，不受其工作好坏影响的成本。

成本是否可控并不是绝对的，不与成本项目固定挂钩，而与责任主体相关。所谓不可控成本，只是从权责划分上不属于某一责任单位所能控制的成本。如对责任制的企业，第一车间的废品损失对于第一车间来说就是可控成本，而对于第二车间来说就是不可控成本。将成本分为可控成本与不可控成本，主要意义在于明确成本责任，评价或考核责任单位的工作业绩，使其增强成本管理意识，积极采取有利措施，消除不利因素的影响，促使可控成本不断下降。

（六）其他成本分类

1. 按成本与收益的关系分为未耗成本与已耗成本

（1）未耗成本：是指可在未来的会计期间产生收益的支出。此类成本在资产负债表上被列为资产项目，如设备、存货及应收账款等。

（2）已耗成本：是指本会计期间已经消耗，且在未来会计期间不会创造收益的支出。这类成本又可分为费用和损失，前者在损益表上被列为当期收益的减项，如已销产品的生产成本及各项期间费用等；后者则因无相应利益的产生，而在损益表上被列为营业外支出等项目，如火灾、水灾等自然灾害造成的损失。

这种分类在财务会计中作用较大。

2. 按是否有现金流出分为支出成本与机会成本

（1）支出成本：是指过去、现在或未来的现金流出。

（2）机会成本：是指由于选择最优方案而放弃的次优方案上的收益。这种放弃的收益并没有导致现金流出。

会计系统的特征是记录支出成本而不记录机会成本。但是，管理者为了保证所做的决策是最优的，在进行决策时应考虑机会成本。

三、成本的作用

（一）成本是补偿生产耗费的尺度

维持企业的再生产是发展市场经济的必然要求。要维持企业的再生产，就必须使企业在产品生产过程中的耗费得到及时、足额的补偿，而足额的补偿又必须有一个客观的尺度，这个尺度就是成本。成本一方面以货币形式对生产耗费进行计量，另一方面为企业的再生产提出补偿的标准。如果企业不能按照成本来补偿生产耗费，企业资金周转就会发生困难，再生产就不能按原有的规模进行。所以，成本作为补偿生产耗费的尺度，对于促进企业加强成本管理、降低劳动消耗、取得最大经济效益有重要意义。

（二）成本是制订产品价格的基础

在商品经济中，产品价格是产品价值的货币表现。产品价格的制订，应体现价值规律的要求，使产品价格大体上符合其价值。但在现阶段产品价值还不能直接计算，而只能计算成本，通过成本间接地反映产品的价值。而产品价格往往是由各个部门的平均成本再加上社会的平均利润构成的，因此，产品成本就成为制订产品价格主要考虑的因素。

（三）成本是制定经营决策和经营方案的重要依据

在市场经济条件下，企业要在激烈的竞争中生存和发展，提高在市场上的竞争力和经济效益，就要先制定正确的生产经营策略。制定经营策略的核心问题是经济效益的高低，即在众多方案中以经济效益的大小来衡量利弊得失，最后选出最佳方案。在研究经营方案时，成本是影响经济效益的一个非常重要的因素，这是因为，在价格等因素一定的情况下，成本的高低直接影响企业盈利的多少。因此，企业制定经营决策和经营方案时必须考虑产品成本这一重要因素。

（四）成本是反映企业工作质量的综合指标

成本是一项综合的经济指标，企业在生产经营管理各环节中的工作质量，都可以直接或间接地在成本上反映出来。如产品设计是否合理，固定资产是否有效利用，产品质量是否符合要求，原材料的使用是否合理与节约等诸多因素都能通过成本反映出来。因此，成本是反映企业工作质量的综合指标。

四、成本会计

成本会计是随着社会经济发展的需要而逐步形成、发展和完善起来的。成本会计先后经历了早期成本会计、近代成本会计、现代成本会计和战略成本会计四个阶段。成本会计的内容、方法和理论体系，随着发展阶段的不同而有所不同。成本会计从产生到逐步成为现在的以成本核算为基础，以成本控制为核心，包括预测、决策、计划、控制、核算、分析和考核等内容的成本会计体系的过程是与经济发展、社会进步密切相关的。成本会计的含义也可从狭义和广义两个角度去表述。狭义的成本会计是指进行成本核算与分析的成本会计；广义的成本会计是指以会计核算资料及管理用的计划统计资料、其他部门业务资料、外部信息资料等为依据，综合采用会计方法、现代数学与系统工程学方法、电子计算机、软件及网络技术，以企业生产经营过程中所发生的各种成本为对象，履行成本预测、决策、计划、控制、核算、分析和考核等工作职能，达到促使企业生产经营实现最优化运转、提高经济效益及市场竞争力目的的侧重于企业内部控制与管理的一门专业会计。本书所说的成本会计是指狭义的成本会计。

（一）成本会计的对象

成本会计的对象是指成本会计核算和监督的内容。因为成本会计研究的主要是物质生产部门为制造产品而发生的成本即产品生产成本，所以成本会计核算和监督的内容也主要是指生产成本。需要说明的是，在产品生产过程中，除了发生生产耗费外，还会发生管理支出、销售支出和筹资支出，即管理费用、销售费用和财务费用三大期间费用。这些费用支出均属于在特定的会计期间发生的，难以按产品归集，因此，它们被作为期间费用直接计入当期损益而不作为产品成本的构成内容，但这些费用作为生产者的经营管理费用，它们与产品生产不是毫不相干的，而是相关的，是服务于产品生产的。可以说，没有这些支出费用的发生，产品生产就不可能正常进行。因此，为了促使生产者节约这些费用，增加盈利，应把它们连同产品成本都作为成本会计的对象。

由此可见，对于工业生产企业来说，成本会计的对象包括产品成本和经营管理费用。

成本会计的对象不仅包括工业生产企业的产品生产成本和经营管理费用，还包括其他行业企业的成本和经营管理费用，如商业企业、农业企业、交通运输企业、施工企业、房地产开发企业等。成本作为经济范畴，遍及各行业企业的经济活动，这些行业企业从事经济活动发生的耗费就理所当然地成为成本会计对象的内容。

随着商品经济的不断发展，成本概念的内涵与外延也在不断地变化发展，在现代成本会计中已经出现了诸如机会成本、目标成本、标准成本、作业成本、责任成本等（也称为专项成本）新的成本概念，随着这些发展与变化，成本会计的对象和成本会计本身也相应地在发展变化。因此，现代成本会计的对象应包括各行业企业生产经营业务成本、有关的经营管理费用及各项专项成本。

综上所述，成本会计的对象可以概括为各行业企业的生产经营业务成本和有关的经营管理费用，简称为成本、费用。成本、费用是紧密联系的，都是成本会计的对象，因此可以说成本会计实际上就是成本、费用会计。

在处理成本、费用业务过程中还往往涉及大量支出业务，那么支出、费用、成本这三项指标关系如何呢？

1. 支出

支出是指会计主体在经济活动中发生的所有开支与耗费。支出是企业正常经营运转的保证。一般而言，企业的支出按功能可分为以下几种。

（1）资本性支出：该支出不仅与本期收益有关，更与其他会计期间的收益有关。它主要是指为以后各期的收入取得而发生的支出，如企业购建的固定资产、无形资产等。

（2）收益性支出：该支出仅与本期的收益取得有关。它是直接冲减当期收益，并由当期的收益予以补偿的支出，如企业为生产经营而发生的购买材料的支出、职工薪酬支出、正常的办公费支出等。

（3）投资支出：是指企业为通过分配增加财富或为谋求其他利益取得其他企业资产而让渡本企业资产的支出，如企业进行的长期股权投资支出、长期债权支出等。

（4）所得税支出：是指企业按照国家税法规定，根据企业应纳税所得额计算并交纳所得税而发生的支出。所得税支出作为企业的一项费用也是直接冲减当期收益的。

（5）营业外支出：是指与企业生产经营业务没有直接联系的各项支出。这些支出尽管与企业生产经营没有直接联系，但是与其收入的取得还是有关系的，因此也把它作为当期损益的扣减要素，如企业支付的罚款、违约金、赔偿金，以及非常损失等。

（6）利润分配支出：是指在利润分配过程中发生的开支，如支付的库存现金股利等。

2. 费用

费用是指企业为销售商品、提供劳务等日常活动所发生的经济利益的流出，即企业在获取收入的过程中，对企业拥有或控制的资产的耗费，如原材料、动力和机器设备、人工耗费等。这些费用或为制造产品而发生，或为以后确定的期间取得的收入而发生。为了正确计算产品成本和期间成本，需要对种类繁多的费用进行合理的分类。

1）按费用的经济性质分类

按费用的经济性质分类，可以分为三大类：一是劳动对象方面的费用，如材料费用、动力费用等；二是劳动手段方面的费用，如固定资产折旧费用、修理费用等；三是活劳动方面的费用，如工资费用等。在成本核算时又细分为以下具体项目，这些项目通常称为费用要素。

（1）外购材料费用：是指企业耗用的一切从外部购进的原料及主要材料、半成品、辅助材料、包装物、修理用备件和低值易耗品等费用。

（2）外购燃料费用：是指企业耗用的一切从外部购进的各种燃料，包括固体燃料、液体燃料和气体燃料的费用。

（3）外购动力费用：是指企业耗用的从外部购进的各种动力的费用。

（4）职工薪酬：是指企业全体人员的工资及社会保险费用。

（5）折旧费用：是指企业按照规定的折旧方法和折旧标准计提的固定资产折旧费用。

（6）修理费用：是指企业为修理固定资产而发生的支出。

（7）利息费用：是指企业的借款利息费用扣除存款利息收入后的净额。

（8）税金：是指企业应交纳的、在费用中列支的各种税金，包括房产税、车船使用税、印花税和土地使用税。

（9）其他费用：是指企业开支的、不属于上述各要素的费用，如租赁费、差旅费、邮电费、咨询费、业务费、外部加工费等。

按费用的经济性质分类，可以反映企业在一定时期内发生的生产经营费用的种类和数额，利用这些会计数据可以了解各个时期生产经营费用的结构和水平；同时还可以为企业管理资金、考核流动资金周转情况提供数据。但是这种分类不能反映费用发生的地点和用途，因此不便于分析费用的发生是否合理、节约。

2）按费用的经济用途分类

按费用的经济用途分类，可以分为计入产品成本的生产费用和不计入产品成本的期间费用。

（1）生产费用：是指产品制造企业在一定期间为生产产品而发生的各种资源耗费。生产费用最终形成产品成本。生产费用又有以下几种分类情况。

一是按各种生产费用在产品成本中的不同作用分成若干项目，称为产品成本项目。产品成本项目具体包括：直接材料、直接人工、制造费用、燃料及动力、废品损失、停工损失等。将生产费用按成本项目反映，可以反映产品成本的构成，有利于加强产品成本的管理，寻找降低产品成本的途径。

二是按生产费用与产品生产的关系分为直接生产费用和间接生产费用。直接生产费用是指直接用于产品生产发生的费用，如材料费用、生产工人的工资费用；间接生产费用是指间接为产品生产服务发生的费用，如生产车间厂房、设备的折旧费用，生产车间管理人员的工资费用等。

三是按生产费用计入产品成本的方法不同分为直接计入费用和间接计入费用。有的生产费用可以直接计入产品成本，称为直接计入费用，如甲产品领用 A 材料，可以将 A 材料费用直接计入甲产品成本；有的生产费用不能直接计入产品成本，称为间接计入费用，如几个产品共同消耗 A 材料，则要采用一定的方法将 A 材料费用进行分配后，分别计入各个产品的成本之中。

四是按生产费用与产品产量多少的关系分为可变费用和不变费用。可变费用又叫变动费用，是指费用的发生及多少与产品的产量直接相关，产品产量越多，所消耗的费用也越大，两者基本成正比例关系，如材料费用、计件工资制下的生产工人工资等；不变费用又叫固定费用，是指费用与产品产量的变化关系不大，在一定的产量范围内相对不变，如厂房、机器、设备的折旧费用，车间管理人员的工资等。

（2）期间费用：是指企业在生产经营过程中发生，不宜计入产品成本，直接计入当期损益的费用。期间费用按其经济用途，可分为销售费用、管理费用和财务费用。

按费用的经济用途分类，可以促使企业按经济用途考核各项费用定额或计划的执行情况，分析费用支出是否合理、节约，同时，也是企业按照费用发生的对象进行成本计量的基础。

3. 成本

成本是费用的对象化,有广义与狭义之分。

广义的成本指企业发生的全部费用,包括生产费用与期间费用。狭义的成本通常仅指产品成本。产品成本是对象化的生产费用。

通过上面的分析得出支出、费用与产品成本三个概念的关系是:支出是企业在经济活动中所发生的所有开支与耗费;费用是支出的主要构成部分,是企业支出中与生产经营相关的部分;产品成本是生产费用的对象化。

生产费用是计算产品成本的基础,产品成本是生产费用的最后归宿。

如果企业没有在产品,当期生产费用即为当期完工产品成本。

如果企业有在产品,则生产费用与完工产品成本的关系为

本期完工产品成本 = 期初在产品成本 + 本期生产费用 − 期末在产品成本

支出、费用与产品成本的关系如图1-6所示。

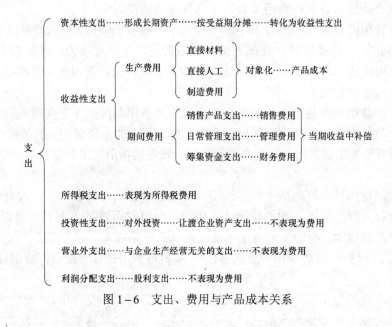

图1-6 支出、费用与产品成本关系

(二)成本会计的职能

成本会计在企业生产经营管理活动中具有哪些职能?从成本会计的产生和发展过程即可看出,成本会计的职能也是一个随着企业生产经营管理要求的变化而逐步完善的过程。现代成本会计的职能实际上已包括了成本核算和管理的各个环节,主要包括:成本预测、成本决策、成本计划、成本控制、成本核算、成本分析和成本考核。

1. 成本预测

成本预测是根据过去的成本数据资料,结合企业在计划期内经营环境的变化及企业可能采取的措施,运用一定的技术方法对未来成本水平及其发展趋势所做的科学估计。通过成本

预测可以为成本决策提供备选方案，减少生产经营过程中的盲目性，提高企业成本管理的科学性和预见性。

2. 成本决策

成本决策是以成本预测方案为基础，结合其他有关资料，在备选的预测方案中选择最优方案，据以确定目标成本的过程。成本决策的结果可以为编制成本计划提供资料。

3. 成本计划

成本计划是根据成本决策方案所确定的目标成本，将决策方案具体化，提出计划期内所应达到的具体目标和水平，并提出相应实施措施的一种管理活动。成本计划是企业进行成本控制、成本考核和成本分析的依据。

4. 成本控制

成本控制是依据成本计划，对成本计划实施过程中的各项因素进行控制和监督，保证成本计划得以实施的一种管理活动。通过成本控制可以保证计划目标的实现，并为成本核算提供真实可靠的成本资料。成本控制包括事前控制和事中控制。

5. 成本核算

成本核算是根据实际发生的成本资料，采用一定的成本计算方法，按确定的成本计算对象和相应的成本项目，对各项要素费用进行归集与分配，计算出各个成本计算对象的总成本和单位成本并进行核算的过程。通过成本核算资料，可以考核成本计划的执行情况，分析成本计划在完成过程中积累的经验与存在的不足，为下期开展成本预测、进行成本决策和编制成本计划提供重要依据。

6. 成本分析

成本分析是采用专门的分析方法，利用成本核算与考核等资料与本期成本计划、上年同期实际成本、本企业历史先进水平、国内外同类产品先进成本水平进行比较，揭示产品成本差异，分析产生差异的原因，以便提出改进措施、改善成本管理、降低成本耗费、提高经济效益的一种管理活动。成本分析的结果可以为下期的成本预测提供资料。

7. 成本考核

成本考核是依据成本核算资料，定期对成本计划指标完成情况进行总结和评价，以强化企业的成本管理责任制，落实经济责任，提高成本管理水平的一种管理活动。成本考核必须与奖优罚劣相结合方能发挥考核的作用。

上述成本会计的七项职能是相互联系、相互补充的，它们在生产经营活动的各个环节、成本发生的各个阶段，相互配合地发挥作用，是相互联系的有机整体。在这七项职能中，预测是决策的前提；决策是计划的依据；计划是决策的具体化；控制是对计划实施的监督；核算是对计划的检验；分析与考核是实现决策目标和完成计划的手段。其中，成本会计最基本的职能是成本核算职能。

（三）成本会计的任务

成本会计作为侧重于内部管理的一门专业会计，同样具有反映和监督两大基本职能，是企业经营管理的一个重要组成部分。因此，成本会计的任务一方面取决于企业经营管理的要求；另一方面还受成本会计反映监督内容的制约。具体地说，成本会计的任务主要有以下几个方面。

1. 进行成本预测、决策，编制成本计划和费用预算，为提高企业管理水平和经营管理效果服务

在竞争激烈的市场经济条件下，企业要想在竞争中求得生存和发展，努力降低产品成本是一个非常重要的方面。为此，成本会计应根据历史成本资料，充分进行市场调研，运用科学的方法进行成本预测、决策，选择最优方案，确定目标成本，并在此基础上编制成本计划和费用预算，建立成本管理责任制，实施科学的成本、费用控制方法，做好成本分析与考核工作，在查明成本升降原因的基础上，不断完善企业的经营管理制度，为提高企业管理水平和经营管理效果服务。

2. 严格审核、控制各项费用，节约开支，以保证成本费用计划的完成

在市场经济环境下，企业作为自主经营、自负盈亏的商品生产者和经营者，应贯彻增产节约原则，加强经济核算，以尽可能少的耗费去获取更大的经济效益。为此，成本会计必须以国家有关成本费用开支范围、开支标准和企业有关成本计划、预算、定额等为依据，寻求降低产品成本的途径和方法，严格审核、控制各项费用支出，努力节约开支，以保证成本费用计划的完成，促进企业不断提高经济效益。

3. 正确、及时核算产品成本，为企业经营管理提供成本信息

正确、及时地进行成本核算，提供真实、有用的成本信息，是成本会计的基本任务。这是因为，成本核算所提供的信息，不仅是企业足额补偿生产耗费，制订产品价格，正确确定产品目标利润，进行成本预测、成本决策的依据，同时也是企业进行成本管理的基础。另外，成本计划的编制、成本的分析和考核等也是以成本核算所提供的成本信息为基本依据的。

4. 进行成本分析，考核成本计划的完成情况

通过成本核算，企业可获得产品实际成本的资料。将实际成本和成本计划对比，可以反映成本计划的执行情况。成本分析可以提示影响成本升降的各种因素及其影响程度，正确评价和考核各个部门在成本管理工作中的业绩，揭示企业成本管理工作中存在的问题。企业可以针对存在的问题查找原因，制定措施，从而不断改善成本管理工作，提高经济效益。

（四）成本会计工作的组织

成本会计工作的组织一般包括设立成本会计机构、确定成本会计工作的组织形式、配备成本会计工作人员、制定成本会计法规制度四个内容。

1. 设立成本会计机构

成本会计机构是从事成本会计工作的职能部门，是企业会计机构的有机组成部分。成本会计机构设立得是否恰当，将会影响会计工作的效率和质量。成本会计机构可以单独设置，也可以并入企业会计机构之中。影响成本会计机构设置的主要因素是企业生产类型的特点和业务规模的大小。企业要根据生产类型的特点和业务规模的大小来决定是否单独设立成本会计机构或机构的大小，以及机构的内部分工。一般而言，大中型企业应在会计部门中单独设立成本会计机构，专门从事成本会计工作；在规模较小、会计人员较少的企业，可以在会计部门中指定专人负责成本核算岗位的工作。

对单独设立的成本会计机构需要进行内部分工，明确各自的工作职责。内部分工可以按成本会计的职能分工，分设成本核算组、成本分析组等；也可以按成本会计的对象分工，分设产品成本核算组、期间费用核算组等。

2. 确定成本会计工作的组织形式

成本会计工作的组织形式是指企业内部各级成本会计机构之间的组织分工形式，分为集中工作组织形式和分散工作组织形式。

1）集中工作组织形式

集中工作组织形式是指将本企业所有的成本会计核算、成本计划编制、成本会计分析等工作全部由厂部的成本会计机构集中负责进行处理，车间等其他部门通常只配备成本核算人员，这些人员只负责填制原始凭证和登记原始记录，对原始凭证进行初步的审核、整理、汇总，为厂部进一步的成本核算工作提供资料。

集中工作组织形式的优点是：有利于企业管理当局及时全面地掌握成本会计的各种信息，便于使用计算机集中进行成本数据处理，可以减少成本会计机构设置的层次和成本会计人员的职数。

这种形式的不足之处是：直接从事生产经营的基层部门不能及时掌握成本信息，影响他们对成本费用进行控制的积极性。

因此，这种形式主要用于成本会计工作较为简单的企业。

2）分散工作组织形式

分散工作组织形式又称为非集中工作形式，是指将成本会计的各项具体工作分散，由车间等其他部门的成本会计机构或人员来进行，厂部的成本会计机构只负责成本数据的最后汇总，以及处理那些不便于分散到下面基层部门去进行的成本核算工作。

分散工作组织形式的优点是：有利于企业内部各单位增强成本意识，加强成本的控制和管理；部门内成本核算信息反映及时，有利于责任制的贯彻执行；利于提高员工参与成本管理、关注企业经济效益的积极性。

这种形式的不足之处是：它会相应增加企业成本会计机构和会计人员的数量，增加管理成本；企业上下级部门之间信息传递的效率会受到影响。

企业在确定成本会计工作的组织形式时，应根据以上两种形式的优缺点，充分考虑本企业自身规模的大小和内部有关单位管理的要求，从有利于充分发挥成本会计工作的职能作用和提高工作效率的角度去确定。一般来说，大型企业采用分散工作组织形式、中小型企业采用集中工作组织形式为宜。也可以根据企业的实际情况，将两种形式灵活地结合起来加以运用，即对某些部门采用分散工作组织形式，而对另一些部门采用集中工作组织形式。

3. 配备成本会计工作人员

成本会计工作人员是指在会计机构或专设成本会计机构中所配备的工作人员。成本会计工作人员的工作内容主要是对企业日常的成本工作进行处理。例如：拟订成本核算办法；编制成本计划、费用预算；加强成本管理的基础工作；进行成本预测、决策；进行实际成本计算和成本分析、考核等。成本会计工作人员的素质高低直接影响成本会计的工作质量。企业无论采用何种成本会计工作的组织形式，都要注意合理配备成本会计工作人员，做到"配齐、胜任"。

对配备成本会计工作人员的要求可以概括为以下几点。

（1）知识面广，具有扎实的成本理论知识和实践工作基础。

（2）熟悉企业生产工艺过程和经营流程。

（3）具有刻苦学习和任劳任怨的精神。

（4）具有良好的职业道德。

4. 制定成本会计法规制度

成本会计法规制度是企业成本会计机构和人员组织开展成本会计工作必须遵守的规范，是会计法规制度的重要组成部分。成本会计法规制度按适用范围和制度权限划分，分为全国性成本会计法规制度与特定会计主体的成本会计法规制度。执行和制定成本会计法规制度可以使企业成本会计工作合法、有序，并保证成本会计资料真实、规范、及时和有效。

全国性成本会计法规制度是国家统一制定的，主要包括三个层次，即《中华人民共和国会计法》《企业会计准则》，以及国家统一的《企业产品成本核算制度（试行）》。这三类会计法规制度，是企业进行财务会计工作的基本要求，其中与成本会计工作有关的部分，也是规范成本会计工作的重要依据，企业在进行成本会计工作时必须严格执行。

另外，企业作为会计个体，生产特点和管理要求各不相同。因此，各企业为了具体规范本企业的成本会计工作，完成成本会计工作任务，还应根据国家的各种成本会计法规制度，结合本企业的管理需要和生产经营特点，具体制定本企业的会计制度、规程或办法，作为本企业进行成本会计工作具体、直接的依据。企业内部成本会计制度一般包括下列内容。

（1）成本会计工作的组织形式、人员分工和职责权限。

（2）成本定额、成本计划和费用预算的编制方法。

（3）成本核算的具体规定，主要包括成本核算对象、成本计算方法的确定，成本项目的设置，生产费用归集和分配方法，在产品计价方法的确定，以及其他成本核算的基础工作要求等。

（4）成本预测、成本决策制度。

（5）成本报表制度，主要包括成本报表的种类、格式、指标体系、编制方法、报送对象和日期等方面的规定。

（6）成本核算奖励制度。

（7）成本分析制度。

实务训练

实训一　成本分类训练

1. 资料

某产品总成本和单位成本的坐标图，如图1-7及图1-8所示。

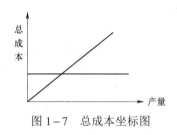

图1-7　总成本坐标图　　　　　图1-8　单位成本坐标图

2. 要求

请在坐标图上标出：固定总成本、变动总成本；单位产品固定成本、单位产品变动成本。

实训二　产品成本指标确认训练

1. 资料

假设某产品生产企业的单位产品成本不变，情况如下。

（1）本期投产产品成本为20 000元。

（2）本期完工产品成本为23 000元。

（3）本期销售产品成本为24 000元。

2. 要求

（2）与（1）的差额受什么因素影响？其影响金额为多少？

（3）与（2）的差额受什么因素影响？其影响金额为多少？

实训三 支出、费用、成本业务确认训练

1. 资料

东风工厂是一个产品生产企业，主要生产A、B两种产品，20××年1月发生的部分经济业务内容如下。

（1）为制造产品从仓库领用材料价值160 000元。
（2）为制造产品支付生产工人工资130 000元。
（3）生产用房屋和生产用设备共提取折旧费用60 000元，行政管理部门办公用房和办公用设备共计提折旧费用40 000元。
（4）因在生产过程中发生废品损失4 000元。
（5）因购买新的生产设备支付银行存款400 000元。
（6）因维修生产用厂房支付银行存款5 000元。
（7）因对外投资支付银行存款30 000元。
（8）向投资者分配利润40 000元。
（9）以现金支付办公费用5 000元。
（10）以银行存款支付产品广告费用40 000元。
（11）因违反合同向客户支付赔偿款10 000元。
（12）支付财产保险费用10 000元。其中，基本生产车间保险费用6 000元，行政管理部门保险费用4 000元。
（13）本期借款利息支出2 000元。
（14）支付办公部门水电费2 000元。
（15）向红十字会捐赠现金30 000元。
该企业已将上述各项支出按照其用途分别计入当期生产的A、B两种产品的成本中。

2. 要求

根据支出、费用、成本三个指标之间的关系，对该企业的上述各业务会计处理结果进行评述并说明原因。

项目二
明确成本核算原则与基本要求

一、成本核算原则

所谓成本核算原则是指进行成本核算应当遵循的规范,是人们在成本核算实践中总结的经验,并把感性认识上升为理性认识而逐渐形成的,是成本核算方法的基础和依据,是计算成本应遵循的原则,主要包括以下几项原则。

(一)合法性原则

合法性原则是指计入成本的费用都必须符合国家有关财经法律、法令、制度等的规定。企业应遵守国家关于成本、费用开支范围的规定,防止乱摊和少计生产经营费用;防止混淆产品成本和期间费用的界限;防止人为调节各期产品成本和期间成本;防止在盈利产品和亏损产品之间任意调整费用;防止在完工产品和在产品之间人为调节成本等。

(二)可靠性原则

可靠性包括真实性和可核实性。真实性指所提供的成本信息与客观的经济事项相一致,没有任何掺假或人为提高或降低成本的成分;可核实性指同一成本核算资料按一定的原则方法由不同的会计人员加以核算,都能得到相同的结果。

(三)按实际成本计价原则

按实际成本计价原则是指企业按取得或制造某项财产物资时发生的实际成本进行核算。虽然有些企业在进行成本核算时,根据企业的生产特点和管理要求,采用了计划成本法、定额成本法、标准成本法等,但在期末计算产品成本时,必须将其调整为实际成本,以保证成本与利润数据的真实、可靠、客观。

按实际成本计价原则在应用上主要体现在三个方面。

（1）某项成本发生时，按实际耗费数确认成本。如生产所耗用的原材料、燃料、动力等物资要按实际耗用数量的实际单位成本计算。
（2）完工入库的产成品，按实际发生的成本计算。
（3）当期损益负担的产品销售成本，按实际成本结转。

（四）权责发生制原则

权责发生制原则是指收入与费用的确认应当以收入与费用的实际发生作为确认计量的依据，而不是以款项的收入或支出为依据。本原则在进行成本核算时主要是针对费用的确认：应由本期成本负担的费用，不论款项等是否已经支付，都要计入本期成本；不应由本期成本负担的费用，即使在本期支付，也不应计入本期成本。

（五）一致性原则

一致性原则是指在成本核算过程中所涉及的成本核算对象、成本项目、成本计算方法，以及材料发出、工资核算等所采用的方法，前后各期必须一致，以使各期的成本资料有统一的口径，前后连贯，互相可比，从而提高成本信息的利用程度。

该原则在具体运用时体现在以下几个方面。

（1）某项费用要素发生时，确认该要素水平的方法，如发出材料计价方法、折旧计算方法、废品损失计算方法等，前后期应保持一致。

（2）在成本计算过程中所采用的费用分配方法，如制造费用分配方法、共同材料费分配方法、生产费用在完工产品与在产品之间分配方法等，前后期应保持一致。

（3）同一产品的成本计算方法前后期应保持一致。如品种法、分步法、分批法等，前期选定了一种后，后期不应随意变更。

（4）成本核算对象、成本项目的确定前后期应保持一致。

应该注意的是，一致性原则并不是绝对的，当适用的经济环境、条件、时期发生了变化时，所用方法是可以改变的。一致性原则要求的保持不变一般是指至少在一个会计年度内保持不变。

（六）及时性原则

及时性原则是指处理会计事项必须及时，讲究时效，以便于会计信息的及时利用，也就是要求会计信息提供的时间与会计所反映经济业务发生的时间要保持一致。在成本核算时，及时性原则要求：费用要素发生时，及时进行会计处理；当企业高层管理者提出一些特殊成本信息要求时，能及时提供；按期编制会计报表，及时提供成本资料信息。

（七）成本分期核算原则

成本分期核算原则是指应分期归集与分配所发生的生产费用，而不管成本计算期与产品生产周期是否一致。成本核算一般按月进行。由企业生产类型特点所决定，成本计算期与产品生产周期可能一致，也可能不一致。但生产费用的归集与分配、废料和退料成本的冲销等日常工作，都必须按月进行，并在月末把有关生产费用账上登记的金额加以汇总结账，以便考核成本费用的发生情况。

另外，在进行成本核算过程中，还要遵守企业会计准则中所规定的相关性原则、重要性原则等。

二、成本核算基本要求

在进行成本核算过程中，除了应遵循会计法规、成本核算原则外，还应按以下各项要求开展具体工作。

（一）加强生产费用预算、审核和控制

成本核算不能只限于对生产费用进行事后的记录和计算，而应在事前就认真编制生产费用预算，并在生产费用发生之前和发生过程中，进行严格的审核和控制。对符合有关规定和有利于生产发展的开支，要积极支持；对违反财务制度和不必要的开支，应坚决制止，力争将损失、浪费杜绝在发生之前。

（二）正确划分各种费用界限

企业在生产经营过程中发生的支出有不同的用途，需要按照其用途进行划分，确定其最终的归属。产品成本的计算过程实际上是对发生的费用进行不断的划分、归集和分配的过程。通过费用的划分，可以正确地划分各种费用的界限。

1. 正确划分费用性支出与非费用性支出的界限

企业经营活动的广泛性，决定了支出内容的多样性。为了保证不同企业提供的成本会计信息具有可比性，防止企业乱挤成本、乱列费用，国家规定了企业成本费用的开支范围与开支标准，统一了成本费用的核算口径。要分清是费用性支出，还是非费用性支出。

企业的支出可以划分为六类。

收益性支出属于费用性支出，形成当期的生产费用与期间费用。

资本性支出、投资支出、所得税支出、营业外支出和利润分配支出属于非费用性支出，分别形成企业的长期资产、对外投资、应交所得税、非生产经营支出和应付股利。

2. 正确划分生产费用与期间费用的界限

企业发生的费用性支出，要根据其经济用途分清是生产费用还是期间费用。

生产费用最终要计入产品成本。由于期末在产品的影响，当月发生的生产费用不一定形成当月完工产品的成本。当月的完工产品不一定能在当月实现销售而形成当月的产品销售成本。因此，当期的生产费用不一定能在当期的收入中得到补偿。

而期间费用则不同,只要属于当期的费用,都将在当期的收入中予以补偿。

因此,生产费用与期间费用对当期的利润形成具有不同的影响,必须分清两者的界限。

3. 正确划分本期费用与后期费用的界限

无论是生产费用还是期间费用,都要按照权责发生制原则分清是本期费用还是后期费用。

凡是属于本月的费用,不论是否实际发生,都应当予以确认并计入当月的生产费用或期间费用。

凡不属于本月的费用,不论其发生与否,都不得计入当月的生产费用或期间费用。

本着重要性原则,对于应当采用跨期负担的数额较小的费用,因其对当期的产品成本或经营损益的影响不大,也可以直接计入发生当月的生产费用或期间费用。

4. 正确划分各种产品应负担费用的界限

企业同时生产两种或两种以上的产品时,对属于本月的生产费用还要分清各种产品应负担费用的界限。

应按不同的产品成本计算对象归集各自应承担的生产费用,以便正确计算各种产品成本,分别考核和分析产品成本计划或定额的完成情况。不得随意调整各种产品应负担的生产费用,不得任意在可比产品与不可比产品之间,盈利产品与亏损产品之间转移生产费用。应确保各种产品成本计算的正确性。

5. 正确划分完工产品与月末在产品费用的界限

在规定的时间对产品成本进行计算时,某种产品全部完工,则该产品所归集的生产费用就构成该完工产品的总成本;若某种产品都未完工,则该产品所归集的生产费用就是该产品的月末在产品成本;若某种产品部分已经完工,部分尚未完工,则需要运用一定的方法对该种产品所归集的生产费用进行分配,分别确定完工产品成本与月末在产品成本。

综上所述,可做出费用界限划分,如图1-9所示。

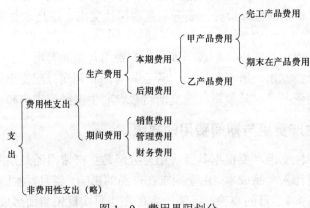

图1-9 费用界限划分

（三）正确确定财产物资的计价与价值结转的方法

企业在产品生产过程中所发生的耗费，有相当一部分是财产物资的耗费。其耗费的价值构成产品成本或期间费用。不同的财产物资有不同的计价方式，不同的物资耗费也有不同的价值结转方法。它们分别对产品成本的计算和期间费用的确认产生不同的影响。

1. 直接消耗物资的计价与价值结转

直接消耗的物资主要是指企业在生产经营过程中耗用的原材料、辅助材料、燃料、包装物等。对这些物资可以采用实际成本计价方法，也可以采用计划成本计价方法。

在采用实际成本计价方法时，对消耗物资的价值应当采用先进先出法、加权平均法、移动加权平均法、个别计价法等进行计量和确认，并将确认的物资消耗价值结转计入当期的成本。

在采用计划成本计价方法时，对消耗物资的价值先按事先确定的计划成本计入当期的成本，到月末再计算材料成本差异率，确认消耗物资应负担的材料成本差异，据以将计入当期成本的消耗物资的计划成本调整为实际成本。

2. 间接消耗物资的计价与价值结转

间接消耗的物资主要是指为企业生产经营服务的劳动资料及其他长期资产，如固定资产、无形资产等。

对间接消耗物资的计价包括初始价值计价及磨损价值计价两种方法。

初始价值通常以历史成本原则计价，即按取得这些物资时所发生的实际支出作为入账价值；磨损价值则依据国家有关规定结合企业实际情况确定计价方法。

（四）做好产品成本核算的基础工作

为了保证产品成本核算的正确性，以便加强成本管理，提供真实可靠的成本会计信息，必须做好成本核算的基础工作。其内容一般包括：建立健全原始记录制度、强化定额管理制度、严格计量验收制度、实施内部结算制度。

1. 建立健全原始记录制度

原始记录是指按照规定的格式，对企业的生产、技术经济活动的具体事实所做的最初的书面记载。健全的原始记录是正确进行成本核算的前提，是编制费用预算、严格控制成本费用支出的重要依据。原始记录形成的反映企业生产经营情况的原始凭证，提供了成本核算的原始资料。企业需要制定原始记录制度，确定原始记录的责任人员，明确记录人员的岗位职责，规范原始记录的传递程序和传递时限，保证原始记录真实、可靠、正确、及时。

与成本会计有关的原始记录主要包括以下内容。

（1）反映在生产经营过程中物化劳动消耗的原始记录。

（2）反映活劳动消耗的原始记录。

（3）反映在生产经营过程中发生的各种费用支出的原始记录。

（4）其他原始记录。

原始记录是一切核算的基础，成本核算更是如此。因此，原始记录必须真实正确，内容完整，手续齐全，要素完备，以便为成本计算、控制、预测和决策提供客观的依据。

2. 强化定额管理制度

定额是指企业在一定的生产技术条件下，用以控制在生产经营过程中人力、物力、财力消耗及占用所规定的数量标准。科学先进的定额，有利于编制成本计划，控制成本水平，分析考核成本管理业绩。与成本核算有关的消耗定额主要包括：工时定额，产量定额，材料、燃料、动力、工具等消耗的定额，有关费用的定额如制造费用的预算等。

定额的制订要体现先进性、科学性、可控性、可行性的要求。消耗定额的制订是作为企业产品生产发生耗费应该掌握的标准。但由于消耗定额服务于不同的成本管理目的，可表现为不同的消耗水平。当企业编制成本计划时，是根据计划期内平均消耗水平来制订定额的；当定额作为分配实际成本标准时，是以能体现现行消耗水平的定额为依据来衡量的；当企业为实现预期利润而控制成本时，是根据企业实现预期利润必须达到的消耗水平作为衡量的尺度的。

定额制订后，为了保持它的先进性和科学性，还必须根据生产的发展、技术的进步、劳动生产率的提高，进行不断的修订，使它为成本管理与核算提供客观的依据。

3. 严格计量验收制度

制造企业在生产经营过程中，会发生大量的财产物资收发业务，都离不开计量和验收。只有正确计量，才能保证物资消耗的正确计价；只有强化验收制度，才能落实经济责任，保证各项财产物资收发领用业务真实可靠。

严格的计量验收制度应当包括：计量器具的配置、检测和校正制度；财产物资的出入库手续制度；有关责任人员的岗位责任制度；财产物资的清查制度等。

4. 实施内部结算制度

在生产经营过程中，企业内部各单位之间往往会相互提供半成品、材料、劳务等，为了分清企业内部各单位的经济责任，明确各单位工作业绩及总体评价与考核的需要，应制订企业内部结算价格，实施内部结算制度。

制订结算价格的主要依据如下。

（1）内部转移的材料物资等，应以当时的市场价格作为内部结算价格。

（2）材料物资、劳务等也可以以市场价格为基础，双方协商定价，即以通常所说的"议价"作为内部结算价格。

（3）企业生产的零部件、半成品等在内部转移时，可以用标准成本或计划成本作为内部结算价格。

（4）可以在原有成本的基础上，加上合理的利润（按一定的利润率计算）作为内部结算价格。

除上述计价方法外，企业也可以根据生产特点和管理要求及结算上的具体情况来确定合理的结算价格进行结算。

（五）确定适用的成本计算方法

不同企业在产品生产过程中，存在不同的生产组织方式、生产工艺特点、成本管理要求，因此可以采用不同的成本计算方法。正确确定产品的成本计算方法，有利于正确及时地计算产品成本，提供准确的成本会计信息。

我国制造企业的产品成本计算方法从传统方法来看主要包括：品种法、分批法、分步法、分类法及定额法等。在这些方法中有基本方法和辅助方法，企业必须根据自身产品生产的特点和管理要求来选用计算产品成本的具体方法。

实务训练

实训一 费用界限划分业务训练

1. 资料

某畜牧养殖企业20××年3月有关费用资料如下。
（1）生产耗用原材料70 000元，辅助材料2 000元，燃料2 500元。
（2）生产用电力费用4 000元。
（3）生产工人工资20 000元，车间管理人员工资7 000元，企业管理人员工资30 000元。
（4）车间办公费用1 000元，生产用机器修理费用800元。
（5）支付购买原材料所借款项的利息4 000元，支付购买车间用设备所借款项的利息30 000元。
（6）固定资产报废清理损失2 000元。

2. 要求

请按照"正确划分各种费用界限"的要求来计算：
生产经营管理费用、生产费用、产品成本、期间费用各是多少？

实训二 期间费用业务确认训练

1. 资料

某畜牧养殖企业20××年4月发生的部分业务如下。
（1）以现金支付行政管理部门办公费1 000元。
（2）以银行存款支付产品广告费5 000元。

（3）以银行存款支付行政管理部门财产保险费 4 000 元。
（4）支付本季度借款利息 3 000 元。
（5）支付行政管理部门水电费 1 000 元。
（6）支付专设销售机构人员工资 7 000 元。

2. 要求

请判断：以上业务属于哪一类期间费用？

实训三　成本业务确认训练

1. 资料

某畜牧养殖企业 20××年 5 月发生的部分业务如下。
（1）为生产育肥猪发生饲料、人工费用共计 70 000 元。
（2）育肥车间发生修理费用 3 000 元。
（3）支付税收滞纳金 1 000 元。
（4）购入固定资产支付 30 000 元。

2. 要求

根据以上业务分析计算：
（1）本月发生的上述业务，哪些应列入成本，哪些不应列入成本？
（2）上述应计入产品成本的金额为多少？

项目三
设置成本核算程序及账户

一、成本核算的程序设置

成本核算的程序是指企业根据成本核算的基本要求,对生产费用进行分类核算,并按成本项目进行归集,一直到计算出完工产品成本的基本工作过程。具体包括以下内容。

(一)确定成本计算对象、成本项目及成本计算期

1. 确定成本计算对象

合理确定成本计算对象是正确计算产品成本的前提。确定成本计算对象的目的在于明确生产费用的承担者,便于进行生产费用的归集、分配与计算。

(1)按大量、大批组织生产产品的生产类型,一般以产品的品种作为产品成本计算对象。

(2)按小批或单件组织生产产品的生产类型,一般以产品的批次作为产品成本计算对象。

(3)产品生产步骤较多又需要计算每一个生产步骤半成品成本的产品,以产品的生产步骤作为产品成本计算对象。

(4)对生产过程相同、生产工艺相近的同类产品,以产品的类别作为产品成本计算对象。

2. 确定成本项目

不同的生产费用对产品成本起着不同的作用。为了正确反映产品成本的经济构成,进行产品成本的比较,加强产品成本的管理,需要对发生的生产费用按其经济用途归集到产品成本计算对象之中。

不同企业生产的产品成本构成不同,且构成项目的金额比重有大有小,所起的作用也不同。因此,企业在进行产品成本计算前,必须先确定成本项目。

3. 确定成本计算期

成本计算期是指计算产品成本的间隔期间,即间隔多长时间计算一次产品成本、在什么时候计算产品成本。

产品成本计算期的确定取决于产品成本计算对象的确定方式。企业按产品的品种、产品的生产步骤、产品的类别作为成本计算对象时,产品成本的计算期通常与会计期间相同,即在每月月末计算产品成本;企业按产品的批次作为成本计算对象时,产品成本的计算期与产品生产周相同,与会计期间不同,但每月仍要进行生产费用的登记及汇总计算。

（二）审核和控制企业的各项生产费用

审核生产费用是指对发生的生产费用进行审查与核实,主要审核生产费用是否客观真实、合法合理、正确无误,是否属于产品成本的开支范围,是否符合产品成本的开支标准,把住关口,以保证产品成本计算的真实正确,为控制企业的各项生产费用服务。

（三）归集分配生产费用

对审核无误的生产费用要按产品成本计算对象进行归集,并按其经济用途分别计入各个成本项目之中。

归集和分配的原则：受益原则,即谁受益谁承担。

归集和分配的方法：直接计入费用的,直接认定；间接计入费用的,按比例分配。

1. 归集分配各要素费用

外购材料、外购燃料、外购动力、工资及折旧费用等各项要素费用,需要先按照经济用途进行分配。分配时,属于期间费用的,如行政管理部门消耗的材料、燃料,销售机构人员的工资等,应按管理费用、销售费用和财务费用分别进行归集。应计入产品成本的费用中,属于单设成本项目的费用,如构成产品实体的原材料、产品生产耗用的外购燃料及动力、生产工人的工资等费用,要按用途分配给属于基本生产的各种产品和属于辅助生产的各种产品,并计入有关成本项目,直接按照各种产品的不同成本项目进行归集。未单设成本项目的费用,如折旧费用、车间管理人员工资等,应先归集为不同生产车间或部门的制造费用,待其归集完全后再按一定标准分配计入各种产品。

2. 归集分配辅助生产费用

企业辅助生产所发生的各项费用,属于单设成本项目的,如材料、工资、水电费用等,应在各项要素费用分配过程中直接计入辅助生产产品或劳务的成本。对完工入库的辅助生产产品,应将其生产成本转为存货成本,同时区分辅助生产产品和劳务种类,按受益数量的比例在各受益对象（如基本生产车间、行政管理部门、专设的销售机构等）之间进行分配。

3. 归集分配制造费用

将以上要素费用、辅助生产费用分配的结果中属于制造费用项目的费用逐一登记到制造费用明细账中，月末对制造费用明细账进行汇总即可计算出制造费用总额，然后采用合理的分配标准，分别在应负担的不同产品之间进行分配，以制造费用成本项目计入各产品成本。

4. 归集分配废品损失和停工损失

在单独核算废品损失、停工损失的企业中，因为出现废品、停工而发生的损失，都应在要素费用、辅助生产费用、制造费用分配过程中，按废品损失、停工损失相应项目进行登记汇总。以上损失性费用在分配时，除可以收回的保险赔偿、过失赔偿，以及列为营业外支出的非常损失等之外，属于生产经营损失部分的，还应分别按有关期间费用项目和产品成本进行汇总。专设有废品损失、停工损失成本项目的企业，还应按成本项目计入产品成本。

如果企业不单独核算废品损失和停工损失，则该费用将在分配时存在归属问题。

（四）计算完工产品成本和月末在产品成本

通过以上步骤的生产费用分配，每种产品本月应负担的生产费用已按不同成本项目分别进行了归集，逐项与月初在产品成本相加，即为该种产品的全部生产费用。到了产品成本计算期，要按规定计算当期完工产品的总成本与单位成本。具体情况有以下两种。

（1）到了产品成本计算期末，本期生产的产品已全部完工，成本计算期内所归集的生产费用就是完工产品的总成本。总成本除以完工产品数量就是完工产品的单位成本。

（2）到了产品成本计算期末，还有部分产品尚未完工而存在月末在产品，要运用一定的方法将所归集的生产费用在完工产品与月末在产品之间进行分配，先计算出月末在产品应负担的生产费用，作为月末在产品成本，再确定本期完工产品应负担的生产费用，作为完工产品的总成本，并计算完工产品的单位成本。

二、成本核算的账户设置

在成本计算过程中，要将发生的生产费用按一定的成本计算对象进行归集与分配，最终确定完工产品成本，就必须设置相应的总账账户与必要的明细账户。

按照现行的《企业产品成本核算制度（试行）》和《企业会计准则第5号——生物资产》规定，农业企业进行成本核算时一般应设置"农业生产成本""制造费用""废品损失""停工损失""管理费用""销售费用""财务费用"成本费用类总账账户及必要的明细账户。

（一）总分类账户的设置

1."农业生产成本"账户

本科目核算在农业活动过程中发生的各项生产费用。应按种植业、畜牧养殖业、水产业和林业分别确定成本核算对象，再按成本核算对象设置明细账户，并按成本项目设置专栏，进行明细分类核算。实行混群核算的幼畜（禽）或育肥畜（禽）的实际成本和饲养费用，以及实行分群核算的幼畜（禽）或育肥畜（禽）的饲养费用、郁闭成林前消耗性林木资产和公益林的实际成本及其他消耗性生物资产的实际成本等，在本科目核算。

经济林木、农田防护林在达到预定生产经营目的前发生的实际成本，在"生物性在建工程"科目核算，不在本科目核算；达到预定生产经营目的时的实际成本，在"生产性生物资产"科目核算，不在本科目核算；达到预定生产经营目的后发生的采割、管护费用，在本科目核算。

农业生产成本的主要账务处理如下。

（1）郁闭成林前消耗性林木资产、公益林及其他农业活动耗用的直接材料、直接人工和其他直接费用，借记本科目，贷记"原材料""应付职工薪酬""库存现金""银行存款"等科目。

（2）具有生产性特点的林木资产达到预定生产经营目的后发生的管护费用，借记本科目，贷记"原材料""应付职工薪酬""库存现金""银行存款"等科目。

（3）机械作业等发生的共同性费用，借记本科目（机械作业费等），贷记"累计折旧"等科目。期末，分配计入有关受益对象时，借记本科目（××产品），贷记本科目（机械作业费等）。

（4）辅助生产单位提供的劳务，按承担劳务费用金额，借记本科目，贷记"生产成本——辅助生产成本"科目。

（5）经济林木、农田防护林、剑麻、产畜等成熟生产性生物资产计提的折旧，借记本科目，贷记"生产性生物资产累计折旧"科目。零星橡胶树、果树、桑树、茶树等经济林木的更新和补植支出，在达到预定生产经营目的前，记入"生物性在建工程"科目；在达到预定生产经营目的后，直接记入"农业生产成本"科目。

（6）多次收获的多年生消耗性生物资产（如苜蓿），其往年费用按比例摊入本期产品成本部分，借记本科目（××产品），贷记本科目（××年种植××作物）。

（7）年终尚未完成脱粒作业的产品，预提脱粒等费用时，借记本科目，贷记"预付账款"科目。

（8）畜（禽）产品实行混群核算的，畜（禽）本身的价值及其饲养费用，均通过本科目核算。购进畜（禽）时，按实际支付或应支付的价款，借记本科目，贷记"银行存款"等科目。实行分群核算的，本科目只核算各群发生的饲养费用，畜（禽）本身的价值在"消耗性生物资产（幼畜及育肥畜）"科目核算。期末结转各群的饲养费用时，借记"消耗性生物资产（幼畜及育肥畜）"科目，贷记本科目。

（9）发生的间接费用，先在"制造费用"科目进行汇集，期末再按一定的分配标准或方法，分配计入有关产品成本，借记本科目，贷记"制造费用"科目。

（10）收获的农产品（包括自产留用的种子、饲料、口粮）验收入库时，按实际成本，借记"农产品"科目，贷记本科目；不通过入库直接销售的鲜活产品，按实际成本，借记"主营业务成本"科目，贷记本科目。

（11）消耗性林木资产采伐时，按其账面价值，借记本科目，按已计提的消耗性林木资产跌价准备，借记"消耗性生物资产跌价准备——林木"科目，按其账面余额，贷记"消耗性生物资产——林木"科目。

（12）实行混群核算的幼畜成龄转为产畜或役畜，按账面价值，借记"生产性生物资产"科目，按已计提的其他消耗性生物资产跌价准备，借记"存货跌价准备——其他消耗性生物资产跌价准备"科目；按账面余额，贷记本科目。

"农业生产成本"科目期末借方余额，反映在农业活动过程中发生的各项费用，包括实行混群核算的幼畜（禽）或育肥畜（禽）的实际成本和饲养费用，以及实行分群核算的幼畜（禽）或育肥畜（禽）的饲养费用、郁闭成林前消耗性林木资产和公益林的实际成本及其他消耗性生物资产的实际成本等。

大型农牧企业可在"农业生产成本"下设置"基本生产成本"和"辅助生产成本"两个二级账户。"基本生产成本"和"辅助生产成本"两个二级账户下面分别还应设相应的明细账户，因此，企业在使用这两个二级账户时往往将其提升为一级账户，作为总分类账户来使用。

"基本生产成本"账户用来核算农业企业在生产农产品过程中发生的基本生产费用，借方登记为生产农产品而发生的直接材料、直接人工及制造费用等；贷方登记转出的完工农产品成本。余额在借方，表示月末在产品的成本，同时反映月末基本生产所占用的资金。

"辅助生产成本"账户用来核算为企业基本生产车间及其他部门提供产品或劳务进行服务的生产成本。借方登记在辅助生产过程中发生的材料费用、人工费用及制造费用等；贷方登记分配转出的完工产品成本及劳务成本。"辅助生产成本"账户在分配转出后，一般无余额。

2."制造费用"账户

制造费用是企业生产车间在生产产品或提供劳务过程中发生的各项间接费用，如车间管理人员的工资及社保费、折旧费、修理费、水电费、机物料消耗、劳动保护费等。借方登记发生的各项制造费用；贷方登记分配转出的制造费用。分配转出后，该账户一般无余额。

3."废品损失"账户

凡是内部成本管理上要求单独反映和控制废品损失的企业，会计上可以专门设置"废品损失"账户。该账户用于核算生产单位生产的各种废品带来的经济损失，包括可修复废品的修复费用损失和不可修复废品报废的净损失。

该账户的借方归集不可修复废品成本和可修复废品的修复费用，贷方反映废品残值、赔偿款，以及计入合格品成本的净损失，期末一般无余额。

"废品损失"明细账户应按生产车间分产品设置,按废品损失构成进行反映。

4."停工损失"账户

凡是需要单独核算停工损失的企业,可以设置"停工损失"账户。该账户用于核算企业生产车间由于计划减产和由于停电、待料、机器设备发生故障等而停止生产所造成的损失。

该账户借方记录停工期间应付的工资和福利费用、维护保养设备消耗的材料费用、应负担的制造费用等,贷方反映分配结转的停工损失,期末一般无余额。"停工损失"明细账户应按车间设置。

5."管理费用"账户

"管理费用"账户是核算企业行政管理部门为组织管理生产经营活动而发生的各项费用。企业发生各项管理费用时,登记在本账户的借方,贷记"原材料""应付职工薪酬""银行存款"等账户。期末应将本账户的发生额转入"本年利润"账户,结转后该账户无余额。

6."销售费用"账户

"销售费用"账户是核算企业在销售产品、自制半成品和工业性劳务过程中发生的费用,以及专设的销售机构所发生的各项费用。发生各项销售费用时,登记在本账户的借方,贷记"原材料""应付职工薪酬""银行存款"等账户。期末应将本账户的发生额转入"本年利润"账户,结转后该账户无余额。

7."财务费用"账户

"财务费用"账户是核算企业进行筹集资金等理财活动而发生的各项费用,如利息支出、金融机构的手续费等。企业发生各项财务费用时,登记在本账户的借方,贷记"应付利息""银行存款"等账户。发生的应冲减财务费用的利息收入,借记"银行存款"账户,贷记本账户。期末应将本账户的发生额转入"本年利润"账户,结转后该账户无余额。

在进行农业企业成本核算时,除设置上述成本费用类账户外,还需要设置"农产品""消耗性生物资产""生产性生物资产""生产性生物资产累计折旧"等资产类账户。

(二)主要明细账户的设置

1. 基本生产成本明细账

基本生产成本明细账户,可以按农产品品种、农产品批别、生产步骤或者类别等开设,并分别按不同成本项目归集费用,计算产品成本。基本生产成本明细账户采用多栏式账页,账页内按成本项目设置专栏,并连续登记各月产品费用的归集和完工产品成本的结转。

在实际工作中,为了进行生产费用汇总及完工产品成本的计算,需要同时开设成本计算单来配合基本生产成本明细账户的登记工作,在成本计算单内按成本项目开设专栏,分别反映各成本项目的月初在产品成本、本月发生生产费用、生产费用合计、各成本项目分配率、完工产品成本和月末在产品成本。成本计算单往往作为完工产品成本结转的自制原始凭证,填制完成后附在记录入库产成品记录的记账凭证后面。

基本生产成本明细账的基本格式见表1-1。成本计算单的基本格式见表1-2。

表1-1 基本生产成本明细账

成本对象:甲产品　　　　　　　　　生产车间:一车间　　　　　　　　　总第　页　分第　页

20××年		凭证		摘要	成本项目				合计
月	日	字	号		直接材料	燃料及动力	直接人工	制造费用	
2	1			月初在产品成本	4 000	2 000	3 000	3 000	12 000
2	28	记	28	材料费用分配	50 000				50 000
2	28	记	29	动力费用分配		10 000			10 000
2	28	记	32	薪酬费用分配			40 000		40 000
2	28	记	38	制造费用分配				20 000	20 000
2	28			生产费用合计	54 000	12 000	43 000	23 000	132 000
2	28	记	39	转出完工产品成本	50 000	10 000	40 000	20 000	120 000
2	28			月末在产品成本	4 000	2 000	3 000	3 000	12 000

表1-2 成本计算单

产品名称:甲产品　　　　　　　20××年2月　　　　　　　完工产量:100吨
生产车间:一车间　　　　　　　　　　　　　　　　　　　在产品:10吨

20××年		摘要	成本项目				合计
月	日		直接材料	燃料及动力	直接人工	制造费用	
2	1	月初在产品成本	4 000	2 000	3 000	3 000	12 000
2	28	本月生产费用	50 000	10 000	40 000	20 000	120 000
2	28	生产费用合计	54 000	12 000	43 000	23 000	27 000
2	28	单位成本	500	100	400	200	1 200
2	28	完工产品成本	50 000	10 000	40 000	20 000	120 000
2	28	月末在产品成本	4 000	2 000	3 000	3 000	12 000

表1-1和表1-2中各项内容之间的关系为

$$生产费用合计 = 月初在产品成本 + 本月生产费用$$
$$完工产品成本 = 生产费用合计 - 月末在产品成本$$

2. 辅助生产成本明细账户

辅助生产成本明细账户应按辅助生产车间和生产的产品、劳务种类开设。辅助生产成本明细账户采用多栏式账页,账页内按成本项目或费用项目分设专栏进行明细核算。其格式与基本生产成本明细账的格式基本相同,见表1-3。

表1-3 辅助生产成本明细账

辅助生产车间:机修车间　　　　　产品或劳务:机修　　　　　单位:元

20××年		凭证		摘要	借方	贷方	借或贷	余额	（借）方项目						
月	日	字	号						材料	动力	折旧	水费	工资	办公	保险	略
2	28	记	28	材料费用分配	5 000		借	5 000	5 000							
2	28	记	29	动力费用分配	500		借	5 500		500						
2	28	记	30	折旧费分配	1 800		借	7 300			1 800					
2	28	记	31	水费分配	300		借	7 600				300				
2	28	记	32	薪酬费用分配	3 000		借	10 600					3 000			
2	28	记	33	办公费分配	400		借	11 000						400		
2	28	记	34	保险费分配	1 000		借	12 000							1 000	
2	28	记	37	分配转出		12 000	平	0	5 000	500	1 800	300	3 000	400	1 000	
2	28			本月发生额及余额	12 000	12 000	平	0								

3. 制造费用明细账户

制造费用明细账户一般按不同的生产车间、生产部门设置,一般采用多栏式账页,并按制造费用的项目内容分设专栏进行明细核算。如果辅助生产车间规模小、费用少,为了简化核算工作,也可不在辅助生产车间单设"制造费用"明细账户,发生的制造费用直接记入"辅助生产成本"总分类账户及其明细账户的借方。其格式见表1-4。

4. 期间费用明细账户

"管理费用"账户、"销售费用"账户、"财务费用"账户的明细账,多采用多栏式账页,按费用项目设置专栏进行明细核算。其格式同表1-4。

表 1-4 制造费用明细账

生产车间：第一基本生产车间　　　　　　　　　　　　　　　　　　　　　　　　单位：元

20××年		凭证		摘要	借方	贷方	借或贷	余额	（借）方项目							
月	日	字	号						材料	动力	折旧	水费	工资	办公	保险	机修费
2	28	记	28	材料费用分配	8 000		借	8 000	8 000							
2	28	记	29	动力费用分配	800		借	8 800		800						
2	28	记	30	折旧费分配	2 000		借	10 800			2 000					
2	28	记	31	水费分配	500		借	11 300				500				
2	28	记	32	薪酬费用分配	9 000		借	20 600					9 000			
2	28	记	33	办公费分配	400		借	21 000						400		
2	28	记	34	保险费分配	2 000		借	23 000							2 000	
2	28	记	37	转入机修费用	7 000		借	30 000								7 000
2	28	记	38	分配转出		30 000	平	0	8 000	800	2 000	500	9 000	400	2 000	7 000
2	28			发生额及余额	30 000	30 000	平	0								

三、成本核算的账务处理程序

产品成本核算的账务处理程序是指在产品形成过程中所涉及的有关成本核算账户之间的相互结转并进行会计处理的步骤。具体包括以下步骤。

（1）审核各种要素费用凭证，将发生的费用按发生的部门和用途进行归集和分配，编制记账凭证，登记有关明细账。

（2）归集分配辅助生产费用，登记有关明细账。

（3）归集分配基本生产车间的制造费用，登记有关明细账。

（4）确定月末在产品应负担的生产费用。

（5）计算完工产品总成本与单位成本，将完工产品成本转入产成品账户中。

详细流程如图 1-10 所示。

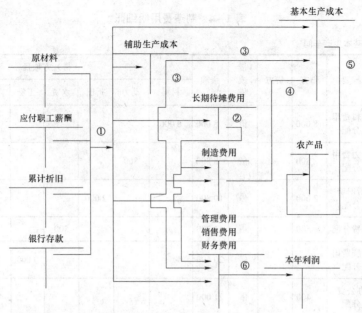

图1-10 产品成本核算账务处理流程

说明：
① 对所发生的要素费用进行归集与分配。
② 摊销长期待摊费用。
③ 按受益情况分配辅助生产成本。
④ 分配基本生产车间的制造费用。
⑤ 确定月末在产品成本，计算并结转完工产品成本。
⑥ 将各项期间费用结转本年利润。

实务训练

实训 产品成本明细账登记训练

1. 资料

某畜牧养殖企业2015年2月乙产品基本生产成本明细账各成本项目的月初在产品成本、本月生产费用、完工产品成本数据资料见表1-5。

表1-5 基本生产成本明细账

成本对象：乙产品　　　　　　　生产车间：二车间　　　　　　　总第　页　分第　页

2015年		凭证		摘要	成本项目				合计
月	日	字	号		直接材料	燃料及动力	直接人工	制造费用	
2	1			月初在产品成本	2 000	1 000	2 000	1 500	6 500
2	28	记	28	材料费用分配	20 000				20 000

续表

2015年		凭证		摘要	成本项目				合计
月	日	字	号		直接材料	燃料及动力	直接人工	制造费用	
2	28	记	29	动力费用分配		8 000			8 000
2	28	记	32	薪酬费用分配			20 000		20 000
2	28	记	38	制造费用分配				9 000	9 000
2	28			生产费用合计					
2	28	记	39	转出完工产品成本					
2	28			月末在产品成本	4 000	2 000	3 000	3 000	12 000

2. 要求

根据表中各项目内容之间的关系计算：
（1）生产费用合计；
（2）本月完工产品成本。

本 篇 小 结

成本作为一种耗费，在企业管理中有着重要的作用。成本有广义和狭义之分，广义的成本指的是一个行为主体为达到预定的目的或目标而发生的可以用货币计量的各种资源（人力、物力和财力）耗费。狭义的成本仅指产品成本。产品成本指的是生产者为生产一定种类和数量的产品所消耗而又必须补偿的物化劳动和活劳动中必要劳动的货币表现。根据成本核算和管理要求的不同，可以将成本按不同标准进行多种分类，其中，按成本的经济用途分类分为产品成本和期间成本，这是最基本的分类。

成本会计是会计学科的一个分支，是运用会计的基本原理和方法，对企业在生产经营过程中各项费用的发生和产品生产成本的形成进行预测、决策、计划、控制、核算、分析和考核的一种管理活动。现代成本会计的对象，不仅包括生产经营业务成本和经营管理费用，还包括各项专项成本。成本会计职能主要包括：成本预测、成本决策、成本计划、成本控制、成本核算、成本分析和成本考核。成本会计的任务受制于成本会计的职能，因此，成本会计的任务一般包括：进行成本预测、决策，编制成本计划和费用预算；严格审核、控制各项费用，节约开支；正确、及时地核算产品成本；进行成本分析，考核成本计划的完成情况。

为发挥成本会计的职能作用，完成成本会计任务，必须科学地组织成本会计工作。成本会计工作组织具体有四个方面，即设立成本会计机构、确定成本会计工作组织形式、配备成本会计工作人员、制定成本会计法规制度。

为了使成本信息资料符合规定，达到正确、真实和及时的要求，在成本核算时就必须遵守合法性原则、可靠性原则、按实际成本计价原则、权责发生制原则、一致性原则、及时性原则、成本分期核算原则。

成本核算过程既是对生产经营过程中发生的各种耗费进行归类反映的过程，也是为满足企业管理要求进行信息反馈的过程。因此，在成本核算过程中，除了应遵循成本核算原则外，还应做到五个方面的要求：一是加强生产费用预算、审核和控制；二是正确划分各种费用界限，即正确划分费用性支出与非费用性支出的界限，正确划分生产费用与期间费用的界限，正确划分本期费用与后期费用的界限，正确划分各种产品应负担费用的界限，正确划分完工产品与月末在产品费用的界限；三是正确确定财产物资的计价与价值结转的方法；四是做好产品成本核算的基础工作，即建立健全原始记录制度，强化定额管理制度，严格计量验收制度，实施内部结算制度；五是确定适用的成本计算方法。

成本核算一般应遵循如下程序：第一步，确定成本计算对象、成本项目及成本计算期；第二步，审核和控制企业的各项生产费用；第三步，归集分配生产费用，即归集分配各要素费用、归集分配辅助生产费用、归集分配制造费用、归集分配废品损失和停工损失；第四步，计算完工产品成本和月末在产品成本。

成本核算是通过设置和运用账户进行的。为了核算产品成本，企业一般应设置"农业生产成本""基本生产成本""辅助生产成本""制造费用"总账账户；单独核算废品损失、停工损失的企业，还可以开设"废品损失""停工损失"总账账户；为了核算期间成本，应设置"管理费用""销售费用""财务费用"总账账户。在"基本生产成本"总账账户下，一般再按产品成本的计算对象如产品品种、产品批别、产品生产步骤等进行明细分类核算；在"辅助生产成本"总账账户下再按辅助生产车间和生产的产品或劳务分设明细账进行核算。成本、费用明细账格式一般是按成本项目或费用项目分多栏进行设置。

理 念 训 练

一、单项选择题

1. 产品成本是指企业生产一定种类、一定数量的产品所支出的各项（　　）。
   A. 生产费用之和　　　　　　　　B. 生产经营管理费用之和
   C. 经营管理费用之和　　　　　　D. 料、工、费及经营管理费用总和
2. 下列项目中不属于生产费用的是（　　）。
   A. 生产产品而消耗的材料　　　　B. 生产工人的工资
   C. 企业管理人员的工资　　　　　D. 车间管理人员的工资
3. 成本会计的最基本职能是（　　）。
   A. 成本预测　　　B. 成本决策　　　C. 成本核算　　　D. 成本分析
4. 生产经营费用按费用的（　　）分类形成要素费用。
   A. 经济内容　　　B. 负担对象　　　C. 经济用途　　　D. 归属的期间
5. 下列说法不正确的是（　　）。
   A. 成本决策应建立在成本预测的基础上
   B. 进行成本决策是编制成本计划的前提
   C. 成本考核是进行成本分析和成本控制的依据

D. 成本核算是成本会计最基本的职能

6. 大中型企业的成本会计工作一般采取（　　）。
   A. 集中工作组织方式　　　　　　　B. 统一领导方式
   C. 分散工作组织方式　　　　　　　D. 会计岗位责任制

7. 下列项目中不能计入产品成本的费用是（　　）。
   A. 企业管理人员的工资及社保费　　B. 车间消耗的动力费用
   C. 生产工人的工资及社保费　　　　D. 车间管理人员工资及社保费

8. 按费用的经济性质分类的作用很多，下列不属于该项分类作用的是（　　）。
   A. 根据分类项目提供的资料可以分析各个时期各种费用的结构和水平
   B. 可以为编制企业的材料采购资金计划和工资计划提供资料
   C. 可以为企业核定储备资金定额和考核储备资金周转速度提供数据
   D. 可以按经济用途考核各项费用计划的执行情况

9. 下列关于成本的分类说法中，不正确的是（　　）。
   A. 按成本的经济用途分类分为制造成本和期间成本两大类
   B. 成本的可控与否是相对于特定的责任主体来确定的
   C. 按成本与产量的关系分类分为变动成本、固定成本、混合成本、半变动成本
   D. 按成本与特定产品的关系或分派方式分类分为直接成本和间接成本

10. 下列关于费用的分类说法中，正确的是（　　）。
    A. "外购材料"是费用按经济性质分类的要素之一，它包含的内容主要是购进的原料及主要材料等，但不包含外购的修理用备件
    B. "成本项目"是会计核算上的产品成本构成内容，成本项目可以有若干个，但究竟设多少个，由企业根据实际自己决定
    C. 费用按经济内容分类与按经济用途分类的项目，国家会计制度是统一规定的，企业不能做任何改变
    D. 在产品生产过程中耗用的材料费都是直接生产费用

11. 正确计算产品成本，应该做好的基础工作是（　　）。
    A. 正确划分各种费用界限　　　　B. 确定成本计算对象
    C. 建立健全原始记录制度　　　　D. 各种费用分配

12. 关于费用界限划分，下列说法不正确的是（　　）。
    A. 收益性支出应计入成本费用
    B. 制造费用应计入生产费用
    C. 为组织和管理生产经营活动而发生的费用应计入生产费用
    D. 凡为生产某种产品而发生的费用应直接计入该产品的成本

13. 下列属于产品成本计算首要程序的是（　　）。
    A. 确定成本计算期　　　　　　　B. 生产费用的归集和分配
    C. 确定成本项目　　　　　　　　D. 确定成本计算对象

14. 产品成本核算原则是提高产品成本核算质量的重要保证，产品成本核算有多项原则要求，其中可核实性是（　　）原则的内容之一。
    A. 实际成本核算　　　　　　　　B. 重要性

C. 一致性 D. 可靠性
15. 制造费用应分配记入（　　）账户。
   A. 基本生产成本和期间费用　　B. 基本生产成本和辅助生产成本
   C. 生产成本和管理费用　　　　D. 财务费用和营业费用
16. 企业生产对外销售的产品，其产品生产成本应在（　　）核算。
   A. 基本生产成本二级账户　　　B. 辅助生产成本二级账户
   C. 制造费用账户　　　　　　　D. 库存商品账户
17. 基本生产车间领用的直接用于产品生产或有助于产品形成的辅助材料，应借记（　　）账户。
   A. 辅助生产成本账户　　　　　B. 基本生产成本账户
   C. 制造费用账户　　　　　　　D. 原材料账户
18. 对"基本生产成本明细账"进行登记时，其填列方法与一般明细账登记方法不同的栏次是（　　）。
   A. 记账日期栏　　　　　　　　B. 摘要栏
   C. 本期发生额（成本项目）栏　D. 合计栏
19. 对物资消耗的价值进行确认时，不可采用的方法是（　　）。
   A. 先进先出法　B. 后进先出法　C. 加权平均法　D. 个别计价法
20. 下列人员的工资应当计入制造费用的是（　　）。
   A. 工人的工资　　　　　　　　B. 车间主任的工资
   C. 厂长的工资　　　　　　　　D. 班组长的工资

二、多项选择题

1. 下列项目中属于收益性支出的有（　　）。
   A. 材料费用支出　　　　　　　B. 电话费支出
   C. 工资支出　　　　　　　　　D. 注册商标权支出
2. 使当期生产费用与当期完工产品不一致的原因可能是（　　）。
   A. 存在期初在产品　　　　　　B. 存在月末在产品
   C. 既有期初在产品又有月末在产品　D. 存在月中在产品
3. 集中核算的优点有（　　）。
   A. 有利于企业管理当局及时全面地掌握成本会计的各种信息
   B. 便于使用计算机集中进行成本数据处理
   C. 减少成本会计机构设置的层次和成本会计人员的职数
   D. 让直接从事生产经营的部门及时掌握成本信息
4. 属于制造业财务会计的内容，又在成本会计课程中解决的内容是（　　）。
   A. 在供应过程中材料成本的归集、分配、计算与核算
   B. 在生产过程中生产费用的归集与分配，产品成本的计算与核算
   C. 在销售过程中产品销售成本的计算与核算
   D. 成本报表的编制与分析

5. 制造企业发生的各种费用按其经济性质首先可以分为（　　）。
   A. 劳动对象方面的费用　　　　　B. 劳动手段方面的费用
   C. 活劳动方面的费用　　　　　　D. 劳动资料方面的费用
6. 成本会计的职能包括（　　）。
   A. 成本预测、决策　　　　　　　B. 成本核算、分析
   C. 成本计划　　　　　　　　　　D. 成本控制
7. 制造企业的基本产品成本项目一般设置为（　　）。
   A. 直接材料　　B. 燃料及动力　　C. 直接人工　　D. 制造费用
8. 下列不应计入产品成本或期间费用的支出包括（　　）。
   A. 为筹集生产产品用的资金而支付的利息
   B. 购买会计人员办公用的计算机
   C. 支付的环境污染罚款
   D. 给灾区的捐款
9. 成本会计机构内部的组织分工有（　　）。
   A. 按成本会计的职能分工　　　　B. 按成本会计的对象分工
   C. 集中工作组织方式　　　　　　D. 分散工作组织方式
10. 下列属于费用要素的是（　　）。
    A. 修理费用　　B. 折旧费用　　C. 工资　　D. 外购动力费用
11. 属于企业成本核算中使用的会计账户有（　　）。
    A. 基本生产成本　　　　　　　　B. 辅助生产成本
    C. 制造费用　　　　　　　　　　D. 营业外支出
12. 为了正确计算产品成本，必须正确划分以下几个方面的费用界限（　　）。
    A. 盈利产品和亏损产品　　　　　B. 生产费用和期间费用
    C. 各个会计期间的费用　　　　　D. 完工产品与在产品
13. 企业成本核算的一般程序包括（　　）。
    A. 对企业的各项支出、费用进行严格的审核和控制
    B. 正确划分各个月份的费用界限
    C. 将生产费用在各种产品之间进行分配和归集
    D. 将生产费用在本月完工产品与月末在产品之间进行归集与分配
14. 产品成本是企业生产经营管理的重要会计信息，为了保证该信息的质量，成本核算时应遵循一定的原则，而且每个原则都有特定的要求，其中实际成本核算原则的要求包括（　　）。
    A. 某项成本发生时按实际耗用数确认
    B. 完工入库产品的成本按实际应负担的数额计算
    C. 当期销售产品应负担的成本按该产品实际生产成本计算
    D. 产品的实际成本必须真实
15. 一般情况下，期末没有余额的账户是（　　）。
    A. 辅助生产成本　　　　　　　　B. 基本生产成本
    C. 制造费用　　　　　　　　　　D. 管理费用

16. 在产品成本核算过程中要做好的基础工作是（　　）。
　　A. 分清费用界限　　　　　　　　B. 健全原始记录
　　C. 强化定额管理　　　　　　　　D. 严格计量验收
17. 产品成本计算过程实际上就是划分费用界限的过程，即要分清（　　）。
　　A. 费用与非费用的界限　　　　　B. 生产费用与期间费用的界限
　　C. 本期费用与后期费用的界限　　D. 各种产品的生产费用
18. 下列账户中，不属于产品成本计算的账户是（　　）。
　　A. 生产成本　　B. 劳务成本　　C. 管理费用　　D. 制造费用
19. 生产成本账户下应当设置的明细账户是（　　）。
　　A. 辅助生产成本　　　　　　　　B. 基本生产成本
　　C. 产品生产成本　　　　　　　　D. 制造费用

三、判断题

1. 成本会计是一种成本费用会计。（　　）
2. 企业的全部费用构成了产品生产成本。（　　）
3. 生产费用是企业为生产产品而发生的各项支出。（　　）
4. 成本会计的最基本职能是成本预测。（　　）
5. 集中核算的优点正好是分散核算的不足之处。（　　）
6. 间接费用必定是间接计入费用。（　　）
7. 对费用按经济内容分类形成要素费用。（　　）
8. 要素费用中的"职工薪酬费"与成本项目中的"直接人工"的内容是相同的。（　　）
9. 成本项目的划分是企业会计准则统一规定的，各企业不能自行增设和合并。（　　）
10. 成本核算对象就是指生产费用的承担者。（　　）
11. 实际成本核算原则要求对产品成本要素形成的所有环节发生的耗费都必须按实际成本核算。（　　）
12. 一致性原则是要求成本核算方法及其会计处理方法在企业经营期内必须一致。（　　）
13. 基本生产成本明细账由于归集反映产品成本情况，所以格式设计必须按成本项目分设专栏。（　　）
14. 在成本核算中应该正确划分完工产品与在产品的费用界限，是为了防止任意提高或降低月末在产品费用，人为调节完工产品的成本。（　　）
15. 生产车间当月领用的原材料，都应计入当月的产品成本之中。（　　）
16. 期间费用不计入产品成本，但它是成本会计的核算对象。（　　）
17. 为了尽可能地符合实际情况，厂内价格应该在年度内经常变动。（　　）
18. "制造费用"账户属于损益类账户。（　　）
19. 费用界限的划分过程实际上就是产品成本的计算过程。（　　）

20. 成本计算期与产品生产周期是一致的，定期在月末进行成本核算。 （   ）

四、简答题

1. 什么是成本？什么是成本会计？
2. 在制造企业中，支出、费用与产品成本之间有什么关系？
3. 现代成本会计有哪些职能？其关系如何？
4. 要素费用的构成内容有哪些？
5. 如何设置农业生产成本项目？
6. 成本核算的原则有哪些？
7. 简述成本核算的主要内容。
8. 在产品成本核算过程中要划清哪几个方面的费用界限？
9. 产品成本核算的基础工作包括哪几个方面？
10. 在产品成本核算过程中要设置哪些成本计算账户？
11. 简述产品成本核算的账务处理程序。

第二篇

农牧企业费用核算

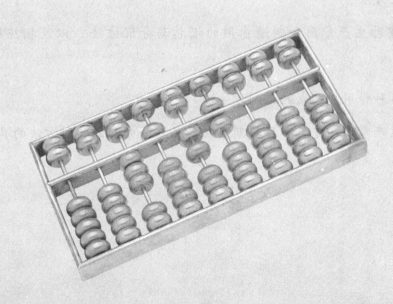

【知识目标】

1. 了解直接材料费用和直接人工费用等要素费用、辅助生产费用、制造费用、损失性费用的核算内容和核算过程。

2. 明确各有关费用分配方法的适用范围及特点。

3. 了解在产品数量与产品成本核算的关系，明确在产品数量的确定方法；理解生产费用在完工产品与期末在产品之间分配方法的概念及适用范围。

【能力目标】

1. 掌握直接材料费用、直接人工费用等要素费用的汇总和分配方法，以及相应的账务处理方法。

2. 掌握辅助生产费用和制造费用的汇总与分配方法，以及相应的账务处理方法。

3. 掌握各种费用分配表的编制方法。

4. 掌握生产费用在完工产品与期末在产品之间分配的各种方法的具体运用。

项目四

要素费用核算

一、材料费用的归集和分配

材料是指生产过程中的劳动对象,包括在生产经营过程中实际消耗的各种原材料、辅助材料、外购半成品、包装物、低值易耗品、燃料及动力等。对于在生产过程中发生的材料费用,应先按其发生的地点和用途进行归集,然后再采用适当的方法进行分配。因此,材料费用的核算,包括材料费用的归集和分配。

(一)发出材料的归集核算

发出材料的归集核算就是要正确确认和计量在生产过程中材料消耗的数量和计价。各种材料发出所依据的原始凭证是"领料单""限额领料单""领料登记表"。为了更好地控制材料的领用,节约材料费用,应尽量采用"限额领料单",实行限额领料制度。有关"领料单""限额领料单"见表2-1和表2-2。表中的斜体数字为手写体。

表 2-1 领 料 单

领料单位:育肥车间　　用途:饲养用饲料　　日期:20××年5月23日　　发料仓库:原料库

编号	材料名称	计量单位	数量		单价	金额						
			请领	实领		十	万	千	百	十	元	角	分
A06	猪用预混料	吨	3	3	6 000		1	8	0	0	0	0	0
合计(大写) 壹万捌仟零佰零拾零元零角零分											¥18 000.00		

厂长(经理)张有法　　　会计 黄军　　　保管人 张灵　　　领物人 李国庆

第二联会计部门记账

表2-2 限额领料单

20××年12月01日　　　　编　号：100

领料部门：三车间	用　　途：生产甲产品	计划产量：2 000 台
材料编号：2 059	名称规格：25 mm 圆钢	计量单位：千克
单　　价：5.00	消耗定量：1 千克/台	领用限额：2 000

20××年		请领		实发				
月	日	数量	负责人	数量	累计	发料人	领料人	限额结余
12	1	400	张平	400	400	李俊	王芽	1 600
	6	390	张平	390	790	李俊	王芽	1 210
	12	420	张平	420	1 210	李俊	王芽	790
	18	350	张平	350	1 560	李俊	王芽	440
	24	300	张平	300	1 860	李俊	王芽	140
	31	100	张平	100	1 960	李俊	王芽	40

供应部门负责人：孙萧　　　　生产计划部负责人：李萧　　　　仓库负责人：萧名

对于生产余料，应编制退料单，据以退回仓库。对于车间已领未用、下月需要继续耗用的材料，可以采用"假退料"方法，即材料实物仍在车间，只是在凭证传递上，填制一张本月退料单，表示该项余料已退库，同时还需要编制一张下月的领料单，表示该项余料为下月的领料，已出库。

发出材料成本的计价，有按实际成本计价和按计划成本计价两种方式。

1. 按实际成本计价

在按实际成本计价进行材料日常核算的情况下，材料明细账收入材料的金额，应根据按实际成本计价的收料凭证进行登记；但由于材料的收进是分批进行的，而且每批收进材料可能因买价、运费不同，而使实际进价成本也不同，所以反映在材料明细账上的单价也不一样。因此，确定发出材料的单位成本须采用一定方法，常用的有以下几种。

1）先进先出法

这种方法是假定先收入的材料先发出，发出材料的成本，要按照材料明细账上先收入材料的单价计价，只有该单价批量用完以后才开始使用下一批量的单价，以后均按先后顺序计算。

2）加权平均法

这种方法主要是以材料的数量为权数，计算材料的实际平均单价。在实际运用中有两种方法，即移动加权平均和全月一次加权平均。全月一次加权平均，只在月末计算一次单价；而移动加权平均其加权单价是随时变动的，收入材料单价每变动一次即计算一次，计算方法同全月一次加权平均大同小异。

3）个别计价法

这种方法是指发出材料的成本是以该批材料收入时的实际单价计算的。这种方法通常在能够分清批次与单价的情况下使用，它最能反映材料耗用的实际水平。

为了反映材料收发均结存的情况，应设置"原材料"等总分类账户。"原材料"账户一般是在月末根据全部发料凭证汇总编制"发出材料汇总表"，然后根据"发出材料汇总表"登记总账。有关"发出材料汇总表"格式见表2-3。

表2-3 发出材料汇总表

××单位　　　　　　　　　20××年12月　　　　　　　　　单位：元

应借科目	应贷科目		合计
	原材料	燃料	
基本生产成本	220 200	9 720	229 920
辅助生产成本	20 410	6 500	26 910
制造费用	10 000	1 480	11 480
管理费用	1 760	373	2 133
总　　计	252 370	18 073	270 443

根据表2-3可编制发出材料的会计分录。

如果只设一个"原材料"总账科目，有关会计分录为

　　借：基本生产成本　　　　　　　　　　　　　　　　229 920
　　　　辅助生产成本　　　　　　　　　　　　　　　　 26 910
　　　　制造费用　　　　　　　　　　　　　　　　　　 11 480
　　　　管理费用　　　　　　　　　　　　　　　　　　　2 133
　　　　贷：原材料　　　　　　　　　　　　　　　　　270 443

如果企业所耗燃料费用比重较大，就单独设置"燃料"总账科目对其进行核算和控制，有关会计分录为

　　借：基本生产成本　　　　　　　　　　　　　　　　220 200
　　　　辅助生产成本　　　　　　　　　　　　　　　　 20 410
　　　　制造费用　　　　　　　　　　　　　　　　　　 10 000
　　　　管理费用　　　　　　　　　　　　　　　　　　　1 760
　　　　贷：原材料　　　　　　　　　　　　　　　　　252 370
　　借：基本生产成本　　　　　　　　　　　　　　　　　9 720
　　　　辅助生产成本　　　　　　　　　　　　　　　　　6 550
　　　　制造费用　　　　　　　　　　　　　　　　　　　1 480
　　　　管理费用　　　　　　　　　　　　　　　　　　　　373
　　　　贷：燃料　　　　　　　　　　　　　　　　　　 18 073

2. 按计划成本计价

在按计划成本计价进行材料日常核算的情况下，材料的收发凭证平时均按计划成本计价，材料明细账和总分类账也均按计划成本进行登记。在此情况下，除了设"原材料"账户外，还须设置"材料采购"和"材料成本差异"账户。库存材料的收、发、结存按计划成本进行日常核算，对领料凭证则逐项标上计划单价进行分类汇总，并计算应负担的材料成本差异，期末，再将计划成本调整为实际成本。

$$材料成本差异分配率 = \frac{月初结存材料成本差异额 + 本月收入材料成本差异额}{月初结存材料计划成本 + 本月收入材料计划成本}$$

发出材料应分配的成本差异额 = 发出材料计划成本 × 材料成本差异分配率

发出材料实际成本 = 发出材料计划成本 + 发出材料应分配的成本差异额

为了汇总反映发出材料的计划成本和成本差异，并据以计算发出材料的实际成本，发出材料汇总表中的材料成本应按计划成本和成本差异分开列示。其格式见表2-4。

表2-4 发出材料汇总表

20××年6月　　　　　　　　　　　　　　　　　　　　单位：元

应借科目		应贷科目		合计
		原材料	材料成本差异（差异率：2%）	
基本生产成本	直接材料	48 000	960	48 960
制造费用	机物料消耗	2 800	56	2 856
辅助生产成本	修理车间	1 500	30	1 530
	供水车间	1 950	39	1 989
	小计	3 450	69	3 519
销售费用		1 000	20	1 020
管理费用		1 400	28	1 428
合计		56 650	1 133	57 783

根据表2-4编制发出材料计划成本和调整材料成本差异的会计分录为

```
借：基本生产成本                          48 000
    辅助生产成本                           3 450
    制造费用                               2 800
    管理费用                               1 400
    销售费用                               1 000
  贷：原材料                                         56 650
借：基本生产成本                             960
    辅助生产成本                              69
    制造费用                                  56
    管理费用                                  28
```

	销售费用	20
贷：材料成本差异		1 133

（二）材料费用分配的核算

对于只用于一种产品生产的材料，可以直接计入各产品成本；对于几种产品共同耗用的材料，应采取分配的方法计入产品成本。

直接材料费用的分配可采用不同的分配标准，从而形成不同的分配方法。直接材料费用的分配标准一般有产品产量、产品重量、材料定额成本、定额耗用量等。分配方法主要有以下两种。

1. 产品产量（重量）比例分配法

产品产量（重量）比例分配法是指按产品的产量（重量）比例分配材料费用的一种方法。在产品的产量（重量）与其所耗用的材料有密切联系的情况下，以产品的实际产量（重量）作为分配标准来分配材料费用。

此法的计算公式如下：

$$材料费用分配率 = \frac{各种产品共同耗用的材料费用总额}{各种产品产量（重量）之和}$$

某产品应分配的材料费用 = 该产品产量（重量）× 材料费用分配率

【例 2-1】正光公司生产甲、乙两种产品，共耗用 A 材料 1 500 千克，材料费用每千克 7 元。甲产品的实际产量为 1 500 件，乙产品的实际产量为 2 000 件。采用产品产量比例分配法分配材料费用并编制会计分录。

$$材料费用分配率 = \frac{1\ 500 \times 7}{1\ 500 + 2\ 000} = 3$$

甲产品分配的材料费用 = 1 500 × 3 = 4 500（元）

乙产品分配的材料费用 = 2 000 × 3 = 6 000（元）

会计分录为

借：基本生产成本——甲产品	4 500
——乙产品	6 000
贷：原材料	10 500

2. 材料定额成本（耗用量）比例分配法

材料定额成本（耗用量）比例分配法是指按产品材料定额成本（耗用量）分配材料费用的一种方法。它以材料的定额成本（耗用量）作为分配标准，一般在几种产品共同耗用几种材料的情况下采用。

其计算公式如下：

$$材料定额成本（耗用量）分配率 = \frac{各种产品共同耗用的材料费用总额}{各种产品材料定额成本（耗用量）之和}$$

某产品应分配材料费用 = 某产品材料定额成本（耗用量）× 材料定额成本（耗用量）分配率

【例2-2】顺发公司基本生产车间生产甲、乙两种产品，甲、乙两种产品共同耗用B材料98 880元。甲产品定额消耗量为15 000千克，乙产品定额消耗量为9 000千克。采用产品材料定额成本（耗用量）比例分配法分配材料费用并编制会计分录。

$$材料费用分配率 = \frac{98880}{15000+9000} = 4.12$$

甲产品分配的材料费用 = 15 000 × 4.12 = 61 800（元）

乙产品分配的材料费用 = 9 000 × 4.12 = 37 080（元）

会计分录为

借：基本生产成本——甲产品　　　　　　　　　　　　　　61 800
　　　　　　　　——乙产品　　　　　　　　　　　　　　37 080
　　贷：原材料　　　　　　　　　　　　　　　　　　　　98 880

直接材料费用的分配是按用途、部门和受益对象来分配的。具体来说，用于产品生产的材料费用由基本生产的各种产品负担，应记入"生产成本——基本生产成本"总账账户及其明细账的有关成本科目；用于辅助生产的材料费用由辅助产品或劳务承担，应记入"生产成本——辅助生产成本"总账账户及明细账中的有关成本科目；用于维护生产设备等的各种材料，应由产品或劳务承担，但由于不能直接记入"生产成本——基本生产成本"或"生产成本——辅助生产成本"的账户，故应先记入"制造费用"账户进行归集，以后再分配记入上述两个账户；而用于产品销售及组织和管理生产的材料费用，则由销售费用和管理费用负担，记入"销售费用"和"管理费用"账户的有关费用科目。

各种材料费用的分配是通过编制"材料费用分配表"进行的。"材料费用分配表"是按车间、部门和材料的类别，根据归类后的领退料凭证和其他有关资料编制的。

【例2-3】正光公司20××年7月的材料费用分配情况见表2-5。

表2-5　材料费用分配表

20××年7月　　　　　　　　　　　　　　　　　　　　　　　单位：元

应借科目		成本或费用项目	直接计入金额	分配计入金额			材料费用合计
				定额消耗量/千克	分配率	分配金额	
基本生产成本	甲产品	直接材料	1 600	3 600	2	7 200	8 800
	乙产品	直接材料	900	1 400	2	2 800	3 700
	小计	直接材料	2 500	5 000	2	10 000	12 500
辅助生产成本	供电车间	材料费	500				500
	供水车间	材料费	800				800
	小计	材料费	1 300				1 300
制造费用——基本生产车间		物料消耗	300				300
管理费用		物料消耗	200				200
销售费用		物料消耗	180				180
合计			4 480			10 000	14 480

根据材料费用分配表 2-5 编制会计分录,据以登记有关总账和明细账。会计分录为

借:基本生产成本——甲产品　　　　　　　　　　　　　　　8 800
　　　　　　　　——乙产品　　　　　　　　　　　　　　　3 700
　　辅助生产成本——供电车间　　　　　　　　　　　　　　500
　　　　　　　　——供水车间　　　　　　　　　　　　　　800
　　制造费用——基本生产车间　　　　　　　　　　　　　　300
　　管理费用　　　　　　　　　　　　　　　　　　　　　　200
　　销售费用　　　　　　　　　　　　　　　　　　　　　　180
　　贷:原材料　　　　　　　　　　　　　　　　　　　　　14 480

二、职工薪酬费用的归集和分配

(一)职工薪酬费用的归集

1. 职工薪酬的内容

职工薪酬是指企业为获得职工提供的服务而给予的各种形式的报酬及其他相关支出。其内容包括企业为职工在职期间和离职后提供的全部货币性薪酬和非货币性福利,以及提供给职工配偶、子女或其他被赡养人的福利等。职工薪酬是产品成本的重要构成内容,主要包括职工工资、奖金、津贴和补贴,职工福利费,医疗保险费、养老保险费、失业保险费、工伤保险费和生育保险费等社会保险费,住房公积金,工会经费和职工教育经费,非货币性福利,辞退福利(因解除与职工的劳动关系而给予的补偿),以及其他与获得职工提供的服务相关的支出等。

1)职工工资、奖金、津贴和补贴

职工工资、奖金、津贴和补贴是指按照国家统计局《关于职工工资总额组成的规定》,构成工资总额的计时工资、计件工资、支付给职工的超额劳动报酬和增收节支的劳动报酬、为了补偿职工特殊或额外的劳动消耗和因其他特殊原则支付给职工的津贴,以及为了保证职工工资水平不受物价影响而支付给职工的物价补贴等。企业按规定支付给职工的加班加点工资,以及根据国家法律、法规和政策规定,企业在职工因病、工伤、产假、计划生育假、婚丧假、事假、探亲假、定期休假、停工学习、执行国家或社会义务等特殊情况下,按照计时工资或计件工资标准的一定比例支付的工资,也属于职工工资范畴,在职工休假或缺勤时,不应当从工资总额中扣除。

2)职工福利费

职工福利费是指企业为职工集体提供的福利,如补助生活困难职工等。

3）医疗保险费、养老保险费、失业保险费、工伤保险费和生育保险费等社会保险费

医疗保险费、养老保险费、失业保险费、工伤保险费和生育保险费等社会保险费是指企业按照国家规定的基准和比例计算，向社会保险经办机构缴纳的医疗保险金、基本养老保险金、失业保险金、工伤保险费和生育保险费，以及根据《企业年金试行办法》《企业年金基金管理试行办法》等相关规定，向有关企业年金基金账户管理机构缴纳的补充养老保险费。此外，以商业保险形式提供给职工的各种保险待遇，也属于企业提供的职工薪酬。

4）住房公积金

住房公积金是指企业按照国家《住房公积金管理条例》规定的基准和比例计算，向住房公积金管理机构缴存的住房公积金。

5）工会经费和职工教育经费

工会经费和职工教育经费是指企业为了改善职工文化生活、提高职工业务素质，用于开展工会活动和职工教育及职业技能培训，根据国家规定的基准和比例，从成本费用中提取的金额。

6）非货币性福利

非货币性福利是指企业以自产产品或外购商品发放给职工作为福利，将自己拥有的资产无偿提供给职工使用，为职工无偿提供医疗保健服务等。

7）辞退福利

辞退福利是指企业由于实施主辅业分离、辅业改制、分流安置富余人员、实施重组或改组计划、职工不能胜任等原因，在职工劳动合同到期之前解除与职工的劳动关系，或者为鼓励职工自愿接受裁减而提出补偿建议的计划中给予职工的经济补偿。辞退福利包括：

（1）职工劳动合同到期前，不论职工本人是否愿意，企业决定解除与职工的劳动关系而给予的补偿。

（2）职工劳动合同到期前，为鼓励职工自愿接受裁减而给予的补偿。职工有权选择继续在职或接受补偿离职。

8）其他支出

其他支出是指其他与获得职工提供的服务相关的支出，如股份支付等。

2. 职工薪酬的计算

工资费用的计算是企业工资费用归集与分配的基础，也是企业与职工之间进行工资结算的依据。

考勤记录、产量记录和工时记录是计算职工薪酬的主要原始凭证，可为企业考核劳动消耗定额执行情况，进行成本分析及决策提供有用信息。因此，每个企业都应根据管理需要和

生产工艺特点，合理设计考勤记录、产量记录和工时记录的格式，认真做好各项原始记录的统计工作。

1) 计时工资的计算

计时工资是根据考勤记录登记的每个职工的出勤情况和规定的计时工资标准计算的工资。在实行计时工资制的企业，职工的计时工资一般采用月薪制，即工资标准是按月计算的。在月薪制下，不论大月小月、休假日与节假日多少，各月的标准工资是相同的，职工只要出全勤，就可以得到固定的月标准工资。但由于每个职工每月出勤、缺勤情况不同，因此还需要将月标准工资折算成日工资率，以便于计算职工有缺勤时的应付计时工资。

采用月薪制计算应付工资，由于各月日历日数不尽相同，在实际工作中，为了简化日工资的计算工作，日工资率一般按以下两种方法之一计算。

（1）每月固定按 30 日计算：以月工资标准除以 30 日，算出每月的日工资率。

（2）每月固定按 20.83 日计算（年日历日数 365 日减去 104 个双休日和 11 个法定节假日，再除以 12 个月算出的平均工作日数）：以月工资标准除以 20.83 日算出每月的日工资率。

此外，应付的月工资，可以按日工资率乘以出勤日数计算，也可以按月工资标准扣除缺勤工资（日工资率乘以缺勤日数）计算。

综上所述，应付月工资一般有四种计算方法：

（1）按 30 日计算日工资率，按缺勤日数扣月工资。
（2）按 30 日计算日工资率，按出勤日数计算月工资。
（3）按 20.83 日计算日工资率，按缺勤日数扣月工资。
（4）按 20.83 日计算日工资率，按出勤日数计算月工资。

计算计时工资的上述四种方法，各有利弊。但按 20.83 日计算日工资率，节假日不算工资，更能体现按劳分配的原则；而且职工缺勤日数总比出勤日数少，计算缺勤工资总比计算出勤工资简便。因此，按 20.83 日计算日工资率、按缺勤日扣月工资的方法，在工资费用计算实务中应用最为广泛。

该方法的计算公式如下：

应发计时工资 = 月标准工资 − （事假天数 × 日标准工资） − （病假天数 × 日标准工资 × 病假扣款率）

日标准工资又称日工资率，其计算公式如下：

$$日标准工资 = \frac{月标准工资}{平均每月工作日数}$$

上式中的"平均每月工作日数"，如果按 30 天计算日标准工资，因为日标准工资的计算没有扣除法定节假日和双休日（以下统称节假日），所以节假日照付工资。因此，缺勤期的节假日也应扣发工资。如果按 20.83 日计算日标准工资，因为日标准工资的计算已扣除了节假日，所以节假日就不需要支付工资。因此，缺勤期内的节假日就不存在扣发工资的问题。

【例 2-4】宏光公司第一基本生产车间职工张伟的月标准工资为 3 300 元。20××年 7 月考勤记录反映王伟病假 2 天，事假 1 天。根据王伟的工龄，其病假工资按标准工资的 90% 计发。王伟的病假和事假期间没有节假日。现分别按 30 日和 20.83 日计算日标准工资，按缺勤天数扣月工资的方法计算张伟7月的计时工资。

(1) 按30日计算日标准工资：

$$日标准工资 = \frac{3\ 300}{30} = 110（元/日）$$

应发计时工资 = 3 300 - 110×1 - (110×2)×(1 - 90%) = 3 168（元）

(2) 按20.83日计算日标准工资：

$$日标准工资 = \frac{3\ 300}{20.83} = 158.43（元/日）$$

应发计时工资 = 3 300 - 158.43×1 - (158.43×2)×(1 - 90%) = 3 109.88（元）

2) 计件工资的计算

计件工资是根据规定的计件单价和职工完成的产品数量计算的工资。计件工资按照支付对象的不同，可分为个人计件工资和集体计件工资两种。

(1) 个人计件工资的计算。当职工所从事的工作能分清每个人的经济责任时，可采用个人计件工资的方式计算工资。个人计件工资应根据产量和工时记录中登记的每个工人完成的工作量，乘以规定的计件单价计算。

其计算公式如下：

$$应发计件工资 = \sum（各种产品的数量 \times 该种产品的计件单价）$$

上式中的"各种产品的数量"包括合格品的数量和由于材料缺陷等客观原因产生的料废品数量。对于由工人本身过失而造成的工废品，不但不能计算工资，有的还应由工人赔偿损失。

上式中的"该种产品的计件单价"通常是根据加工单位所需耗用的工时定额和该级工人每小时的工资率计算求得的。

【例2-5】正光公司第二基本生产车间工人李明加工A、B两种产品。A产品的工时定额为30分钟，B产品的工时定额为75分钟。李明的每小时工资率为5元。本月李明一共加工了A产品200件，B产品300件，则本月李明的计件工资数额为

$$A产品计件单价 = 5 \times \frac{30}{60} = 2.5（元）$$

$$B产品计件单价 = 5 \times \frac{75}{60} = 6.25（元）$$

应付计件工资 = 200×2.5 + 300×6.25 = 2 375（元）

(2) 集体计件工资的计算。当职工集体从事某项工作且不易分清每个职工的经济责任量时，可采用集体计件工资的方式计算工资。采用集体计件工资时，应先按集体完成的产品数量和计件单价计算出整个集体应得的计件工资总额，然后再采用一定的方法将整个集体应得的计件工资总额在集体内部成员之间进行分配。

【例2-6】正光公司第三基本生产车间某班组由赵丽和李东两名等级不同的工人组成，20××年7月共同完成合格产品300件，共得计件工资3 200元。该集体内部成员的工资等级、工作时间及应得的计件工资的分配计算见表2-6。

表 2-6 集体计件工资分配表

20××年7月31日　　　　　　　　　　　　　　　　　　　　　　　　　　　单位：元

集体成员姓名	工资等级	月标准工资	实际工时/时	分配标准	分配率	各成员应得计件工资
赵丽	3	1 500	100	150 000	0.01	1 500
李东	4	1 700	100	170 000	0.01	1 700
合计				320 000		3 200

职工福利费、"五险一金"、工会经费和职工教育经费，应按企业工资总额及国家规定的相应计提比例进行计算；非货币性福利和辞退福利应根据受益对象和具体性质确定计量方法。

（二）职工薪酬费用的分配

职工薪酬的归集与分配应设置"应付职工薪酬"账户，该账户用来核算企业根据有关规定应付给职工的各种薪酬。应付职工薪酬应当按照"工资""职工福利""社会保险费""住房公积金""工会经费""职工教育经费""解除职工劳动关系补偿"等应付职工薪酬项目进行明细核算。

企业按照有关规定向职工支付工资、奖金、津贴等，借记"应付职工薪酬"账户，贷记"银行存款""库存现金"等账户。企业从应付职工薪酬中扣还的各种款项（代垫的家属药费、个人所得税等），借记"应付职工薪酬"账户，贷记"其他应付款""应交税费——应交个人所得税"等账户。企业向职工支付职工福利费，借记"应付职工薪酬"账户，贷记"银行存款""库存现金"等账户。

企业支付工会经费和职工教育经费，用于工会运作和职工培训，以及缴纳社会保险费和住房公积金，因解除与职工的劳动关系而给予的补偿，借记"应付职工薪酬"账户，贷记"银行存款""库存现金"等账户。

企业应当根据职工提供服务的受益对象，对发生的职工薪酬分别按以下情况进行处理。

（1）基本生产车间生产工人的工资应直接或分配记入各种产品"基本生产成本"明细账中的"直接人工"成本项目。

（2）基本生产车间管理人员的薪酬应记入基本生产车间"制造费用"明细账中的"职工薪酬"成本项目。

（3）辅助生产车间人员的薪酬应记入"辅助生产成本"明细账中的"职工薪酬"成本项目。

（4）行政管理部门人员的薪酬应记入"管理费用"明细账中的"职工薪酬"费用项目。

（5）专设销售机构人员的薪酬应直接记入"销售费用"明细账中的"职工薪酬"费用项目。

（6）工程施工人员的薪酬应记入"在建工程"账户。

工资费用的分配，应通过"工资费用分配表"进行。该表应根据工资结算单等有关资料编制。

【例2-7】正光公司20××年7月的工资费用分配情况见表2-7。

表2-7 工资费用分配表

20××年7月　　　　　　　　　　　　　　　　　　　单位：元

应借科目	成本或费用项目	直接计入金额	分配计入金额		工资费用合计
			生产工时/时	分配金额（分配率：0.5）	
基本生产成本——甲产品	工资	1 600	12 000	6 000	7 600
基本生产成本——乙产品	工资	900	6 400	3 200	4 100
小计		2 500	18 400	9 200	11 700
辅助生产成本——供电	工资	500			500
辅助生产成本——供水	工资	300			300
小计		800			800
制造费用	工资	700			700
管理费用	工资	1 100			1 100
销售费用	工资	600			600
合计		5 700		9 200	14 900

根据工资费用分配表2-7编制会计分录为

借：基本生产成本　　　　　　　　　　　　　　　11 700
　　辅助生产成本　　　　　　　　　　　　　　　　　800
　　制造费用　　　　　　　　　　　　　　　　　　　700
　　管理费用　　　　　　　　　　　　　　　　　1 100
　　销售费用　　　　　　　　　　　　　　　　　　　600
　　贷：应付职工薪酬——工资　　　　　　　　　14 900

三、折旧费用的归集和分配

涉农企业的折旧费用根据资产的类别分为两类，一类是固定资产折旧费，另一类是生产性生物资产折旧费。

1. 固定资产折旧费

固定资产在长期使用的过程中保持实物形态不变，但其价值随着固定资产的使用和时间的推移而逐渐减少，这部分减少的价值就是固定资产折旧，它应以折旧费用的形式计入产品成本和期间费用。

折旧费用按照固定资产的使用单位（车间）、部门进行汇总，然后与使用单位（车间）、部门的其他费用一起分配计入产品成本和期间费用，借记"制造费用""管理费用""销售费用"等科目,贷记"累计折旧"科目。

2. 生产性生物资产折旧费

对于达到预定生产经营目的的生产性生物资产,也应当按期计提折旧,并根据用途分别计入相关资产的成本或当期损益。

企业应当根据生产性生物资产的性质、使用情况和有关经济利益的预期实现方式,合理确定其使用寿命、预计净残值和折旧方法。

可选用的折旧方法包括平均年限法、工作量法、产量法等。

企业折旧费用的分配,一般通过"折旧费用分配表"进行。

【例2-8】正光公司20××年12月根据有关资产相关资料编制的"折旧费用分配表"见表2-8。

表2-8 折旧费用分配表

20××年12月　　　　　　　　　　　　　　　　　　　　　单位:元

使用部门	11月固定资产折旧	12月增加额	12月减少额	本月折旧额
基本生产车间	2 650	1 100	550	3 200
机修车间	1 350	240	90	1 500
管理部门	1 200	230	110	1 320
销售部门	1 100	120	300	920
合计	6 300	1 690	1 050	6 940

根据折旧费用分配表编制会计分录为

借:制造费用——基本生产车间　　　　　　　　　　　3 200
　　辅助生产成本——机修车间　　　　　　　　　　　1 500
　　管理费用　　　　　　　　　　　　　　　　　　　1 320
　　销售费用　　　　　　　　　　　　　　　　　　　　920
　　贷:累计折旧　　　　　　　　　　　　　　　　　6 940

实务训练

实训一　材料费用分配核算训练

1. 资料

东风公司生产A、B、C三种产品。20××年9月,三种产品共同耗用甲材料420 000元。三种产品9月投产量分别为4 000件、3 200件和2 400件;三种产品的甲材料消耗定额分别为 3 千克、2.5 千克和 5 千克。

2. 要求

（1）采用材料定额成本（耗用量）比例分配法分配甲材料的费用，编制"材料费用分配表"，见表 2-9。

表 2-9 材料费用分配表

材料名称：甲材料　　　　　　　　　　20××年 9 月　　　　　　　　　　单位：元

产品名称	产品投产量/件	单位消耗定额/千克	定额消耗总量/千克	分配率	应分配材料费用
A 产品					
B 产品					
C 产品					
合计					

（2）根据"材料费用分配表"编制会计分录。

实训二　燃料与动力费用分配核算训练

1. 资料

长城公司基本生产车间生产甲、乙两种产品，在生产成本中，燃料及动力费用占比重较大，在成本项目中单设"燃料及动力"成本项目。该公司 20××年 5 月为生产甲、乙两种产品共耗用煤炭燃料费用 14 000 元，甲、乙两种产品的煤炭定额耗用量分别为 400 kg 和 300 kg。另外，当月维修车间耗用燃料费用 600 元，供热车间耗用燃料费用 9 600 元。

2. 要求

（1）按燃料定额耗用量比例分配计算两种产品各应负担的燃料费用（分配率保留小数点后两位）。

（2）编制"燃料费用分配表"，见表 2-10。

表 2-10 燃料费用分配表

20××年 5 月　　　　　　　　　　　　　　　　　　　　　　　　　　单位：元

应借账户		成本或费用项目	直接计入	分配计入			合计
				材料定额耗用/kg	分配率	分配额	
基本生产成本		甲产品	燃料及动力				
		乙产品	燃料及动力				
		小计					
辅助生产成本		维修车间	燃料及动力				
		供热车间	燃料及动力				
		小计					
合计							

(3) 根据"燃料费用分配表"编制会计分录。

实训三　计时工资计算训练

1. 资料

宏光公司职工李强月标准工资为 3 500 元，9 月出勤 19 天，请病假 2 天，请事假 1 天，双休日 8 天，病假扣款比例为 20%。应发李强本月各种津贴和补贴 200 元，奖金 100 元，交通补助费 40 元；应扣李强本月托儿费用 100 元，互助金 35 元，住房公积金 180 元。

2. 要求

采用月薪制计算：
（1）李强本月应发月标准工资多少元？
（2）李强本月实际领到工资多少元？

实训四　人工费用核算训练

1. 资料

宏光公司生产甲、乙、丙三种产品。20××年 5 月，宏光公司应付职工工资 105 000 元，其中，应付产品生产工人工资 82 500 元，应付基本生产车间管理人员工资 5 000 元，应付供热辅助车间人员工资 4 500 元，应付厂部管理人员工资 13 000 元。本月甲、乙、丙三种产品的实际生产工时分别为 8 000 小时、4 000 小时、3 000 小时。企业确定的职工福利费提取比例为工资总额的 6%。

2. 要求

（1）采用生产工时分配法分配生产工人工资，填列职工薪酬（工资及福利）费用分配表中的相关数据，见表 2-11。
（2）进行职工福利费计算并填列表 2-11 中的相关数据。

表 2-11　职工薪酬（工资及福利）费用分配表

20××年 5 月　　　　　　　　　　　　　　　　　　单位：元

应借账户		成本费用项目	直接计入费用	间接计入费用			工资合计	计提福利费用	薪酬费用合计
总账	明细账			生产工时/时	分配率	金额			
基本生产成本	甲产品	直接人工							
	乙产品	直接人工							
	丙产品	直接人工							
	小计								

续表

应借账户		成本费用项目	直接计入费用	间接计入费用			工资合计	计提福利费	薪酬费用合计
总账	明细账			生产工时/时	分配率	金额			
辅助生产成本	供热车间	直接人工							
		小计							
制造费用		人工费用							
管理费用		人工费用							
		合计							

（3）编制分配结转职工工资及福利费的会计分录。

项目五
辅助生产费用与制造费用核算

一、辅助生产费用核算

企业的生产部门按其生产职能不同可以分为基本生产部门和辅助生产部门。基本生产部门是指从事企业产品生产的车间；辅助生产部门是指为基本生产部门、企业行政管理部门等单位提供服务而进行的产品生产和劳务供应的车间。

辅助生产部门在进行产品生产和劳务供应时所发生的各种费用就是辅助生产费用。企业只有在辅助生产费用确定分配以后，才能正确计算企业产品的生产成本和期间费用。

（一）辅助生产费用的归集

辅助生产车间按其所提供的劳务或产品的品种可以分为两种类型：一类是只提供一种劳务或产品的辅助生产，如供电、供水、运输等车间；另一类是提供多种劳务或产品的辅助生产，如修理、工模具制造等车间。

辅助生产费用的归集与辅助生产的类型有着密切的联系。

（1）在只提供一种劳务或产品的辅助生产车间，所发生的一切耗费都是直接计入耗费，一般可按经济用途即成本项目直接归集。

（2）在提供多种劳务或产品的辅助生产车间，所发生的各项耗费包括直接计入耗费和间接计入耗费，需要分清是哪一种劳务或产品所耗，对于能分清的直接计入耗费应直接计入该种劳务或产品的成本中并予以归集；对于不能分清的共同耗费应作为间接计入耗费，先按辅助生产车间分别归集，然后采用适当的分配标准，在各种劳务或产品之间进行分配并予以分别归集，最后确定各种劳务或产品的总成本和单位成本。

辅助生产单位发生的费用，通过"辅助生产成本"账户来归集。

（二）辅助生产费用的分配

辅助生产部门提供的产品或劳务不同，其费用转出分配的程序也不同。辅助生产部门所生产产品应在完工入库时,从"辅助生产成本"账户的贷方转入"周转材料""原材料"等科目的借方;提供劳务的辅助生产部门所发生的费用,要在各受益单位之间按照所耗数量或其他比例进行分配。分配时,应从"辅助生产成本"账户的贷方转入"基本生产成本""制造费用""管理费用"等账户的借方。

辅助生产费用的分配应通过编制"辅助生产费用分配表"进行,分配方法主要有:直接分配法、交互分配法、计划成本分配法、代数分配法。

1. 直接分配法

直接分配法是指辅助生产车间之间相互提供的产品和劳务,不互相分配费用。各辅助生产车间发生的费用,直接分配给辅助生产车间以外的各受益单位。

其计算公式为

$$辅助生产费用分配率 = \frac{某辅助生产车间费用总额}{该辅助生产车间提供的劳务总量 - 提供给其他辅助生产车间的劳务数量}$$

$$各受益产品、车间、部门应分配的辅助生产费用 = 该受益产品、车间或部门耗用的劳动数量 \times 辅助生产费用分配率$$

【例 2-9】盛达公司设有供电和机修两个辅助生产车间,在分配结转前,"辅助生产成本"账户归集的20××年9月辅助生产费用,供电车间为1 000元,机修车间为1 850元。该公司本月辅助生产车间提供的产品和劳务供应量见表2-12。请采用直接分配法分配辅助生产费用。

表2-12 辅助生产车间劳务供应量汇总表

20××年9月

受益单位及对象	供电度数/度	机修时间/时
辅助生产单位耗用:		
供电车间耗用		20
机修车间耗用	300	
基本生产单位耗用:		
产品生产直接耗用	2 000	
车间一般耗用	300	150
厂部管理部门耗用	200	100
合计	2 800	270

根据以上资料,按直接分配法编制"辅助生产费用分配表",见表2-13。

表2-13 辅助生产费用分配表(直接分配法)

20××年9月   单位:元

项目	分配电费		分配修理费		对外分配金额合计
	数量	金额	数量	金额	
待分配费用		1 000		1 850	

续表

项目	分配电费		分配修理费		对外分配金额合计
	数量	金额	数量	金额	
劳务供应总量	2 800		270		
其中：辅助生产以外单位	2 500		250		
费用分配率（单位成本）		0.4		7.4	
受益对象：					
基本生产车间					
产品生产	2 000	800			800
一般消耗	300	120	150	1 110	1 230
厂部管理部门	200	80	100	740	820
合计	2 500	1 000	250	1 850	2 850

根据表 2-13 的分配结果，编制分配结转辅助生产费用的会计分录为

借：基本生产成本　　　　　　　　　　　　　　　　　　800
　　制造费用——基本生产车间　　　　　　　　　　　1 230
　　管理费用　　　　　　　　　　　　　　　　　　　　820
　　贷：辅助生产成本——供电车间　　　　　　　　　1 000
　　　　　　　　　　——机修车间　　　　　　　　　1 850

采用直接分配法分配结转比较简单，但由于各辅助生产单位之间相互提供的产品和劳务没有相互分配费用，在各辅助生产单位之间相互提供的产品和劳务费用差额较大，或者辅助生产车间之间相互提供的产品和劳务费用与辅助生产车间向全厂各车间和部门提供的产品和劳务费用总额相比，占有一定比重的情况下，会影响分配结果的准确性。

2. 交互分配法

交互分配法是将各辅助生产车间直接发生的费用，先在辅助生产车间之间进行交互分配，然后将辅助生产车间交互分配后的实际费用（交互分配前的费用＋交互分配转入的费用－交互分配转出的费用），向辅助生产车间以外的各受益单位按其耗用劳务数量的比例分配辅助生产费用。

其有关计算公式如下：

$$某辅助生产费用交互分配率 = \frac{该辅助部门待分配费用总额}{该辅助部门提供的劳务总量}$$

各辅助生产部门应分摊辅助费用＝各辅助部门受益量×某辅助生产费用交互分配率

$$某辅助生产费用对外分配率 = \frac{该辅助生产对外待分配费用总额}{对外提供的劳务总量}$$

某辅助生产对外待分配费用总额＝该辅助生产直接费用＋交互分配转入的费用－交互分配转出的费用

某受益单位应负担的辅助生产费用＝该受益单位受益量×某辅助生产费用对外分配率

【例 2-10】 仍以例 2-9 盛达公司的数据为资料,采用交互分配法计算分配辅助生产费用,编制"辅助生产费用分配表(交互分配法)",见表 2-14。

表 2-14 辅助生产费用分配表(交互分配法)

20××年9月　　　　　　　　　　　　　　　　　单位:元

项目	交互分配				对外分配				金额合计
	分配电费		分配修理费		分配电费		分配修理费		
	数量	金额	数量	金额	数量	金额	数量	金额	
待分配费用		1 000		1 850		1 029		1 821	2 850
劳务供应总量	2 800		270		2 500		250		
费用分配率(单位成本)		0.36		6.85		0.41		7.28	
受益对象:									
供电车间			20	137					
机修车间	300	108							
产品生产					2 000	820			820
车间一般消耗					300	123	150	1 092	1 215
厂部管理部门					200	86	100	729	815
合计	300	108	20	137	2 500	1 029	250	1 821	2 850

根据表 2-14 的分配结果,编制分配结转辅助生产费用的会计分录。

(1) 交互分配的会计分录为

借:辅助生产成本——供电车间　　　　　　　　　　　　　　　137
　　　　　　　　——机修车间　　　　　　　　　　　　　　　108
　贷:辅助生产成本——供电车间　　　　　　　　　　　　　　108
　　　　　　　　——机修车间　　　　　　　　　　　　　　　137

(2) 对外分配的会计分录为

借:基本生产成本　　　　　　　　　　　　　　　　　　　　　820
　　制造费用　　　　　　　　　　　　　　　　　　　　　　1 215
　　管理费用　　　　　　　　　　　　　　　　　　　　　　　815
　贷:辅助生产成本——供电车间　　　　　　　　　　　　　1 029
　　　　　　　　——机修车间　　　　　　　　　　　　　　1 821

采用交互分配法分配辅助生产费用,由于各辅助生产车间内部相互提供的产品或劳务进行了交互分配,因此提高了分配结果的正确性。但由于交互分配的费用分配率是根据交互分配以前的待分配费用计算的,不是各辅助生产车间的实际单位成本,因此分配结果也不十分准确。此外,因为各辅助生产车间的费用要计算两个分配率,进行两次分配,所以增加了成本计算工作量。这种方法一般适用于各辅助生产车间之间相互提供劳务或产品较多的企业。

3. 计划成本分配法

计划成本分配法是指在分配辅助生产费用时,按照事先确定的产品或劳务的计划单位成本计算并分配,然后再将计划分配额与实际费用的差额进行调整分配的一种方法。其计算程序如下。

(1)按计划单位成本计算包括辅助生产车间在内的各受益单位应分配的辅助生产费用。计算公式为

$$\frac{\text{某受益单位应负担的辅助生产}}{\text{提供产品或劳务的计划成本}} = \frac{\text{该受益单位实际耗用量} \times \text{该种}}{\text{产品或劳务的计划单位成本}}$$

(2)将各辅助生产车间实际发生的费用(即在计划分配前归集的费用加上计划分配时转入的费用)与各车间按计划成本分配转出的费用之差,按一定的分配标准,分配给辅助车间以外的各受益单位。

为了简化计算工作,辅助生产的成本差异一般全部计入管理费用,不再分配给其他各受益单位。

【例 2-11】仍以例 2-9 的数据资料为基础,假设该公司确定的计划单位成本每度电为 0.4 元,每修理工时为 7 元。采用计划成本分配法,编制"辅助生产费用分配表(计划成本分配法)",见表 2-15。

表 2-15 辅助生产费用分配表(计划成本分配法)

20××年9月　　　　　　　　　　　　　　　　　　　　单位:元

	按计划成本分配				成本差异分配		对外分配金额合计
	分配电费		分配修理费		供电车间	机修车间	
	数量	金额	数量	金额			
待分配费用		1 000		1 850			
劳务供应总量	2 800		270				
计划单位成本		0.4		7			
受益对象:							
供电车间			20	140			
机修车间	300	120					
基本生产车间	2 300	920	150	1 050			1 970
产品生产	2 000	800					800
一般消耗	300	120	150	1 050			1 170
厂部管理部门	200	80	100	700	20	80	880
合计	2 800	1 120	250	1 890	20	80	2 850

供电车间与机修车间两个辅助生产部门的成本差异计算如下:

供电车间成本差异 = 1 000 + 140 - 2 800 × 0.4 = 20(元),表现为超支差异。

机修车间成本差异 = 1 850 + 120 - 250 × 7 = 80(元),表现为超支差异。

根据表 2-15 的分配结果,编制分配结转辅助生产费用的会计分录为

借：辅助生产成本——供电车间 140
　　　　　　　　——机修车间 120
　　基本生产成本 800
　　制造费用 1 170
　　管理费用 880
　　贷：辅助生产成本——供电车间 1 120
　　　　　　　　——机修车间 1 890

根据辅助生产部门成本差异的计算结果，编制分配结转成本差异的会计分录为

借：管理费用 100（蓝字）
　　贷：辅助生产成本——供电车间 20（蓝字）
　　　　　　　　——机修车间 80（蓝字）

采用计划成本分配法，各种辅助生产费用只需根据预先制订的产品和劳务的计划单位成本进行分配，简化和加速了成本计算和分配工作；同时，通过计算和分配辅助生产单位的成本差异，便于查明辅助生产单位成本计划的完成情况，以及考核和分析各受益单位和部门的经济责任。

4. 代数分配法

代数分配法是运用代数中解多元一次联立方程组的原理，计算出辅助生产单位产品和劳务的实际单位成本，从而在全部受益对象之间分配辅助生产费用的方法。采用这种分配方法，首先根据各辅助生产车间借方发生的费用等于从贷方分配给各受益车间和部门的费用的原理联立方程式，然后求解联立方程式计算出各辅助车间提供的产品或劳务的单位成本（费用分配率），最后根据各受益单位（包括辅助生产内部和外部各单位）耗用产品或劳务的数量和单位成本，计算分配辅助生产费用。

【例 2–12】仍以例 2–9 的数据资料为基础，采用代数分配法计算分配辅助生产费用，计算过程如下。

设每度电的成本为 x 元，每小时的修理成本为 y 元，建立二元一次方程组：

$$\begin{cases} 1\,000 + 20y = 2\,800x \\ 1\,850 + 300x = 270y \end{cases}$$

解上述方程组得：　　　　$x = 0.409\,33$
　　　　　　　　　　　　　$y = 7.306\,2$

计算结果表明，该公司本月每度电的实际成本为 0.409 33 元，每小时的修理成本为 7.306 2 元。根据资料采用代数分配法编制"辅助生产费用分配表（代数分配法）"，见表 2–16。

表 2–16　辅助生产费用分配表（代数分配法）

20××年9月　　　　　　　　　　　　　　　　　　　　　　　　单位：元

项目	分配电费		分配修理费		对外分配金额合计
	数量	金额	数量	金额	
待分配费用		1 000		1 850	2 850

续表

项目	分配电费		分配修理费		对外分配金额合计
	数量	金额	数量	金额	
劳务供应总量	2 800		270		
费用分配率（单位成本）		0.409 33		7.306 2	
受益对象：					
供电车间			20	146	146
机修车间	300	123			123
基本生产车间	2 300	942	150	1 096	2 038
产品生产	2 000	819			819
一般消耗	300	123	150	1 096	1 219
厂部管理部门	200	81	100	731	812
合计	2 800	1 146	270	1 973	3 119

根据表 2-16 的分配结果，编制会计分录为

借：辅助生产成本——供电车间　　　　　　　　　　　　146
　　　　　　　　——机修车间　　　　　　　　　　　　123
　　基本生产成本　　　　　　　　　　　　　　　　　　819
　　制造费用　　　　　　　　　　　　　　　　　　　1 219
　　管理费用　　　　　　　　　　　　　　　　　　　　812
　贷：辅助生产成本——供电车间　　　　　　　　　　1 146
　　　　　　　　——机修车间　　　　　　　　　　　1 973

采用代数分配法，分配结果最为准确。但在计算时要解方程组，如果辅助生产单位及部门较多，未知数较多，计算工作就很复杂。因此，会计电算化水平较高的企业才适宜采用这种方法。

二、制造费用核算

（一）制造费用的归集

制造费用是指制造企业的各个生产单位（分厂、车间）为生产产品（或提供劳务）而发生的，应计入产品成本但没有专设成本项目的各项生产费用。制造费用大部分是间接用于产品生产的费用。制造费用的具体项目有：职工薪酬、折旧费、租赁费、修理费、机物料消耗、周转材料摊销、取暖费、水电费、办公费、差旅费、运输费、保险费、设计制图费、试验检验费、劳动保护费、季节性及修理期间停工损失等。当制造费用发生时一般无法直接判定它所归属的成本计算对象，不能直接计入所生产的产品成本当中去，而须按费用发生的地点先行归集，月终时再采用一定的方法在各成本计算对象间进行分配，计入各成本

计算对象的成本中。

企业应设置多栏式制造费用明细账对所发生的制造费用进行归集，按具体的费用项目设置专栏，发生制造费用时，根据有关的凭证记入制造费用明细账的借方对应的项目中。制造费用明细账的格式及登记方法见表 1-4。

（二）制造费用的分配

月末，企业应将归集在"制造费用"账户借方的费用按照一定的标准在各该生产单位所生产的产品或劳务成本间进行分配。在只生产一种产品的车间，制造费用是直接计入费用，应直接计入该种产品的成本；在生产多种产品的车间，制造费用是间接计入费用，应采用适当的分配方法分配计入各种产品的成本。

制造费用分配是通过编制"制造费用分配表"进行的，分配方法一般有生产工人工时比例分配法、生产工人工资比例分配法、机器工时比例分配法、年度计划费用分配率分配法等。企业可根据实际情况决定采用哪种分配方法，但一经确定，不得随意变更。

1. 生产工人工时比例分配法

生产工人工时比例分配法是指按照生产各种产品的工人生产工时比例分配制造费用的方法。这种方法同按生产工人工时分配工资费用一样，也能将劳动生产率与产品负担的费用水平联系起来，使分配结果比较合理。

计算公式如下：

$$制造费用分配率 = \frac{制造费用总额}{各种产品生产工时总额}$$

$$某种产品应分配的制造费用 = 该种产品生产工时 \times 制造费用分配率$$

【例 2-13】20××年 2 月宏光公司第一基本生产车间的制造费用明细账金额为 30 000 元。第一车间生产甲、乙产品的生产工时分别为 6 000 小时、4 000 小时，按照生产工人工时比例分配法分配制造费用。编制"制造费用分配表（工人工时）"，见表 2-17。

表 2-17 制造费用分配表（工人工时）

20××年 2 月　　　　　　　　　　　　　　　　　　　单位：元

产品名称	分配标准（生产工时）/时	分配率	分配金额
甲产品	6 000		18 000
乙产品	4 000		12 000
合计	10 000	3	30 000

根据表 2-17 编制分配制造费用的会计分录为

借：基本生产成本——甲产品　　　　　　　　　　　　　　　　　　18 000
　　　　　　　　——乙产品　　　　　　　　　　　　　　　　　　12 000
　　贷：制造费用　　　　　　　　　　　　　　　　　　　　　　　30 000

如果产品的工时定额比较准确，制造费用也可按生产定额工时进行分配。

另外,如果生产工人的工资是按生产工时比例分配计入各产品成本的,那么,按"生产工人工资比例分配法"分配制造费用,实际上就是按"生产工人工时比例分配法"分配制造费用。

2. 机器工时比例分配法

机器工时比例分配法是指以各种产品生产时所用的机器设备运转工作时间的比例分配制造费用的方法。这种方法适用于机械化、自动化程度高的车间或部门。在这些车间里,制造费用中的折旧费、修理费、动力费等与机器设备的运用时间有着直接的联系,而与生产工人的工作时间或人工费用没有必然的联系,因此按机器工时比例分配比较正确、合理。

计算公式如下:

$$制造费用分配率 = \frac{制造费用总额}{各种产品机器工时总和}$$

某种产品应分配制造费用 = 该种产品机器工时 × 制造费用分配率

应当指出,当生产车间机器设备差别较大时,被加工产品在较为高级精密或大型机器设备上加工1小时所应负担的费用,与在较小型机器设备上加工1小时所应负担的费用是不能简单相加的。因此,当一个生产车间内存在使用差别较大的机器设备时,应将各种产品实际机器运转小时按照机器设备的工时换算成标准机器运转小时,将标准机器工时作为分配制造费用的依据。

标准机器工时的计算公式如下:

某产品标准机器工时 = 该产品实际机器工时 × 机器设备的工时换算系数

【例2-14】富士通公司装配车间使用A、B两类设备生产甲、乙、丙三种产品。20××年3月该车间制造费用总额为44 220元;三种产品本月机器总工时为65 000小时,其中,甲产品13 000小时,乙产品26 000小时,丙产品26 000小时;本月A类设备运转36 000小时,其中,甲产品10 000小时,乙产品6 000小时,丙产品20 000小时;B类设备运转29 000小时,其中,甲产品3 000小时,乙产品20 000小时,丙产品6 000小时。该车间A类设备为一般设备,工时系数定为1(标准设备系数);B类设备为大型机器设备,工时系数定为1.3。根据上述资料,采用标准机器工时比例分配法分配该车间制造费用,编制"制造费用分配表(机器工时)",见表2-18。

表2-18 制造费用分配表(机器工时)

20××年3月 单位:元

产品名称	标准机器工时/时			标准机器工时合计	费用分配率	分配金额
	A类设备(标准工时)	B类设备(系数1.3)				
		实际工时	标准工时			
甲产品	10 000	3 000	3 900	13 900		8 340
乙产品	6 000	20 000	26 000	32 000		19 200
丙产品	20 000	6 000	7 800	27 800		16 680
合计	36 000	29 000	37 700	73 700	0.6	44 220

根据表 2-18 编制会计分录为

借：基本生产成本——甲产品　　　　　　　　　　　　　　　　8 340
　　　　　　　　——乙产品　　　　　　　　　　　　　　　　19 200
　　　　　　　　——丙产品　　　　　　　　　　　　　　　　16 680
　　贷：制造费用　　　　　　　　　　　　　　　　　　　　　44 220

3. 年度计划分配率分配法

年度计划分配率分配法是指按照年度开始前确定的全年度使用的计划分配率分配制造费用的方法。在季节性生产企业中，各月实际发生的制造费用相差不大，但是旺季和淡季的产量悬殊较大，如果按实际发生额分配制造费用，就会使单位产品的成本不稳定，不利于成本分析。为此，产生了与季节性生产企业特点相匹配的制造费用年度计划分配率分配法。

其计算公式如下：

$$年度计划分配率 = \frac{年度制造费用预算总额}{各种产品年度计划产量定额工时之和}$$

$$某月某种产品应负担的制造费用 = 该月该种产品实际产量的定额工时 \times 年度计划分配率$$

在这种分配方法下，无论各月制造费用的实际发生额是多少，年内各月的制造费用都采用年度计划分配率分配。年度计划分配率是在全年制造费用的预算总额和全年产品计划产量的基础上确定的，一般年内不得随意变更，但如果在年内发现这两个基础数据的实际数和计划数产生较大悬殊时，应及时调整年度计划分配率。

采用这种方法，每月实际发生额与计划分配额之间的差异形成月末借方或贷方余额，余额当月不予处理，累计到年底一次性结转。如果年底出现借方余额，表示全年制造费用超支，应将超支部分转入 12 月产品成本，借记"生产成本——基本生产成本"账户，贷记"制造费用"账户；如果年底出现贷方余额，表示全年制造费用节约，应将节约部分调减 12 月产品成本，借记"制造费用"账户，贷记"生产成本——基本生产成本"账户。至此，"制造费用"账户无余额。

【例 2-15】宝龙公司 20××年全年制造费用预算总额 11 000 元，全年各种产品的计划产量为甲产品 520 件，乙产品 450 件；单件产品的工时定额为甲产品 5 小时，乙产品 4 小时。假定 20××年 4 月实际产量为甲产品 48 件，乙产品 30 件。要求按年度计划分配率分配法，计算 4 月甲、乙产品应负担的制造费用并编制相关会计分录。

计算过程如下：

$$年度计划分配率 = \frac{11\,000}{520 \times 5 + 450 \times 4} = 2.5（元/时）$$

4 月甲产品应负担的制造费用 $= 48 \times 5 \times 2.5 = 600$（元）

4 月乙产品应负担的制造费用 $= 30 \times 4 \times 2.5 = 300$（元）

编制会计分录为

借：基本生产成本——甲产品　　　　　　　　　　　　　　　　600
　　　　　　　　——乙产品　　　　　　　　　　　　　　　　300
　　贷：制造费用　　　　　　　　　　　　　　　　　　　　　900

 实务训练

实训一 辅助生产费用核算训练

1. 资料

宏泰公司设有供电和机修两个辅助生产车间，20××年9月，供电车间待分配的生产费用为38 130元，机修车间为46 880元。本月供电车间供电88 000度，其中机修车间耗用6 000度，产品生产耗用62 000度，基本生产车间照明耗用6 000度，厂部管理部门耗用14 000度。本月机修车间修理工时为8 480小时，其中供电车间480小时，基本生产车间6 000小时，厂部管理部门2 000小时。

2. 要求

（1）采用直接分配法分配辅助生产费用，编制"辅助生产费用分配表（直接分配法）"，见表2-19。

（2）根据表2-19编制分配辅助生产费用的会计分录。

表2-19 辅助生产费用分配表（直接分配法）

20××年9月　　　　　　　　　　　　　　　　　　　　单位：元

项目	分配电费		分配修理费		对外分配金额合计
	数量	金额	数量	金额	
待分配费用					
劳务供应总量					
其中：辅助生产以外单位					
费用分配率					
受益对象：					
基本生产车间					
产品生产					
一般消耗					
厂部管理部门					
合计					

（3）采用交互分配法分配辅助生产费用，编制"辅助生产费用分配表（交互分配法）"，见表2-20。

表 2-20 辅助生产费用分配表（交互分配法）

20××年9月　　　　　　　　　　　　　　　　　　　　　单位：元

项目	交互分配				对外分配				金额合计
	分配电费		分配修理费		分配电费		分配修理费		
	数量	金额	数量	金额	数量	金额	数量	金额	
待分配费用									
劳务供应总量									
费用分配率									
受益对象									
供电车间									
机修车间									
生产车间：									
产品生产									
一般消耗									
行政部门									
合计									

（4）根据表 2-20 编制分配辅助生产费用的会计分录。

实训二　制造费用核算训练一

1. 资料

畅通公司第一基本生产车间生产甲、乙、丙三种产品。该车间 20××年 9 月制造费用总额为 84 000 元；三种产品本月生产总工时为 35 000 小时，其中，甲产品 15 000 小时，乙产品 10 000 小时，丙产品 10 000 小时。

2. 要求

（1）采用生产工时分配法分配制造费用，编制"制造费用分配表"，见表 2-21。

表 2-21 制造费用分配表

生产单位：第一基本车间　　　　　20××年9月　　　　　　　　　　单位：元

产品名称	生产工时/时	分配率	分配金额
甲产品			
乙产品			
丙产品			
合计			

（2）根据表2-21编制分配结转制造费用的会计分录。

实训三 制造费用核算训练二

1. 资料

华东公司第一基本生产车间20××年全年计划制造费用为36 000元，各种产品全年定额工时为40 000小时。12月甲产品实际产量的定额工时为2 600小时，乙产品实际产量的定额工时为1 100小时，年末核算时，该车间全年共发生制造费用37 800元。1—11月按计划分配率分配的制造费用甲产品为24 480元，乙产品为10 710元。

2. 要求

（1）计算制造费用年度计划分配率。
（2）计算12月甲、乙产品应分配的制造费用。
（3）计算全年按计划分配率分配的制造费用。
（4）计算制造费用实际发生额和计划分配额之间的差额。
（5）编制12月分配转出制造费用和年末调整差异的会计分录。

项目六

生产损失核算

生产损失是指企业在生产过程中由于生产组织不合理、经营管理不善、生产工人违规操作、机器设备故障、原材料质量不符合要求等种种原因造成的人力、物力、财力上的损失，主要包括废品损失和停工损失等。

一、废品损失的核算

废品是指由于生产原因而造成的质量不符合规定的技术标准，不能按照原定用途使用，或者需要加工修理后才能按原定用途使用的在产品、半成品和产成品等。

废品按其废损程度和在经济上是否具有修复价值，分为可修复废品和不可修复废品。

（1）可修复废品是指在技术上能够修复，而且在修复过程中所发生的费用在经济上合算的废品。

（2）不可修复废品是指在技术上已不可能修复，或者虽然在技术上能够修复，但修复费用在经济上不合算的废品。

根据废品产生的原因，可将废品分为料废品和工废品。

（1）料废品是指由于原材料或半成品的质量不符合要求而造成的废品，料废品的产生不应由生产工人承担责任。

（2）工废品是指由于工人加工操作过失而造成的废品，工废品的产生应由操作人员承担责任。

废品损失是指企业因产生废品而造成的损失，包括可修复废品的修复费用和不可修复废品的生产成本。上述废品损失扣除回收的废品残料价值和过失单位或个人的赔款形成废品净损失。

需要说明的是，只有在生产中产生的废品损失才计入产品成本，对于可以降价出售的不合格品（等级品），其降价损失在销售损益中体现；产成品入库后，由于保管不善等原因而损坏变质的废品，其损失应作为管理费用处理；实行包退、包修、包换的"三包"企业，在产品出售以后发现的废品，其损失应作为管理费用处理。

（一）废品损失核算的账户设置

在生产过程中经常产生废品的企业，为了考核和控制各生产单位的废品损失，应设置"废品损失"总分类账户，或者在"基本生产成本"二级账户下设置"废品损失"明细账户，同时，在成本项目中应增设"废品损失"成本项目。

"废品损失"账户应按车间及产品品种设立明细账，账内按具体项目分设专栏进行明细核算。"废品损失"账户的借方归集登记可修复废品的修复费用和不可修复废品报废掉的生产成本；贷方登记转出回收废品残料的价值、应收的赔偿款及分配结转废品损失。废品损失应分配转由当月同种产品或同类产品负担。废品损失一般全部由当月同种或同类完工产品负担，月末在产品不负担废品损失；分配结转后，"废品损失"账户月末应无余额。

（二）可修复废品损失的核算

可修复废品损失是指为修复废品而发生的修复费用，包括材料费用、工资费用和制造费用。可修复废品的修复费用，可以根据各种费用分配表或直接根据有关原始凭证及记录计算并确定。如果修复费用要由责任人赔偿，则应从废品损失总额中扣除应收赔偿款。

【例2-16】瑞达公司20××年6月所生产的甲产品中，发现可修复废品20件。根据"材料耗用汇总表""直接人工费用分配表""制造费用分配表"等资料统计，发生相关的废品修复成本如下：领用材料成本700元，应分配职工薪酬1 600元，应分配制造费用900元；本月发生的20件废品应由过失人李晓赔款650元，则相应的会计处理如下。

（1）根据各种费用分配表结转废品修复费用的会计分录为

借：废品损失——甲产品	3 200
贷：原材料	700
应付职工薪酬	1 600
制造费用	900

（2）结转应由过失人赔偿部分的会计分录为

借：其他应收款——李晓	650
贷：废品损失——甲产品	650

（3）将废品净损失转入甲产品生产成本会计分录为

借：生产成本——基本生产成本（甲产品）	2 550
贷：废品损失——甲产品	2 550

（三）不可修复废品损失的核算

正确地归集和分配不可修复废品损失的前提是正确计算不可修复废品的报废损失。如前所述，不可修复废品的报废损失是指废品的生产成本扣除回收的残料价值及应收赔偿款后的损失。但由于不可修复废品的生产成本与同种合格产品的生产成本是归集在一起的，已记入该种产品的生产成本明细账，因而需要采用适当的分配方法，将总成本在废品与同种合格品之间进行分配。

【例2-17】瑞达公司20××年6月共生产乙产品1 000件，其中，合格品为800件，不可修复废品为200件。200件废品中，有130件平均加工程度为50%，有70件是在加工完成验收入库时发现的。本月乙产品实际生产费用为150 000元，其中，直接材料费用80 000元，直接人工费用40 000元，制造费用30 000元。乙产品原材料是在生产开始时一次性投入的，200件废品与合格品同等分配直接材料费用；直接人工费用和制造费用按200件废品折合为135件（130×50%+70）合格品后，与合格品同等分配费用。本月乙产品废品残料价值为2 000元，已交原材料仓库验收；废品按规定应由过失人张芳赔偿900元。根据上述资料计算废品损失及编制的会计分录如下。

（1）计算不可修复废品的生产成本，见表2-22。

表2-22 不可修复废品生产成本计算表

产品：乙产品　　　　　　　　　　20××年6月　　　　　　　　　　单位：元

项目	直接材料	直接人工	制造费用	合计
生产总成本	80 000	40 000	30 000	150 000
费用分配率	$\dfrac{80\ 000}{800+200}=80$	$\dfrac{40\ 000}{800+135}=43$	$\dfrac{30\ 000}{800+135}=32$	
废品生产成本	80×200=16 000	43×135=5 805	32×135=4 320	26 125

（2）根据该公司经济业务及表2-22的计算结果，编制相关会计分录如下。

结转不可修复废品的生产成本的会计分录为

借：废品损失——乙产品　　　　　　　　　　　　　　　　　26 125
　　贷：基本生产成本——乙产品　　　　　　　　　　　　　　26 125

回收废品残料、冲减废品损失的会计分录为

借：原材料　　　　　　　　　　　　　　　　　　　　　　　2 000
　　贷：废品损失——乙产品　　　　　　　　　　　　　　　　2 000

应收过失人赔款、冲减废品损失的会计分录为

借：其他应收款——张芳　　　　　　　　　　　　　　　　　900
　　贷：废品损失——乙产品　　　　　　　　　　　　　　　　900

将废品净损失转入合格乙产品成本的会计分录为

借：基本生产成本——乙产品　　　　　　　　　　　　　　　23 225
　　贷：废品损失——乙产品　　　　　　　　　　　　　　　　23 225

二、停工损失的核算

停工损失是指企业生产车间或班组由于计划减产、停电、待料、机器设备故障等原因而停止生产所造成的损失，包括停工期间发生的原材料、燃料及动力费用，支付的职工薪酬及应负担的制造费用等。并非所有停工造成的损失都作为停工损失处理，季节性生产企业在停工期间发生的费用，应当采用计划费用分配率分配法，由开工期内的生产成本负担，不作为停工损失。

为了简化计算，生产单位不满 1 个工作日的停工一般可以不计算停工损失。

企业发生停工的原因很多。

（1）按照停工的计划性，可以分为计划内停工和计划外停工。计划内停工是指计划规定的停工，如计划减产、固定资产大修理、季节性生产等；计划外停工是指各种事故和非常灾害造成的停工。

（2）按照造成停工的责任，可以分为外部责任停工和内部责任停工。外部责任单位主要有厂外供水、供电单位及原材料、燃料的供应商等；内部责任单位和个人主要有管理、工艺设计、质量检验、供应等部门，以及有关部门负责人、技术人员、操作人员等。

（一）停工损失的归集

生产车间因各种原因而停工时，如果在一定时间内不能恢复生产，生产车间的值班人员应填写"停工报告单"，企业和生产单位的核算人员应对"停工报告单"所列停工范围、时间及原因和过失单位等内容进行审核，并查明原因，明确责任单位或个人。"停工报告单"经过审核后才能作为停工损失核算的原始依据。

为了考核和控制企业停工期间发生的各项费用，应当设置"停工损失"总分类账户，或者在"基本生产成本"总分类账户下设置"停工损失"明细账户，组织停工损失的核算。同时，在成本项目中，应当增设"停工损失"成本项目。

"停工损失"账户借方登记生产单位发生的各项停工损失，贷方登记应索赔的停工损失和分配结转的停工损失。分配结转停工损失以后，该账户应无余额。"停工损失"账户应当按照生产单位设置明细账，并按费用项目设置专栏组织明细核算。

（二）停工损失的分配

在停工期间发生的原材料、燃料及动力费用、生产工人薪酬等，一般可以根据有关原始凭证确认后直接记入"停工损失"账户；发生的制造费用能够直接确认的应尽量直接计入，不能直接确认的可以按照停工工时数和小时制造费用分配率等分配记入"停工损失"账户。停工期间发生的各项停工费用应记入"停工损失"账户进行归集，借记"停工损失"账户，贷记"原材料""应付职工薪酬""制造费用"等账户。

企业"停工损失"账户归集的停工损失，应当根据发生停工的原因进行分配和结转。对于在机器设备大修理期间发生的停工损失应记入"生产成本"或"制造费用"账户的借方；对于由企业外部原因及自然灾害等引起的非正常停工损失，应分配转入"营业外支出"账户的借方；对于应向相关单位和个人索赔的停工损失，应分配转入"其他应收款"账户的借方。

【例 2-18】 瑞达公司第一基本生产车间 20××年 8 月由于设备故障停工 3 天，停工期间损失材料费用 2 500 元，应支付生产工人薪酬 3 600 元，应分摊制造费用 1 200 元。根据资料，编制会计分录如下。

借：停工损失　　　　　　　　　　　　　　　　　　　　　　　7 300
　　贷：原材料　　　　　　　　　　　　　　　　　　　　　　　　　2 500

  应付职工薪酬   3 600
   制造费用   1 200

  假设在上例中，由违章操作的工人张伟赔偿停工损失的10%，该生产车间只生产甲产品，扣除责任人赔偿款后的停工损失净额计入甲产品生产成本，编制会计分录为

  借：其他应收款——张伟   730
    贷：停工损失   730
  借：基本生产成本——甲产品   6 570
    贷：停工损失   6 570

 实务训练

实训一 可修复废品的损失核算训练

1. 资料

  长兴公司第一基本生产车间20××年9月所产甲产品，有可修复废品40件。根据本月"耗用材料汇总表"提供的资料，本月修复甲产品领用材料4 000元；根据本月"直接人工费用分配表"和"制造费用分配表"提供的资料，本月修复废品实际耗用工时1 000小时，小时工资（薪酬）分配率为13.50元，小时制造费用分配率为3元。按规定，本月发生的40件可修复废品应由过失人周平赔偿600元。

2. 要求

（1）编制发生可修复废品修复费用的会计分录。
（2）编制应收过失人赔款的会计分录。
（3）编制结转废品净损失的会计分录。

实训二 不可修复废品的损失核算训练

1. 资料

  长兴公司第二基本生产车间20××年9月完工入库合格乙产品940件，在生产过程中产生不可修复废品60件；本月乙产品累计生产费用62 844元，其中，直接材料费用21 600元，直接人工费用23 568元，制造费用17 676元；乙产品月初、月末均无在产品。在本月不可修复废品生产成本计算中，废品材料费用已全部投入，直接材料项目按合格品同等负担；根据废品工时情况，直接人工费用和制造费用项目可以将60件废品折算为42件合格品，再在废品和合格品之间分配。本月不可修复废品残料处理回收现金510元，并且已决定由过失人吴阳赔偿200元。

2. 要求

（1）计算不可修复废品生产成本，并编制结转不可修复废品生产成本的会计分录。

（2）编制回收废品残料价值的会计分录。

（3）编制应收过失人赔偿款的会计分录。

（4）计算本月废品净损失，并编制结转废品净损失的会计分录。

项目七
生产费用在完工产品与期末在产品之间分配核算

各项生产耗费经过前面一系列的归集与分配后,应计入产品成本的直接材料、直接人工及制造费用等都已按成本项目全部归集在"基本生产成本"账户及其所属明细账中。在月末,登记在产品生产成本明细账中的生产费用合计数(月初在产品成本加上本月发生的生产费用)有下列三种情况。

(1)本月生产的产品已全部完工,没有在产品,生产费用合计数等于本月完工产品总成本。

(2)本月生产的产品全部没有完工,生产费用合计数等于月末在产品总成本。

(3)本月生产的产品既有已经完工交库的产成品或自制半成品,又有正在加工的在产品。这时,需要将生产费用合计数在本月完工产品和月末在产品之间进行分配,以正确确定本月完工产品的实际总成本和单位成本。

本月完工产品成本与月末在产品成本之间的关系,用计算公式表示如下:

月初在产品成本+本月发生生产费用=本月完工产品成本+月末在产品成本

上述公式表明,生产费用总额要分配给完工产品成本和月末在产品成本,企业在进行分配时应根据月末结存在产品的数量和完工程度,以及企业定额管理水平的高低等具体条件,选择合理简便的分配方法。具体的分配方法有以下几种。

一、不计算在产品成本法

当企业月末在产品数量很少,月初在产品成本与月末在产品成本之间的差额则更小,月末是否计算在产品成本对产品成本的影响极小,并且管理上也不需要计算在产品成本时,为了简化计算工作,可以不计算在产品成本,当月发生的生产费用全部由本月完工产品成本负担。

用计算公式表示如下:

本月完工产品成本=本月发生生产费用

二、在产品成本按年初固定成本计算法

某些企业所生产的产品，月末在产品数量较大但各月在产品数量大体稳定，此时，各月月末在产品成本可固定地采用一个常数来进行计算，即固定期初（期末）在产品成本。那么本月完工产品成本等于当月该种产品发生的全部生产费用。

用计算公式表示如下：

本月完工产品成本＝月初在产品成本（固定年初数额）＋本月发生
　　　　　　　　　生产费用－月末在产品成本（固定年初数额）
　　　　　　　　＝本月发生生产费用

采用这种方法，1—11月各月末在产品成本是固定的，大大简化了成本核算工作。至年末，不论在产品数量变动与否，都应对在产品进行实地盘点，并以实际盘存数为计算基础，重新计算年末在产品成本及12月完工产品实际总成本；同时，12月计算的月末在产品成本，又可以作为下一年度各月固定的在产品成本。

三、在产品成本按所耗材料费用计算法

某些企业月末在产品数量较大且比较均衡，同时直接材料费用占其成本的比重较大，而加工费用（直接人工、制造费用）的比重较小。为了简化计算工作，在产品可以只计算原材料费用而不计算加工费用，加工费用全部由完工产品负担，则全部生产费用减去月末在产品所耗用的原材料费用，就是完工产品的成本。

其计算公式如下：

本月完工产品成本＝月初在产品材料成本＋本月发生生产费用－月末在产品材料成本

【例2－19】 宏达公司20××年9月生产丙产品，原材料是在生产开始时一次性投入的，原材料费用在产品成本中占有较大比重，月末在产品按所耗原材料费用计价法计价。本月初在产品费用为3 000元；本月发生的生产费用，直接材料费用13 500元，直接人工费3 100元，制造费用900元。本月完工成品300件，月末在产品100件。则丙完工产品的总成本和单位成本及月末在产品成本的计算如下：

$$材料费用分配率 = \frac{3\,000 + 13\,500}{300 + 100} = 41.25$$

$$丙完工产品直接材料 = 300 \times 41.25 = 12\,375（元）$$

$$月末在产品成本 = 100 \times 41.25 = 4\,125（元）$$

$$丙完工产品总成本 = 12\,375 + 3\,100 + 900 = 16\,375（元）$$

$$丙完工产品单位成本 = \frac{16\,375}{300} = 54.58（元）$$

根据费用分配结果编制的"产品成本计算单"见表2－23。

表 2-23 产品成本计算单

产品名称：丙产品　　　　　　　　　　20××年9月　　　　　　　　　　　　　　　单位：元

摘要	直接材料	直接人工	制造费用	合计
月初在产品成本	3 000			3 000
本月生产费用	13 500	3 100	900	17 500
生产费用累计	16 500	3 100	900	20 500
本月完工产品成本	12 375	3 100	900	16 375
月末在产品成本	4 125			4 125

根据产品成本计算单的计算结果，编制结转本月完工入库产品成本的会计分录为

借：库存商品——丙产品　　　　　　　　　　　　　　　　　　16 375
　　贷：基本生产成本——丙产品　　　　　　　　　　　　　　　16 375

四、约当产量法

约当产量法是指生产费用按照完工产品数量与月末产品约当产量的比例分配计算完工产品成本与月末在产品成本的一种方法。这种方法适用于月末在产品数量较大，各月末在产品数量变化也较大，产品成本中原材料费用和工资等其他费用所占比重相差不多的情况。所谓约当产量，是指将月末在产品数量按其投料程度和加工程度折算为相当于完工产品的数量。本月完工产品产量与月末在产品约当产量之和，称为约当总产量。

其计算公式如下：

$$在产品约当产量 = 在产品数量 \times 完工百分比（完工率）$$

$$生产费用分配率 = \frac{月初在产品成本 + 本月生产费用}{完工产品产量 + 在产品约当产量}$$

$$完工产品成本 = 完工产品产量 \times 生产费用分配率$$

$$月末在产品成本 = 在产品约当产量 \times 生产费用分配率$$

月末在产品完工程度应按直接材料、直接人工、制造费用等成本项目分别确定，因为直接材料费用的投入，与直接人工费用和制造费用的发生并不一定一致。以约当产量计算分配费用时，在产品的投料程度和完工程度的测定，对于费用分配的正确性影响很大。

在实际工作中，材料投入和产品加工情况千差万别，需要根据具体情况分别计算投料程度和完工程度。下面分别介绍完工程度和投料程度的确定方法。

（一）完工程度的确定

1. 全部在产品完工程度均按 50% 平均计算

如果企业生产进度比较均衡，月末在产品在各道工序加工数量都相差不多，后面各道工序在产品多加工的程度可以抵补前面各道工序在产品少加工的程度，为简化核算，月末在产

品的完工率均可按 50%计算。

2. 按工序分别测定

如果月末在产品在各道工序加工的数量不均衡,则必须根据各道工序在产品的累计工时定额占完工产品工时定额数的比率,分别计算各道工序在产品的完工率。

其计算公式如下:

$$\text{某道工序在产品完工率} = \frac{\text{累计至上一道工序工时定额之和} + \text{本道工序工时定额} \times 50\%}{\text{产品工时定额}}$$

【例 2-20】宏达公司 20××年 9 月生产丁产品经过三道工序制成,第一道工序工时定额为 30 小时,第二道工序工时定额为 10 小时,第三道工序工时定额为 10 小时,每道工序按本道工序工时定额的 50%计算。本月丁产品各道工序在产品数:第一道工序为 500 件;第二道工序为 200 件;第三道工序为 100 件。

根据上述资料,丁产品在各道工序的完工率及月末在产品约当产量的计算过程如下:

$$\text{第一道工序完工程度} = \frac{30 \times 50\%}{50} \times 100\% = 30\%$$

$$\text{第二道工序完工程度} = \frac{30 + 10 \times 50\%}{50} \times 100\% = 70\%$$

$$\text{第三道工序完工程度} = \frac{30 + 10 + 10 \times 50\%}{50} \times 100\% = 90\%$$

分工序计算在产品约当产量如下:

第一道工序在产品约当产量 = 500×30% = 150(件)

第二道工序在产品约当产量 = 200×70% = 140(件)

第三道工序在产品约当产量 = 100×90% = 90(件)

(二)投料程度的确定

(1)如果原材料在生产开始时一次性投入,则每件在产品与每件完工产品的原材料消耗相同,其在产品投料率亦为 100%,直接材料成本项目不需要计算月末在产品约当产量,可按照完工产品数量与在产品数量的比例进行分配。

(2)如果原材料在生产过程中随生产加工进度陆续投入,在产品的投料程度与上述完工程度的计算方法相同。

(3)如果原材料在每道工序开始时一次性投入,则计算公式如下:

$$\text{某道工序在产品投料率} = \frac{\text{累计至上一道工序材料消耗定额之和} + \text{本道工序材料消耗定额}}{\text{产品材料消耗定额}}$$

月末在产品约当产量 = 月末在产品实际产量 × 投料率

$$\text{原材料费用分配率} = \frac{\text{原材料费用总额}}{\text{完工产品产量} + \text{月末在产品约当产量}}$$

【例 2-21】万达公司 20××年 8 月甲产品分三道工序制成,原材料在每道工序开始时一次性投入。各道工序原材料消耗定额为第一道工序12千克，第二道工序18千克，第三道工序30千克，共60千克。月末每道工序上的在产品数量为第一道工序250台，第二道工序150台，第三道工序420台，本月完工产品1 955台，月初在产品和本月发生的直接材料费用共计为147 500元。根据上述资料，甲产品各道工序的投料程度、在产品约当产量及直接材料费用的分配计算如下：

$$第一道工序在产品投料程度 = \frac{12}{60} \times 100\% = 20\%$$

$$第二道工序在产品投料程度 = \frac{12+18}{60} \times 100\% = 50\%$$

$$第三道工序在产品投料程度 = \frac{12+18+30}{60} \times 100\% = 100\%$$

在产品约当产量计算如下：

第一道工序在产品约当产量 = 250 × 20% = 50（台）
第二道工序在产品约当产量 = 150 × 50% = 75（台）
第三道工序在产品约当产量 = 420 × 100% = 420（台）
在产品约当产量总数 = 50 + 75 + 420 = 545（台）

直接材料费用的分配计算如下：

$$原材料费用分配率 = \frac{147\,500}{1\,955 + 545} = 59（元/千克）$$

完工产品应负担的直接材料费用 = 1 955 × 59 = 115 345（元）
月末在产品应负担的直接材料费用 = 545 × 59 = 32 155（元）

（4）如果原材料陆续投入，且投入量与加工进度不一致时，原材料的投料程度应按每道工序的原材料投料定额计算。

其计算公式为

$$某道工序在产品投料程度 = \frac{前面各道工序投料定额之和 + 本道工序投料定额的50\%}{完工产品投料定额}$$

五、定额比例法

根据月末在产品定额耗用量（或定额成本）和本月完工产品定额耗用量（或定额成本）的比例来分配生产费用，以确定月末在产品实际成本和完工产品实际成本的方法叫作定额比例法。这种方法适用于各项消耗定额资料比较完整、准确，生产工艺过程已经定型的产品，且各月末在产品数量变化较大的企业。

采用这种方法，月末在产品和本月完工产品的定额应当区分成本项目计算，直接材料按照原材料定额耗用量或原材料定额成本比例进行分配，直接人工、制造费用等加工费用，可以按定额工时或定额费用比例进行分配。采用这种方法有利于分析和考核各项消耗定额的执行情况。

具体计算公式如下：

本月完工产品总定额＝本月完工产品数量×单位产品定额消耗量（或定额成本）

月末在产品总定额＝$\sum$［某道工序月末在产品数量×该道工序单位在产品定额消耗量（或定额成本）］

$$费用分配率=\frac{月初在产品费用+本月生产费用}{完工产品定额原材料费用或定额工时+月末在产品定额原材料费用或定额工时}$$

【例 2-22】 万科公司 20×× 年 9 月生产乙产品采用定额比例法分配费用，原材料按定额费用比例分配，其他费用按定额工时比例分配。月末完工乙产品 32 000 件，单位产品直接材料成本定额为 2 元，单位产品工时定额为 1.25 小时，月末实际结存在产品 8 000 件，单位产品直接材料成本定额 2 元，单位产品工时定额为 1 小时，乙产品 9 月初在产品成本和本月发生的实际费用见表 2-24。

要求：按定额比例分配完工产品成本和月末在产品成本。

表 2-24 月初在产品成本和本月生产费用

产品名称：乙产品　　　　　　　　20××年 9 月　　　　　　　　　　　　　　单位：元

摘要	直接材料	直接人工	制造费用	合计
月初在产品成本	11 200	4 800	1 600	17 600
本月生产费用	65 600	24 000	8 000	97 600

具体计算如下：

$$原材料费用分配率=\frac{11\,200+65\,600}{64\,000+16\,000}=0.96$$

$$直接人工费用分配率=\frac{4\,800+24\,000}{40\,000+8\,000}=0.6$$

$$制造费用分配率=\frac{1\,600+8\,000}{40\,000+8\,000}=0.2$$

按定额比例法分配完工产品成本和月末在产品成本可直接在产品成本计算单中进行，见表 2-25。

表 2-25 产品成本计算单（定额比例法）

产品名称：乙产品　　　　　　　　20××年 9 月　　　　　　　　　　　　　　单位：元

摘要		直接材料	直接人工	制造费用	合计
月初在产品成本		11 200	4 800	1 600	17 600
本月生产费用		65 600	24 000	8 000	97 600
生产费用累计		76 800	28 800	9 600	115 200
分配率		0.96	0.6	0.2	
完工产品成本	定额成本（分配标准）	64 000	40 000	40 000	
	实际成本	61 440	24 000	8 000	93 440

续表

摘要		直接材料	直接人工	制造费用	合计
月末在产品成本	定额成本（分配标准）	16 000	8 000	8 000	
	实际成本	15 360	4 800	1 600	21 760
完工产品单位成本		1.92	0.75	0.25	2.92

根据成本计算结果，编制结转本月完工入库的乙产品总成本的会计分录为

借：库存商品——乙产品　　　　　　　　　　　　　　　　93 440
　　贷：生产成本——乙产品　　　　　　　　　　　　　　　　93 440

六、在产品按定额成本计价法

这种方法是指当企业定额管理基础比较好，产品各项消耗定额或费用定额比较准确、稳定，且各月末在产品数量变动不大时，可以按照预先确定的定额成本计算月末在产品成本，而本月完工产品成本等于月初在产品成本加本月发生的生产费用减月末在产品的定额成本。也就是说，每月生产费用脱离定额的差异，全部由当月完工产品成本负担。

其计算公式如下：

月末在产品定额成本＝在产品单件定额成本×月末在产品数量

完工产品成本＝月初在产品成本＋本月发生的生产费用－月末在产品定额成本

【例 2-23】华风工厂 20××年 6 月基本生产车间生产甲产品，月初在产品定额成本为直接材料费用 29 700 元，燃料及动力费用 11 648 元，直接人工费用 20 063 元，制造费用 6 159 元，共计 67 570 元。本月生产费用合计为 129 512 元，其中直接材料费用为 53 780 元，燃料及动力费用为 31 056 元，直接人工费用为 32 376 元，制造费用为 12 300 元。该月甲产品完工 255 件，月末在产品盘存 66 件，甲产品所耗直接材料是在生产开始时一次性投入的，月末在产品完成定额工时 4 100 小时。甲产品定额资料：单位产品直接材料费用定额为 385 元，燃料及动力费用定额每小时为 2.8 元，直接工人费用定额每小时为 5 元，制造费用定额每小时为 1.5 元。要求：采用在产品按定额成本计价法，计算月末完工产品与在产品的成本。

根据上述资料，其计算如下：

直接材料定额成本＝66×385＝25 410（元）

燃料及动力定额成本＝4 100×2.8＝11 480（元）

直接人工定额成本＝4 100×5＝20 500（元）

制造费用定额成本＝4 100×1.5＝6 150（元）

月末在产品定额成本＝25 410＋11 480＋20 500＋6 150＝63 540（元）

本月完工产品实际成本＝67 570＋129 512－63 540＝133 542（元）

根据成本计算结果，编制结转完工入库产品成本的会计分录为

借：库存商品——甲产品　　　　　　　　　　　　　　　　133 452
　　贷：生产成本——甲产品　　　　　　　　　　　　　　　　133 452

实训一　在产品按固定成本计算法训练

1. 资料

瑞达公司 B 产品每月末在产品的数量较大,但各月末在产品数量变化不大,在产品按年初固定成本计价。20××年初固定成本:直接材料费用 3 600 元,直接人工费用 1 400 元,制造费用 1 200 元。该年 5 月生产费用:直接材料费用 7 600 元,直接人工费用 3 800 元,制造费用 2 020 元。5 月完工产品 400 件,月末在产品 100 件。

2. 要求

计算 5 月 B 产品完工产品的总成本和单位成本。

实训二　在产品只计算材料成本法训练

1. 资料

瑞达公司 C 产品的原材料是在生产开始时一次性投入的,产品成本中原材料费用所占比重很大,月末在产品按所耗原材料费用计价。20××年 5 月初在产品直接材料费用 2 800 元。5 月生产费用:直接材料费用 12 200 元,直接人工费用 2 800 元,制造费用 800 元。本月完工产品 400 件,月末在产品 200 件。在产品的原材料费用已全部投入,直接材料费用可以按完工产品和月末在产品的数量比例分配。

2. 要求

分配计算 C 产品完工产品成本和月末在产品成本。

实训三　在产品按约当产量法计算训练

1. 资料

华宝公司生产的乙产品 20××年 11 月完工验收入库数量为 4 000 件,月末盘点的在产品数量为 800 件,在产品完工程度为 50%,材料是开工时一次性投入的,乙产品生产成本明细账归集的生产费用表明,月初在产品成本为 800 000 元,其中直接材料费用为 600 000 元,直接人工费用为 88 000 元,制造费用为 112 000 元。乙产品本月发生的生产费用为 6 871 200 元,其中直接材料费用为 4 866 200 元,直接人工费用为 882 200 元,制造费用为 1 122 800 元。

2. 要求

（1）利用表2-26采用约当产量法计算乙产品本月完工产品成本和月末在产品成本。

表2-26　产品成本计算单

产品：乙产品　　　　　　产量：4 000件　　　　　　20××年11月　　　　　　单位：元

摘要	直接材料	直接人工	制造费用	合计
月初在产品成本				
本月生产费用				
生产费用合计				
本月完工产品数量				
月末在产品约当产量				
生产量合计				
费用分配率				
本月完工产品总成本				
月末在产品成本				

（2）编制结转本月完工入库产品成本的会计分录。

实训四　在产品成本按定额比例法计算训练

1. 资料

胜华公司生产的丙产品是定型产品，有比较健全的定额资料和定额管理制度。丙产品单位产品原材料消耗定额为1 000元，工时消耗定额为100小时。20××年9月完工丙产品2 000件。月末盘点停留在各道工序的在产品为400件，其中，第一道工序200件，单位在产品原材料消耗定额为600元，工时消耗定额为25小时；第二道工序100件，单位在产品原材料消耗定额为900元，工时消耗定额为65小时；第三道工序100件，单位在产品原材料消耗定额为1 000元，工时消耗定额为90小时。根据产品生产成本明细账，丙产品月初在产品成本为400 000元，其中，直接材料费用为300 000元，直接人工费用为44 000元，制造费用为56 000元；本月发生生产费用为3 035 600元，其中，直接材料费用为2 033 100元，直接人工费用为441 100元，制造费用为561 400元。

2. 要求

（1）采用定额比例法计算丙产品月末在产品成本和本月完工产品成本，填列"产品成本计算单"，见表2-27。

表 2-27 产品成本计算单

产品名称：丙产品　　　　产量：2 000 件　　　　20××年 9 月　　　　单位：元

摘要	直接材料	直接人工	制造费用	合计
月初在产品成本				
本月生产费用				
生产费用合计				
本月完工产品总定额				
月末在产品总定额				
定额合计				
费用分配率				
本月完工产品总成本				
本月完工产品单位成本				
月末在产品总成本				

（2）编制结转本月完工入库产品成本的会计分录。

实训五　在产品成本按定额成本法计算训练

1. 资料

胜华公司生产的丁产品月初在产品定额成本和本月发生的生产费用情况见表 2-28。

表 2-28　丁产品成本资料

产品名称：丁产品　　　　20××年 9 月　　　　单位：元

摘要	直接材料	直接人工	制造费用	合计
月初在产品定额成本	105 296	25 684	13 250	144 230
本月生产费用	826 994	294 612	167 350	1 288 956

丁产品本月完工 450 件，月末在产品 390 件，其中第一道工序 160 件，第二道工序 120 件，第三道工序 110 件。原材料分工序投放，在每道工序开始时一次性投入，单位在产品直接材料费用定额为第一道工序 420 元，第二道工序 350 元，第三道工序 670 元。丁产品单位工时定额为 70 小时，其中，第一道工序 20 小时，第二道工序 32 小时，第三道工序 18 小时，月末在产品在各道工序的完工程度均为 50%。丁产品定额工时人工费用分配率为 2 元，定额工时制造费用分配率为 1.5 元。

2. 要求

按定额成本计算月末丁在产品成本，填列"产品成本计算单"，见表 2-29。

表2-29 产品成本计算单

产品名称：丁产品　　　　　　　20××年9月　　　　　　　　　　　　　单位：元

摘要	直接材料	直接人工	制造费用	合计
月初在产品成本				
本月生产费用				
生产费用合计				
本月完工产品总成本				
本月完工产品单位成本				
月末在产品成本（定额成本）				

本篇小结

企业在生产经营过程中会发生各种耗费，这些耗费有的将最终构成产品成本，有的则作为期间费用直接计入当期损益。本篇的主要内容是构成产品成本的各项费用的归集和分配的核算。它具体包括直接材料和职工薪酬等要素费用、制造费用、辅助生产费用、损失性费用的归集和分配，以及生产费用在完工产品与期末在产品之间的分配等。

在发生材料、燃料及动力、生产工人工资等要素费用时，对于那些能直接用于产品生产的成本费用应直接记入各基本生产成本明细账户；如果某项费用是为生产若干种产品而发生的间接费用，就应当选择适当的分配方法，分配计入这几种产品成本中。

制造费用是企业生产单位为生产产品而发生的各项间接费用，期末要采用适当的方法将上述间接费用分配到有关的产品成本中，在只生产一种产品的情况下直接转入；在生产多种产品的情况下，可按适当的分配方法分配给不同产品。

辅助生产费用是指辅助生产车间为基本生产车间、企业行政管理部门等单位提供服务而进行产品生产和劳务供应所发生的费用。平时应将各辅助生产车间在提供服务过程中所发生的费用进行归集，期末再将所归集的费用按各受益部门的受益量进行合理分配。

损失性费用是指在生产过程中发生的不能形成正常产出的各种耗费，它主要包括废品损失和停工损失两大部分。期末应根据不同原因，将废品损失和停工损失净额转入相应的账户。

在产品有广义在产品和狭义在产品之分，本篇重点阐述了生产费用在完工产品与月末在产品之间进行分配的不计算在产品成本法、在产品成本按年初固定成本计算法、在产品成本按所耗材料费用计算法、约当产量法、定额比例法、在产品按定额成本计价法等几种方法的基本理念、适用范围及计算过程。

理 念 训 练

一、单项选择题

1. 按（　　）分配直接材料费用，可以考核材料消耗定额的执行情况，便于分析材料耗费差异对成本的影响，有利于加强对材料消耗定额的管理。
   A. 定额消耗量比例　　　　　　　　B. 定额成本比例
   C. 重量比例　　　　　　　　　　　D. 产量比例

2. 在企业生产产品成本中，"直接人工"项目不包括（　　）。
   A. 直接参加生产的工人的工资　　　B. 按生产工人工资计提的福利费
   C. 直接参加生产的工人的计件工资　D. 企业行政管理人员工资

3. 采用辅助生产费用分配的一次交互分配法，对外分配的费用总额是（　　）。
   A. 交互分配前的费用
   B. 交互分配前的费用加上交互分配转入的费用
   C. 交互分配前的费用减去交互分配转出的费用
   D. 交互分配前的费用加上交互分配转入的费用、减去交互分配转出的费用

4. 在辅助生产费用的各种分配方法中，分配结果最正确的是（　　）。
   A. 交互分配法　　　　　　　　　　B. 直接分配法
   C. 计划成本分配法　　　　　　　　D. 代数分配法

5. 采用计划成本分配法分配辅助生产费用时，辅助生产车间实际发生的费用应该是（　　）。
   A. 该车间待分配费用减去分配转出的费用
   B. 该车间待分配费用加上分配转入的费用
   C. 该车间待分配费用加上分配转出的费用减去分配转入的费用
   D. 该车间待分配费用加上分配转入的费用减去分配转出的费用

6. 制造费用分配的机器工时比例分配法适用于（　　）。
   A. 季节性生产的车间　　　　　　　B. 制造费用较多的车间
   C. 机械化程度大致相同的各种产品　D. 机械化程度较高的车间

7. 按年度计划分配率分配制造费用的方法适用于（　　）。
   A. 制造费用数额较大的企业　　　　B. 季节性生产企业
   C. 基本生产车间规模较小的企业　　D. 制造费用数额较小的企业

8. 下列各项中，不应计入废品损失的是（　　）。
   A. 不可修复废品的生产成本　　　　B. 可修复废品的生产成本
   C. 用于修复废品的人工费用　　　　D. 用于修复废品的材料费用

9. 实行"三包"的企业，在产品出售后发现的废品所发生的一切损失，应作为（　　）处理。

A. 营业外支出　　　B. 废品损失　　　C. 销售费用　　　D. 管理费用

10. 下列项目中，应该计入产品成本的停工损失是（　　）。

   A. 由于自然灾害引起的非正常停工损失

   B. 非正常原因发生的停工损失

   C. 固定资产修理期间的停工损失

   D. 非季节性停工损失

11. 下列方法中属于完工产品与月末在产品之间分配费用的方法是（　　）。

   A. 直接分配法　　　　　　　　B. 计划成本分配法

   C. 生产工时比例法　　　　　　D. 定额比例法

12. 完工产品与在产品之间分配费用，采用在产品成本按年初固定成本计算法，适用于下列产品（　　）。

   A. 各月末在产品数量很小

   B. 各月末在产品数量虽大，但各月之间变化不大

   C. 各月成本水平相差不大

   D. 各月末在产品数量较大

13. 某种产品月末在产品数量较大，各月末在产品数量变化也较大，原材料费用占产品成本比重较大，月末在产品与完工产品之间费用分配，应采用（　　）。

   A. 约当产量法　　　　　　　　B. 在产品按定额成本计价法

   C. 定额比例法　　　　　　　　D. 在产品成本按所耗材料费用计算法

14. 某种产品月末在产品数量较大，各月末在产品数量变化也较大，产品成本中原材料费用和工资等其他费用所占比重相差不多，应采用（　　）。

   A. 定额比例法　　　　　　　　B. 约当产量法

   C. 在产品按定额成本计价法　　D. 在产品成本按所耗材料费用计算法

15. 产品所耗原材料费用在生产开始时一次性投入，其完工产品与月末在产品的原材料费用，应按完工产品和月末在产品的下列比例分配计算（　　）。

   A. 所耗原材料数量　　　　　　B. 在产品约当产量

   C. 在产品数量之半　　　　　　D. 完工产品与在产品数量

16. 在产品完工率为（　　）与完工产品工时定额的比率。

   A. 所在工序工时定额

   B. 所在工序工时定额之半

   C. 所在工序累计工时定额

   D. 上一道工序累计工时定额与所在工序工时定额之半的合计数

17. 某企业定额管理基础比较好，能够制订比较准确、稳定的消耗定额，各月末在产品数量变化不大的产品，应采用（　　）。

   A. 在产品按定额成本计价法

   B. 定额比例法

   C. 在产品成本按所耗材料费用计算法

   D. 在产品成本按年初固定成本计算法

18. 某企业定额管理基础比较好，能够制订比较准确、稳定的消耗定额，各月末在产品

数量变化较大的产品，应采用（　　）。

    A. 定额比例法

    B. 在产品按定额成本计价法

    C. 在产品成本按所耗材料费用计算法

    D. 在产品成本按年初固定成本计算法

二、多项选择题

1. 在按实际成本进行材料日常核算的企业中，计算发出材料成本的方法有（　　）。
    A. 个别计价法　　B. 历史成本法　　C. 先进先出法　　D. 加权平均法

2. 工资总额的组成部分有（　　）。
    A. 计时工资　　B. 计件工资　　C. 奖金　　D. 津贴和补贴

3. 分配折旧费用时，可以借记的账户有（　　）。
    A. 制造费用——基本生产车间　　　　B. 制造费用——辅助生产车间
    C. 财务费用　　　　　　　　　　　　D. 管理费用

4. 辅助生产成本明细账户余额的特点是（　　）。
    A. 如果为自制材料和包装物、自制工具和模具等产品的生产成本明细账，结转完工入库产品成本后，期末借方余额为期末在产品成本
    B. 如果为生产产品的成本明细账，期末分配给受益对象后，应有贷方余额
    C. 如果为供水、供电、供蒸汽、机修、运输等产品和劳务的生产成本明细账，期末分配给各受益对象以后，应无余额
    D. 各种辅助生产成本明细账，一般应有期末借方余额

5. 在辅助生产费用分配方法中，考虑了辅助生产单位之间交互分配费用的方法有（　　）。
    A. 直接分配法　　　　　　　B. 一次交互分配法
    C. 代数分配法　　　　　　　D. 计划成本分配法

6. 采用代数分配法分配辅助生产费用时，在分配结转辅助生产费用的会计分录中对应的借方科目主要有（　　）等。
    A. 生产成本——辅助生产成本　　　B. 制造费用
    C. 生产成本——基本生产成本　　　D. 管理费用

7. 各生产车间分配制造费用时，下列账户可以借记的有（　　）。
    A. "生产成本——辅助生产成本"账户　　B. "累计折旧"账户
    C. "生产成本——基本生产成本"账户　　D. "废品损失"账户

8. 下列应在"制造费用"账户核算的是（　　）。
    A. 车间管理人员的工资　　　　B. 企业直接从事生产的工人工资
    C. 车间管理人员的福利费　　　D. 车间固定资产的折旧费

9. 在核算废品损失的过程中，可能贷记的账户有（　　）。
    A. 生产成本——基本生产成本　　　B. 废品损失
    C. 应付职工薪酬　　　　　　　　　D. 原材料

10. 企业的停工损失包括（   ）。
    A. 停工期间发生的原材料费用　　　B. 停工期间发生的工资及福利费
    C. 停工期间发生的制造费用　　　　D. 停工不满一个工作日的损失
11. 选择完工产品与在产品之间费用分配方法时，应考虑的条件是（   ）。
    A. 在产品数量的多少　　　　　　　B. 各月在产品数量变化的大小
    C. 各项费用比重的大小　　　　　　D. 定额管理基础好坏
12. 完工产品与在产品之间分配费用，采用在产品按固定成本计价法，适用于（   ）的产品。
    A. 各月末在产品数量很大
    B. 各月末在产品数量较小
    C. 各月末在产品数量变化较大
    D. 各月末在产品数量虽大，但各月之间变化不大
13. 采用在产品按所耗原材料费用计价法，分配完工产品和月末在产品费用，应具备下列条件（   ）。
    A. 原材料费用在产品成本中占比重较大
    B. 各月在产品数量比较稳定
    C. 各月末在产品数量较大
    D. 各月末在产品数量变化较大
14. 约当产量法适用于（   ）的产品。
    A. 月末在产品接近完工
    B. 月末在产品数量较大
    C. 各月末在产品数量变化较大
    D. 产品成本中原材料费用和工资等其他费用比重相差不大
15. 采用定额比例法分配完工产品和月末在产品费用，应具备以下条件（   ）。
    A. 消耗定额比较准确　　　　　　　B. 消耗定额比较稳定
    C. 定额管理基础较好　　　　　　　D. 各月末在产品数量变化较大

三、判断题

1. 生产车间耗用的材料，全部记入"直接材料"成本项目。（   ）
2. 材料费用按定额成本（耗用量）比例分配法的分配标准是单位产品的消耗定额。
   （   ）
3. 按产品生产工人工资的一定比例提取的应付福利费，可以与其工资合并记入"直接人工"成本项目。（   ）
4. 实行计件工资制的企业，由于材料缺陷产生的废品，不付计件工资。（   ）
5. 采用直接分配法分配辅助生产费用时，辅助生产车间之间相互提供产品或劳务也应计算其应负担的金额。（   ）
6. 采用计划成本分配法，辅助生产的成本差异一般可以全部进入管理费用。（   ）
7. "制造费用"账户月末都应无余额。（   ）

8. 企业各车间的制造费用应于月末进行汇总,在各种产品之间统一分配。（   ）
9. 固定资产大修理期间的停工损失应计入产品成本。（   ）
10. 月初在产品成本、本月生产费用、本月完工产品成本和月末在产品成本四者之间的关系,用公式表示为月初在产品成本＋本月生产费用＝本月完工产品成本＋月末在产品成本。（   ）
11. 各月末的在产品数量变化不大的产品,可以不计算月末在产品成本。（   ）
12. 月末在产品数量较小,或者在产品数量较大,各月之间在产品数量变化也较大的产品,其月末在产品可以按年初数固定成本计价。（   ）
13. 采用在产品按所耗原材料费用计价法时,某种产品月末在产品只计算所耗的原材料费用,不计算工资等其他费用,产品的其他费用全部计入完工产品成本。（   ）
14. 约当产量法适用于月末在产品数量较小、各月末在产品数量变化也较小、产品成本中原材料费用和工资等其他费用比重相差不多的产品。（   ）
15. 某道工序在产品的完工率为该道工序累计的工时定额占完工产品工时定额的比率。（   ）
16. 原材料在生产产品的每道工序开始时一次性投入,用来分配原材料费用的投料率,是该道工序累计的原材料消耗定额与完工产品原材料消耗定额的比率。（   ）
17. 采用定额比例法时,月末在产品的定额成本与实际成本的差异,全部由完工产品成本负担。（   ）
18. 采用月末在产品按定额成本计价法时,定额成本与实际成本的差异,由完工产品与月末在产品共同负担。（   ）

四、简答题

1. 简述直接材料费用的几种分配方法及分配结转直接材料费用的账务处理。
2. 简述直接人工费用的几种分配方法及分配结转直接人工费用的账务处理。
3. 简述辅助生产费用分配的几种方法及各自的适用性。
4. 简述制造费用的含义、包括的主要项目及分配方法。
5. 简述废品损失的含义及核算废品损失的账务处理程序。
6. 分别简述生产费用在完工产品与月末在产品之间几种分配方法的特点和适用性。
7. 简述约当产量法的计算步骤。
8. 简述定额比例法的计算步骤。

第三篇

基本成本核算方法及应用

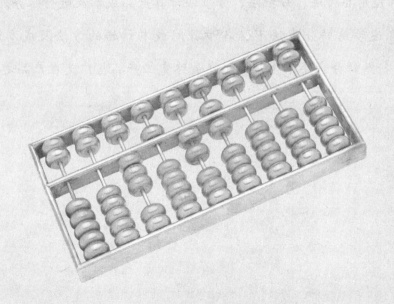

【知识目标】

1. 了解企业按生产工艺特点和按生产组织特点的分类情况。
2. 了解企业不同生产类型特点对成本计算方法选择的影响情况。
3. 掌握基本成本计算方法的特点、适用范围、一般计算程序及账务处理流程。
4. 重点掌握品种法的成本核算特点及成本计算程序。

【能力目标】

1. 能根据有关资料分析生产特点和管理要求对产品成本计算方法的影响。
2. 能根据企业的生产特点和管理要求选择合适的产品成本计算方法。
3. 能熟练应用品种法、分批法、分步法计算产品成本及进行账务处理。
4. 掌握在逐步结转分步法下,各步骤间成本结转的方法及成本还原的方法;掌握在平行结转分步法下生产费用在最终完工产品与广义在产品之间分配的方法。

项目八
成本计算方法概述

一、生产特点和管理要求对产品成本计算的影响

产品成本是在生产过程中形成的,因此生产的特点在很大程度上影响着成本计算方法的特点。另外,成本计算是为成本管理提供资料的,采用什么方法、提供哪些资料,必须考虑成本管理的要求。同时,成本管理的要求也脱离不开生产的特点。所以,企业在确定成本计算方法时,必须从具体情况出发,同时考虑企业的生产特点和进行成本管理的要求。

不同部门、行业的生产特点千差万别,但按照工业生产的一般特点,可做如下分类。

(一)按生产工艺过程的特点分类

工业企业的生产按照生产工艺过程的特点可以分为单步骤生产和多步骤生产。

1. 单步骤生产

单步骤生产,亦称简单生产,是指生产工艺过程不能间断、不可能也不需要划分为几个生产步骤的生产,如发电、采煤等工业生产。这类生产由于技术上的不可间断(如发电),或由于工作地点上的限制(如采煤),通常只能由一个企业整体进行,而不能由几个企业协作进行。

2. 多步骤生产

多步骤生产,又称复杂生产,是指产品的生产工艺过程由可以间断的生产步骤组成的生产。生产活动可以分别在不同的时间、不同的地点进行,可以由一个企业的不同车间进行。生产周期较长,工艺较复杂。其按加工方式可分为连续式生产和装配式生产。

(1)连续式生产是指原材料投入生产后,要依次经过各生产步骤的连续加工,才能成为产品的生产,如纺织、冶金、造纸等工业生产。

(2)装配式生产是指先将各种原材料分别在各个车间平行加工为零件或部件,然后再将各种零件或部件装配为产成品的生产,如机械、车辆、仪表制造等工业生产。

生产类型按生产工艺过程的特点分类,如图3-1所示。

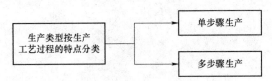

图3-1　生产类型按生产工艺过程的特点分类

(二) 按生产组织方式的特点分类

工业企业的生产按其生产组织方式的特点可以分为大量生产、成批生产和单件生产。

1. 大量生产

大量生产是指不断地大量重复生产相同产品的生产。在这种生产的企业或车间中,产品的品种较少,而且比较稳定,产量较大,如纺织、面粉等的生产。

2. 成批生产

成批生产是指按照事先规定的产品批别和数量进行的生产。在这种生产企业或车间中,产品品种较多,而且具有一定的重复性,如服装、机械等的生产。

成批生产按照产品批量的大小,又可以分为两种情况。

(1) 大批生产:由于生产产品的批量大,往往在几个月内不断重复生产一种或几种产品,因而性质近于大量生产。

(2) 小批生产:由于生产产品的批量小,一批产品一般可以同时完工,因而性质近于单件生产。

3. 单件生产

单件生产类似小批生产,是指根据各订货单位的要求,生产个别的、特殊产品的生产,如重型机器制造和船舶制造等。在这种生产企业或车间中,产品的品种多,而且很少重复。

单步骤生产和连续加工式的多步骤生产的组织方式多为大量生产。装配式的多步骤生产的组织方式,则有大量生产、成批生产和单件生产的区别。

生产类型按生产组织方式的特点分类,如图3-2所示。

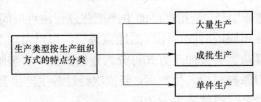

图3-2　生产类型按生产组织方式的特点分类

(三)生产的特点和成本管理要求对产品成本计算的影响

生产类型不同,对成本进行管理的要求也不一样,而生产特点和管理要求又必然对产品成本计算产生影响。这一影响主要表现在成本计算对象、产品成本计算期和完工产品与在产品之间成本分配三个方面。

1. 对成本计算对象的影响

生产的特点和成本管理要求对产品成本计算的影响集中表现在对成本计算对象确定的影响上。

从生产工艺过程的特点看,单步骤生产的工艺过程不可间断,不可能按照生产步骤计算产品成本,只能按照产品的品种计算产品成本。而在多步骤生产中,为了加强各个生产步骤的成本管理,往往不仅要求按照产品的品种或批别计算成本,而且要求按照产品生产步骤计算成本。但是,如果企业的规模较小,在管理上不要求按照生产步骤考核生产费用、计算产品成本,也可以不按照生产步骤计算成本,而只按照产品品种或批别计算成本。

从产品生产组织的特点看,大量生产,连续不断地生产相同的产品,只能以产品品种为成本计算对象。大批生产,可视具体情况,按产品品种或产品批别计算产品成本。单件、小批生产,一批产品一般可同时完工,通常以产品的批别为成本计算对象。

综上所述,在产品成本计算工作中有以下三种不同的成本计算对象。

(1)以产品品种为成本计算对象。

(2)以产品批别为成本计算对象。

(3)以产品生产步骤为成本计算对象。

成本计算对象的确定,是设置产品成本明细账、归集生产费用、计算产品成本的前提,是构成成本计算方法的主要标志,因而也是区别各种成本计算方法的主要标志。

2. 对产品成本计算期的影响

产品成本计算期是生产费用计入产品成本所规定的起止时间。产品成本计算既包括完工产品成本的计算,也包括在产品成本的计算,一般情况下都是定于月末进行的。但在不同生产类型的企业中也不完全一样,这主要取决于生产组织的特点。

在大量、大批生产中,由于生产活动连续不断地进行,月末一般都有完工产品和未完工的在产品,因而产品成本的计算都是定期于月末进行,与会计报告期一致,但与产品的生产周期不一致。

在小批、单件生产中,每月不一定都有产品完工,完工产品成本的计算会在某批或某件产品完工后进行,因此,完工产品成本的计算是不定期的,但与生产周期一致,与会计报告期有可能不一致。在这类企业中,有的采用更简化的方法,即只在产品完工的月份才对完工产品进行成本计算,而对未完工的在产品,只以总数反映在基本生产成本二级账中,不计算在产品的成本。

3. 对完工产品与在产品之间成本分配的影响

生产类型的特点,还影响到月末进行成本计算时有没有在产品,是否需要在完工产品与在产品之间分配成本的问题。

在单步骤生产中，生产过程不能间断，生产周期也短，一般没有在产品，或者在产品数量很少，因而计算产品成本时，发生的生产费用不必在完工产品与在产品之间进行分配。

在多步骤、大量、大批生产中，由于生产连续不断地进行，而且经常存在在产品，因而在计算产品成本时，就需要采用适当的方法，将生产费用在完工产品与在产品之间进行分配。

在多步骤、单件、小批生产中，成本计算期通常与生产周期一致，一般不需要将生产费用在完工产品与在产品之间进行分配。

二、产品成本计算的基本方法和辅助方法

为了与不同类型生产特点和成本管理相适应，在产品成本计算中有三种不同的成本计算对象：产品品种、产品批别和产品的生产步骤。因此，以成本计算对象为标志的产品成本计算基本方法有三种：品种法、分批法、分步法。

（一）基本方法

1. 品种法

以产品品种为成本计算对象的产品成本计算方法称为品种法。品种法的成本计算期一般与会计报告期一致，与生产周期不一致。一般根据期末在产品的实际情况确定是否计算期末在产品成本。一般适用于单步骤的大量生产，如发电、采煤等；也可用于不需要分步骤计算成本的多步骤的大量、大批生产，如小型造纸厂、水泥厂等。

2. 分批法

以产品批别或订单为成本计算对象的产品成本计算方法称为分批法。在分批法下，由于成本计算对象是产品的批别，只有在该批产品全部完工以后，才能计算其实际总成本和单位成本，因此，分批法的成本计算期是不定期的，与产品生产周期一致，一般不需要在完工产品和期末在产品之间分配生产费用。分批法一般适用于单件、小批的单步骤生产或在管理上不要求分步骤计算产品生产成本的多步骤生产，如修理作业、专用工具模具制造、重型机器制造、船舶制造等。

3. 分步法

以产品生产步骤为成本计算对象的产品成本计算方法称为分步法。采用分步法的多步骤生产企业，不可能等全部产品完工以后才计算产品成本，只能定期按月计算产品成本，成本计算期与会计报告期一致，但与生产周期不一致。分步法适用于大量、大批的多步骤生产，如纺织、冶金、机械制造等。

这三种方法之所以归为产品成本计算的基本方法，是因为这三种方法与不同生产类型的

特点和管理要求有着直接的联系，而且都是以其成本计算对象命名的，是计算产品实际成本不可少的方法。在这三种方法中，无论采用哪种方法计算产品成本，最后都必须计算出各种产品的实际总成本和单位成本。按照产品品种计算产品生产成本，是产品成本计算最起码的要求。因此，品种法是三种基本方法中最基本的方法。

（二）辅助方法

在实际工作中，除了上述三种产品成本计算的基本方法之外，为了解决某一个特定问题，又产生了一些成本计算的辅助方法。

1. 分类法

在产品品种、规格繁多的企业中，如针织厂、灯泡厂等，为了解决成本计算对象的分类问题，产生了产品成本计算的分类法。分类法的成本计算对象是产品的类别，它需要运用品种法的原理计算出各类产品的实际总成本，再求得类内各品种的实际总成本和单位成本。因此，分类法实际上是品种法的进一步应用，是品种法的辅助方法。

2. 定额法

在定额管理工作基础好的企业中，为了配合和加强定额管理，加强成本控制，更有效地发挥成本计算的分析和监督作用，还应用一种将符合定额的成本和脱离定额的成本差异分别核算的产品成本计算方法——定额法。定额法往往要将上述三种基本方法结合起来应用，而且与生产类型的特点没有直接关系。定额法不涉及成本计算对象，只是为了加强成本管理，只要条件具备，在哪种生产类型企业都可以采用。因此，定额法被归为成本计算的辅助方法。

3. 标准成本法

在一些发达国家，为了加强成本控制，正确评价企业的经营业绩，实现成本的标准化管理，还采用标准成本法。

这些辅助方法，与生产类型的特点没有直接联系，不涉及成本计算对象，它们的应用或者是为了简化成本计算工作，或者是为了加强成本管理，只要条件具备，在哪种生产类型企业都能应用。从计算产品实际成本的角度来说，它们不是必不可少的，所以被称为辅助方法。产品成本计算的辅助方法必须与产品成本计算的基本方法结合使用，不能单独使用。

需要指出的是，产品成本计算的基本方法和辅助方法的划分，是从计算产品实际成本角度考虑的，并不是因为辅助方法不重要；相反，有的辅助方法，如定额法，对于控制生产费用、降低产品成本具有重要的作用。

在企业中，确定不同的成本计算对象，采用不同的成本计算方法，主要是为了适应企业的生产特点和管理要求，正确提供成本核算资料，以加强成本管理。但是，无论何种类型的企业，采用什么成本计算方法，最终都必须按照产品品种算出产品成本。

(三) 各种成本计算方法的实际应用

在实际工作中，一个企业可能有若干个车间，一个车间可能生产若干种产品，这些车间或产品的生产类型和管理要求并不一定相同，因而在一个企业或车间中，就有可能同时应用几种不同的产品成本计算方法。即使是一种产品，在该产品的各个生产步骤，各种半成品和各个成本项目之间，生产类型或管理要求也不一定相同，因而在一种产品的成本计算中，也有可能将几种成本计算方法结合起来使用。

1. 同时使用几种成本计算方法计算成本

由于企业内生产的产品种类很多，生产车间也很多，这样，就有可能产生几种成本计算方法同时使用的情况。

在一些企业里不只生产一种产品，而这些产品的特点不同，其生产类型也可能不一样，应采用不同的成本计算方法计算产品成本。例如，在重型机械厂，一般采用分批法计算产品成本，但如果其有传统产品，产品已经定型，属于大量生产，也可采用品种法或分步法计算产品成本。

在一些企业里，一般都设有基本生产车间和辅助生产车间。基本生产车间和辅助生产车间生产的特点和管理要求是不一样的，应采用不同的成本计算方法进行计算。例如，在钢铁企业里，其基本生产车间是炼铁、炼钢、轧钢，属于大量多步骤生产，根据其生产的特点和管理要求，可采用分步法计算产品成本。但企业内部的供电、修理、供蒸汽等辅助生产车间则属于大量、大批、单步骤生产，根据其特点，应采用品种法计算其成本。

一个企业可采用不同的成本计算方法计算成本。某类型的企业采用何种成本计算方法，主要是就其基本生产车间而言的，并不是表明该企业只采用一种方法计算成本，而是多种方法可以同时使用。

2. 结合使用几种成本计算方法计算成本

在一些企业里，由于企业生产产品的特点不同，生产步骤的管理要求不同，因此所采用的成本计算方法也不一样，可同时结合使用几种成本计算方法。例如，小型机械厂一般采用分批法计算产品成本，但由于企业设置有不同的生产车间，如铸造、加工、装配等，因而应采用不同的成本计算方法，铸造车间应采用品种法计算成本，加工车间、装配车间应采用分批法计算成本，而铸造车间将其铸造件转入加工和装配车间时应采用分步法进行结转。这样，在一个企业里，就结合使用了品种法、分批法和分步法三种成本计算方法。

企业应采用什么方法来计算产品成本，可根据企业生产的特点和管理要求来确定，灵活掌握，不能照搬书本上的理论，应本着"主要产品从细，次要产品从简"的原则合理地加以确定。

在确定成本计算方法时，应注意使成本计算方法与成本计划方法的口径一致；应注意与同行业其他企业的成本计算方法一致并保持相对稳定，以便正确计算产品的总成本和单位成本，考核企业成本计划完成情况，进行成本分析和成本考核，不断降低产品成本，提高企业的经济效益。

在一个企业里，所采用的成本计算方法并不是一成不变的，应根据生产的发展和企业管理水平的提高，修改成本计算方法，以适应新形势的需要。特别是随着我国经济体制改革的深入发展，企业的生产类型可能发生变化。

由过去的单件生产转化为大量、大批生产，由过去的单步骤生产转为多步骤生产，或成本管理要求提供更多的成本资料，都要求对原有的成本计算方法进行调整，以适应新形势的需要。

实务训练

实训一 成本计算方法选择训练

1. 资料

某火力发电厂除生产电力外还生产一部分热力，其生产过程不间断，没有在产品和半成品。火力发电是利用燃料所发生的高热，使锅炉里的水变成蒸汽，推动汽轮机迅速旋转，借以带动发电机转动，产生电力。因此，火力发电厂一般设有下列基本生产分厂（车间）：① 燃料分厂；② 锅炉分厂；③ 汽机分厂；④ 电气分厂。由于产电兼供热，汽机分厂还划分为两部分，即电力化部分和热力化部分。

2. 要求

结合上述情况，讨论以下问题：
（1）分析和说明该厂在成本核算中所应采取的成本计算方法。
（2）对于该厂生产的电力和热力应如何设置成本项目？

实训二 生产按工艺特点和生产组织特点分类训练

1. 资料

某钢铁厂设有炼铁、炼钢和轧钢三个基本生产车间。炼铁车间生产三种生铁：炼钢生铁、铸造生铁和锰铁。其中，炼钢生铁全部供应本厂炼钢耗用，铸造生铁和锰铁全部外售。炼钢车间生产高碳和低碳两种钢锭，全部供应本厂轧钢车间轧制钢材。高碳钢锭轧制盘条，低碳钢锭轧制圆钢。此外，该厂还设有供水、供电等辅助生产车间和企业管理部门。

2. 要求

请根据该厂实际情况，分析该厂的生产工艺特点和生产组织特点，以及其对成本计算的影响，并说明该厂在成本核算中所应采取的成本计算方法。

实训三　成本计算方法选择训练

1. 资料

某纺织厂主要从事各种纯棉及混纺棉纱、毛坯布、花布的生产和销售，主要生产过程分为纺纱、织布和染整三个步骤，分别由纺纱、织布和染整三个车间完成。

纺纱车间的主要任务是将棉花经过多道工序加工制成棉纱，具体工艺流程为清花—梳棉—精梳—并条—粗纱—细纱—络筒。纺纱车间生产的棉纱全部供织布车间进一步加工。

织布车间的主要任务是将棉纱经过多道工序加工制成棉布，具体工艺流程为印染—浆纱—穿筘—织布。织布车间加工生产的原色布主要供染整车间继续加工，但也可以适量对外销售。

染整车间的主要任务是将棉布加工制成各种单色棉布和花布，具体工艺流程为印染—验布—修布。同时，染整车间也承揽特定图案棉布的生产。

2. 要求

请根据该纺织厂的实际情况，分析该纺织厂的生产特点，并为其选择合适的成本计算方法，设计合理的成本计算方案。

项目九
品种法及应用

一、品种法概述

(一) 品种法的含义

品种法是一种按照产品品种计算产品成本的方法，即以产品品种为成本计算对象，归集各项成本费用，计算各种产品的总成本和单位成本。品种法一般适用于大量、大批的单步骤生产，如发电、供水、采煤等生产。在这种类型的企业中，由于产品生产的工艺流程不能间断，既没有必要也不可能划分生产步骤计算产品成本，只能以产品品种作为成本计算对象。

(二) 品种法的特点和适用范围

品种法除广泛应用于单步骤生产类型的企业外，对于大量、大批的多步骤生产，如果企业生产规模较小，或者车间是封闭式的，从投料到制成产品全过程都在一个车间进行，或生产是按流水线组织的，在管理上不要求按照生产步骤计算产品成本，也可以采用品种法计算产品成本，如玻璃品的熔铸。企业的辅助车间，如供水、供电、蒸汽车间等，也可以采用品种法计算其产品的成本。

品种法因其应用在不同生产特点的企业，可以区分为简单品种法和典型品种法。

应用于大批、单步骤生产类型企业的品种法，由于产品品种单一，通常没有或极少有在产品存在，不需要计算在产品成本，其成本计算程序相对来说比较简单，故此类企业采用的品种法可称为简单品种法。对于一些企业内部辅助生产车间的成本计算，如供水、供电、供蒸汽等单步骤、大量生产的劳务成本的计算通常也可以采用简单品种法。

应用于不要求按照生产步骤计算生产成本的某些小型多步骤生产企业的品种法，其成本计算不但要按产品品种设置计算单，还需要计算每种产品的完工产品成本和月末在产品成本，有别于简单品种法的成本计算程序，但又是多数生产企业所普遍采用的成本计算方法，因而被称为典型品种法。

按照产品品种计算成本，是产品成本计算的最基本、最一般要求。不论什么生产组织方式的制造企业，不论什么类型的产品，也不论成本管理要求如何，最终都必须按照产品品种计算出生产成本。因此，品种法是企业产品成本计算中最基本的计算方法。

1. 成本计算对象

品种法的成本计算对象是每种产品，因此在进行成本计算时，需要为每一种产品设置一本产品成本明细账，以归集在生产过程中发生的费用。如果企业只生产一种产品，则只设置一种产品成本明细账，账内按成本项目设置专栏。这时，本月所发生的费用都是直接费用，应全部列入该种产品成本明细账的有关成本项目中，不存在将生产费用在各种产品之间进行分配的问题。如果企业生产多种产品，就需要按每种产品分别设置产品成本明细账，对于在生产过程中所发生的费用，凡能分清应由哪种产品负担的，则应直接记入该种产品成本明细账的有关成本项目；凡是几种产品共同耗用而又不能分清由哪种产品负担多少数额的费用，则应采用适当的方法，在各种产品之间进行分配，再记入各种产品成本明细账的有关成本项目。

2. 成本计算期

在大量、大批的单步骤生产企业中，从其生产工艺流程看，是连续不断地重复生产一种或几种产品，不能在产品完工时立即计算它的成本，因而成本计算只能定期在月末进行。在多步骤生产企业中，如采用品种法计算成本，成本计算一般也是定期于月末进行。品种法的成本计算期与产品生产周期不一致。

3. 费用在完工产品与在产品之间的分配

月末计算在产品成本时，如果没有在产品或在产品数量很少，成本数额也不大，则按照重要性原则，就不需要计算在产品成本，产品成本明细账中按成本项目归集的生产费用，就是该产品的完工产品总成本，用总成本除以产量，即为单位成本。

一些规模较小，在管理上不要求按照生产步骤计算产品成本的大量、大批的多步骤生产中，月末一般都有在产品，而且数量较多，这就需要将产品成本明细账中归集的生产费用，在完工产品和月末在产品之间，采用适当的方法进行分配，从而计算出完工产品和月末在产品的成本。

（三）品种法的成本计算程序

成本计算程序是指对产品生产过程中所发生的各项费用，按照财务会计制度的规定，进行审核、归集、分配、计算完工产品成本和月末在产品成本的过程。

1. 按产品品种设置产品成本明细账

在账内按成本项目（直接材料、直接工资、制造费用）设置专栏，对于有月初在产品成本的产品，还应在产品成本明细账中登记月初在产品的成本。

2. 归集和分配本月发生的要素各项费用

根据在生产过程中发生的各项费用的原始凭证和有关资料，编制各种费用分配表，根据各种费用分配表登记所设置的"基本生产成本明细账""产品成本明细账""辅助生产成本明细账""制造费用明细账"等。

3. 分配辅助生产费用

将"生产成本——辅助生产成本明细账"上所归集的费用,按各种产品和各单位的耗用量,编制"辅助生产费用分配表",分配辅助生产费用。

4. 分配单位制造费用

将"制造费用明细账"上所归集的费用,采用一定的方法,在各种产品之间进行分配,编制"制造费用分配表",并登记到设置的"生产成本——基本生产成本明细账"和它所属的"产品成本明细账"中。

5. 计算本月完工产品实际总成本和单位成本,成本在完工产品和在产品之间分配

期末,将记入产品成本明细账的各种生产费用汇总,计算累计生产费用。如果企业没有在产品,不需要计算在产品成本时,累计生产费用为完工产成品总成本;如果企业有在产品,则通过适当的方法,把累计生产费用在完工产品和在产品之间进行分配,计算完工产品和月末在产品成本。

6. 结转本月完工产品成本

根据各产品成本明细账中计算出来的本月完工产品成本,汇总编制"完工产品成本汇总计算表"。

品种法的成本计算程序可用图 3-3 表示。

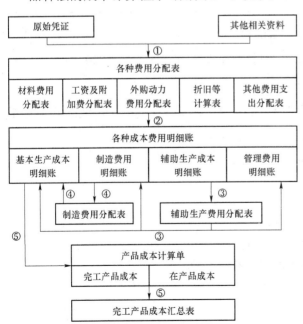

图示说明:

① 由原始凭证和其他有关资料,分配各项要素费用,编制要素费用分配表。

② 根据各要素费用分配表及其他要素费用资料,登记基本生产成本明细账、制造费用明细账、辅助生产成本明细账及管理费用明细账。

③ 编制辅助生产费用分配表,归集辅助生产明细账的生产费用,采用适当的方法分配给受益对象,并据以登记费用明细账。

④ 编制制造费用分配表,将制造费用明细账中所归集的费用,采用适当的方法在各产品之间进行分配,并据以登记基本生产成本明细账。

⑤ 根据基本生产成本明细账编制各产品成本计算单,并将各产品成本计算单中按成本项目所归集的生产费用,采用适当的方法在本月完工产品与月末在产品之间进行分配,确定完工产品成本和月末在产品成本;编制完工产品成本汇总表,计算各完工产品的总成本与单位成本。

图 3-3 品种法的成本计算程序

二、品种法核算应用案例

【例3-1】 企业基本情况：东风公司设有一个基本生产车间，经过两个生产步骤大量生产甲、乙两种产品，由于生产规模比较小，所以在管理上不要求计算步骤成本。公司另外还设有一个辅助的机修车间，为基本生产车间和管理部门提供修理服务。根据生产特点和管理要求，采用品种法计算产品成本。该厂20××年5月有关核算资料如下。

（1）"产品产量资料"见表3-1。

表3-1　产品产量资料

20××年5月　　　　　　　　　　　　　　　　　　　　　　　单位：台

产品名称	月初在产品	本月投产	本月完工	月末在产品
甲产品	120	280	300	100
乙产品	40	110	100	50

甲产品月末在产品完工程度为80%，乙产品月末在产品完工程度为60%。

（2）"月初在产品成本"资料见表3-2。

表3-2　月初在产品成本　　　　　　　　　　　　　　　　　　单位：元

产品名称	直接材料	直接人工	制造费用	合计
甲产品	150 000	20 000	5 000	175 000
乙产品	120 000	15 000	3 000	138 000

（3）其他有关资料：① 本月甲、乙产品的机器工时分别为3 000工时和2 000工时，工人工时分别为8 000工时和5 000工时；② 本月机修车间提供修理工时1 000工时，其中，基本生产车间650工时，管理部门350工时。

1. 根据各项费用的原始凭证和其他有关资料，编制各种费用分配表，分配各种要素费用

该厂20××年5月发生的生产要素费用资料如下。

1）材料费用

根据材料单等领料凭证，本月共发生材料费用为600 000元，其中甲、乙产品分别耗用300 000元和215 000元；甲、乙产品共同耗用辅助材料费用20 000元；生产车间一般耗用50 000元，机修车间耗用10 000元，企业管理部门耗用5 000元。原材料是在生产开始时一次性投入的。编制的"材料费用分配表"见表3-3。

表 3-3 材料费用分配表　　　　　　　　　　　　　　单位：元

应借账户		共同耗用			直接领用	合计
		定额	分配率	金额		
生产成本	基本生产成本（甲产品）	14 000		11 200	300 000	311 200
	基本生产成本（乙产品）	11 000		8 800	215 000	223 800
	小计	25 000	0.8	20 000	515 000	535 000
	辅助生产成本（机修车间）				10 000	10 000
制造费用					50 000	50 000
管理费用					5 000	5 000
合计					580 000	600 000

注：共同耗用材料分配率 $=\dfrac{20\,000}{25\,000}=0.8$

根据材料费用分配表编制会计分录为
借：生产成本——基本生产成本（甲产品）　　　　　　311 200
　　　　　　——基本生产成本（乙产品）　　　　　　223 800
　　　　　　——辅助生产成本（机修车间）　　　　　 10 000
　　制造费用　　　　　　　　　　　　　　　　　　　 50 000
　　管理费用　　　　　　　　　　　　　　　　　　　　5 000
　　贷：原材料　　　　　　　　　　　　　　　　　　600 000

2）职工薪酬

根据工资结算汇总表，本月应付工资总额为 110 000 元，其中，基本生产车间工人工资为 78 000 元，车间管理人员工资为 8 000 元，机修车间工人工资为 9 000 元，厂部管理人员工资为 15 000 元。基本生产车间工人工资按工人工时比例分配。同时，按工资总额的 20% 提取职工福利。据此编制的"职工薪酬分配表"见表 3-4。

表 3-4 职工薪酬分配表　　　　　　　　　　　　　　单位：元

应借账户		工资			职工福利	合计
		生产工时/时	分配率	金额		
生产成本	基本生产成本（甲产品）	8 000		48 000	9 600	57 600
	基本生产成本（乙产品）	5 000		30 000	6 000	36 000
	小计	13 000	6	78 000	15 600	93 600
	辅助生产成本（机修车间）			9 000	1 800	10 800
制造费用				8 000	1 600	9 600
管理费用				15 000	3 000	18 000
合计				110 000	22 000	132 000

编制会计分录为

借:生产成本——基本生产成本(甲产品) 57 600
　　　　　——基本生产成本(乙产品) 36 000
　　　　　——辅助生产成本(机修车间) 10 800
　　制造费用 9 600
　　管理费用 18 000
　贷:应付职工薪酬——工资 110 000
　　　　　　　　——职工福利 22 000

3) 电费

本月共支付电费 11 000 元,其中甲、乙产品动力用电 8 500 元,基本生产车间照明用电 1 000 元,机修车间用电 1 000 元,厂部用电 500 元。产品动力用电按照机器工时分配。"外购用电费用分配表"见表 3-5。

表 3-5　外购用电费用分配表　　　　　　　　　　单位:元

应借账户		电力费用		
		机器工时/时	分配率	金额
生产成本	基本生产成本(甲产品)	3 000		5 100
	基本生产成本(乙产品)	2 000		3 400
	小计	5 000	1.7	8 500
	辅助生产成本(机修车间)			1 000
制造费用				1 000
管理费用				500
合计				11 000

编制会计分录为

借:生产成本——基本生产成本(甲产品) 5 100
　　　　　——基本生产成本(乙产品) 3 400
　　　　　——辅助生产成本(机修车间) 1 000
　　制造费用 1 000
　　管理费用 500
　贷:银行存款 11 000

4) 计提固定资产折旧费用

"折旧费用分配表"见表 3-6。

表 3-6 折旧费用分配表　　　　　　　　　　　　　单位：元

车间、部门	金额
基本生产车间	8 000
辅助生产车间（机修车间）	2 000
管理部门	2 000
合计	12 000

编制会计分录为

借：生产成本——辅助生产成本（机修车间）　　　　　　　2 000
　　制造费用　　　　　　　　　　　　　　　　　　　　　8 000
　　管理费用　　　　　　　　　　　　　　　　　　　　　2 000
　　贷：累计折旧　　　　　　　　　　　　　　　　　　　　　　12 000

5）其他费用

根据付款凭证，汇总本月以银行存款支付的其他各种费用，见表 3-7。

表 3-7 其他费用分配表　　　　　　　　　　　　　单位：元

车间、部门	办公费	差旅费	劳动保护费	运输费	合计
基本生产车间	300	6 000	800	14 780	21 880
辅助生产车间（机修车间）	100	500	200		800
管理部门	800	1 300	100		2 200
合计	1 200	7 800	1 100	14 780	24 880

编制会计分录为

借：生产成本——辅助生产成本（机修车间）　　　　　　　　800
　　制造费用　　　　　　　　　　　　　　　　　　　　　21 880
　　管理费用　　　　　　　　　　　　　　　　　　　　　2 200
　　贷：银行存款　　　　　　　　　　　　　　　　　　　　　　24 880

在实际工作中，支付各项货币资金的业务应逐笔编制会计分录，这里是为了简化而汇总编制的会计分录。

2. 分配辅助生产成本

企业对辅助生产成本，应设置辅助生产成本明细账。月末，根据辅助生产成本明细账归集的费用，采用一定的分配方法（这里采用直接分配法）将辅助生产成本分配给各受益对象，作为各受益对象的成本费用。"辅助生产成本明细账（机修车间）"见表 3-8，编制的"辅助生产费用分配表"见表 3-9。

表 3-8 辅助生产成本明细账(机修车间)　　　　单位：元

20××年		凭证字号	摘要	费用项目					
月	日			材料费	薪酬	电费	折旧费	其他	合计
5			耗用材料	10 000					10 000
			分配薪酬		10 800				10 800
			分配电力费			1 000			1 000
			分配折旧费				2 000		2 000
			支付其他费用					800	800
			本月合计	10 000	10 800	1 000	2 000	800	24 600
			本月分配转出	10 000	10 800	1 000	2 000	800	24 600

表 3-9 辅助生产费用分配表　　　　单位：元

待分配费用	修理总工时/时	分配率	基本生产车间		管理部门	
			工时/时	金额	工时/时	金额
24 600	1 000	24.60	650	15 990	350	8 610

编制会计分录为

借：制造费用　　　　　　　　　　　　　　　　　　　　　　15 990
　　管理费用　　　　　　　　　　　　　　　　　　　　　　　8 610
　　贷：生产成本——辅助生产成本（机修车间）　　　　　　24 600

3. 分配制造费用

月末，根据制造费用明细账，将归集的费用按生产工人工时比例进行分配。"制造费用明细账（基本生产车间）"见表 3-10，编制的"制造费用分配表"见表 3-11。

表 3-10 制造费用明细账（基本生产车间）　　　　单位：元

20××年		凭证字号	摘要	费用项目					
月	日			材料费	薪酬	电费	折旧费	其他	合计
5			耗用材料	50 000					50 000
			分配薪酬		9 600				9 600
			分配电力费			1 000			1 000
			分配折旧费				8 000		8 000
			支付其他费用					21 880	21 880
			分配辅助生产费用					15 990	15 990
			本月合计	50 000	9 600	1 000	8 000	37 870	106 470
			本月分配转出	50 000	9 600	1 000	8 000	37 870	106 470

表 3-11 制造费用分配表 单位：元

应借账户		生产工时/时	分配率	金额
基本生产成本	甲产品	8 000		65 520
	乙产品	5 000		40 950
合计		13 000	8.19	106 470

编制会计分录为

借：生产成本——基本生产成本（甲产品） 65 520
　　　　　　——基本生产成本（乙产品） 40 950
　　贷：制造费用 106 470

4. 计算完工产品和在产品成本

根据上述成本费用的归集和分配资料，采用约当产量法计算本月完工产品和在产品成本，编制产品成本计算表，见表 3-12 和表 3-13。

表 3-12 产品成本计算表（1）

产品名称：甲产品　　　　20××年5月　　　　单位：元
本月完工：300 台
月末在产品：100 台

摘要	直接材料	直接人工	制造费用	合计
月初在产品成本	150 000	20 000	5 000	175 000
本月生产费用	316 300	57 600	65 520	439 420
生产费用合计	466 300	77 600	70 520	614 420
完工产品数量/台	300	300	300	
月末在产品约当产量/台	100	80	80	
生产产量合计/台	400	380	380	
单位成本	1 165.75	204.21	185.58	1 555.54
完工产品总成本	349 725	61 263	55 674	466 662
在产品总成本	116 575	16 337	14 846	147 758

注：月末在产品约当产量的计算，原材料按 100% 计算，直接人工和制造费用按 80% 计算。

表 3-13 产品成本计算表（2）

产品名称：乙产品　　　　20××年5月　　　　单位：元
本月完工：100 台
月末在产品：50 台

摘要	直接材料	直接人工	制造费用	合计
月初在产品成本	120 000	15 000	3 000	138 000
本月生产费用	227 200	36 000	40 950	304 150

续表

摘要	直接材料	直接人工	制造费用	合计
生产费用合计	347 200	51 000	43 950	442 150
完工产品数量/台	100	100	100	
月末在产品约当产量/台	50	30	30	
生产产量合计/台	150	130	130	
单位成本	2 314.67	392.31	338.08	3 045.06
完工产品总成本	2 31 467	39 231	33 808	304 506
在产品总成本	115 733	11 769	10 142	137 644

注：月末在产品约当产量的计算，原材料按100%计算，直接人工和制造费用按60%计算。

5. 编制完工产品成本汇总表并结转完工产品成本

根据甲、乙产品计算表，编制"完工产品成本汇总表"，见表3-14。

表3-14 完工产品成本汇总表　　　　　　　　　　　　　　单位：元

成本项目	甲产品（完工300台）		乙产品（完工100台）	
	总成本	单位成本	总成本	单位成本
直接材料	349 725	1 165.75	231 467	2 314.67
直接人工	61 263	204.21	39 231	392.31
制造费用	55 674	185.58	33 808	338.08
合计	466 662	1 555.54	304 506	3 045.06

根据完工产品成本汇总表，编制会计分录为
借：库存商品——甲产品　　　　　　　　　　　　　　　　466 662
　　　　　　——乙产品　　　　　　　　　　　　　　　　304 506
　　贷：生产成本——基本生产成本（甲产品）　　　　　　466 662
　　　　　　　——基本生产成本（乙产品）　　　　　　304 506

实务训练

实训　典型品种法成本核算训练

1. 资料

东南公司生产甲、乙两种产品，设有一个基本生产车间、两个辅助生产车间，20××年8月有关成本计算资料如下。

1)月初在产品成本

"甲、乙产品月初在产品成本资料表"见表3-15。

表3-15 甲、乙产品月初在产品成本资料表

20××年8月 单位:元

摘要	直接材料	直接人工	制造费用	合计
甲产品月初在产品成本	164 000	32 470	3 675	200 145
乙产品月初在产品成本	123 740	16 400	3 350	143 490

2)本月生产数量

甲产品本月完工500件,月末在产品100件,实际生产工时100 000小时;乙产品本月完工200件,月末在产品40件,实际生产工时50 000小时。甲、乙两种产品的原材料都是在生产开始时一次性投入的,加工费用发生比较均衡,月末在产品完工程度均为50%。

3)本月发生生产费用

(1)本月"发出材料汇总表"见表3-16。

表3-16 发出材料汇总表

20××年8月 单位:元

领料部门和用途	材料类别			合计
	原材料	包装物	低值易耗品	
基本生产车间耗用				
甲产品耗用	800 000	10 000		810 000
乙产品耗用	600 000	4 000		604 000
甲、乙产品共同耗用	28 000			28 000
车间一般耗用	2 000		100	2 100
辅助生产车间耗用				
供电车间耗用	1 000			1 000
机修车间耗用	1 200			1 200
厂部管理部门耗用	1 200		400	1 600
合计	1 433 400	14 000	500	1 447 900

(2)本月工资结算汇总表及职工福利费用计算表(简化格式)见表3-17。

表3-17 应付职工薪酬汇总表

20××年8月　　　　　　　　　　　　　　　　　　　　　　　单位：元

人员类别	应付工资总额	应计提福利费	合计
基本生产车间			
产品生产工人	420 000	58 800	478 800
车间管理人员	20 000	2 800	22 800
辅助生产车间			
供电车间	8 000	1 120	9 120
机修车间	7 000	980	7 980
厂部管理人员	40 000	5 600	45 600
合计	495 000	69 300	564 300

（3）"本月供电和机修车间提供的劳务量表"见表3-18。每度电的计划成本为0.34元，每小时机修的计划成本为3.5元；成本差异全部由管理费用承担。

表3-18 本月供电和机修车间提供的劳务量表

受益部门	供电车间/度	机修车间/时
供电车间		400
机修车间	3 000	
基本生产车间		
生产用	27 000	
一般消耗	6 000	3 000
厂部管理人员	10 000	1 100
合计	46 000	4 500

（4）本月以现金支付的费用为2 500元，其中：基本生产车间负担的办公费250元，市内交通费65元；供电车间负担的市内交通费145元；机修车间负担的外部加工费480元；厂部管理部门负担的办公费1 360元，材料市内运输费200元。

（5）本月以银行存款支付的费用为14 700元，其中：基本生产车间负担的办公费1 000元，水费2 000元，差旅费1 400元，设计制图费2 600元；供电车间负担的水费500元，外部修理费1 800元；机修车间负担的办公费400元；厂部管理部门负担的办公费3 000元，水费1 200元，招待费200元，市话费600元。

（6）本月应计提固定资产折旧费22 000元，其中：基本生产车间折旧10 000元；供电车间折旧2 000元；机修车间折旧4 000元；厂部管理部门折旧6 000元。

（7）根据"长期待摊费用"账户记录，本月应分摊长期待摊费用3 195元，其中：供电车间负担800元；机修车间负担600元；基本生产车间负担1 195元；厂部管理部门负担600元。

（8）有关费用分配方法如下。

① 共同耗用材料按甲、乙两种产品直接耗用原材料的比例分配。

② 工资和福利费按照甲、乙的实际生产工时比例分配。

③ 辅助生产费用按计划成本分配法分配；每度电的计划成本为0.34元，每小时机修费的计划成本为3.50元；成本差异全部由管理费用负担。

④ 制造费用按甲、乙的生产工时比例分配。

⑤ 采用约当产量法计算甲、乙两种产品的月末在产品。

2. 要求

1）根据各项生产费用发生的原始凭证和其他有关资料，编制各项要素费用分配表，分配各项要素费用，并编制会计分录

（1）分配材料费用。

① 甲、乙产品共同耗用材料见表3-19。

表3-19 甲、乙产品共同耗用材料分配表

20××年8月　　　　　　　　　　　　　　　　　　　单位：元

产品名称	直接耗用原材料	分配率	分配共同耗用材料
甲产品			
乙产品			
合计			28 000

② 材料费用分配表见表3-20。

表3-20 材料费用分配表

20××年8月　　　　　　　　　　　　　　　　　　　单位：元

会计科目	明细科目	原材料	包装物	低值易耗品	合计
基本生产成本	甲产品				
	乙产品				
	小计				
辅助生产成本	供电车间				
	机修车间				
	小计				
制造费用	基本生产车间				
管理费用	材料费				
合计					

③ 根据"材料费用分配表"，编制发出材料的会计分录。

（2）分配应付职工薪酬。

① 甲、乙两种产品应分配的工资及福利费按甲、乙两种产品的实际生产工时比例分配见表 3-21。

表 3-21 应付职工薪酬费用分配表

20××年8月　　　　　　　　　　　　　　　　　　　　　　　　　单位：元

分配对象		工资			福利费	
会计科目	明细科目	分配标准	分配率	分配额	分配率	分配额
基本生产成本	甲产品					
	乙产品					
	小计					
辅助生产成本	供电车间					
	机修车间					
	小计					
制造费用	基本生产车间					
管理费用	工资、福利费					
合计						

② 根据"应付职工薪酬费用分配表"，编制工资及福利费分配业务的会计分录。

（3）计提固定资产折旧费用及摊销长期待摊费用。

① 折旧费用见表 3-22。

表 3-22 折旧费用计算表

20××年8月　　　　　　　　　　　　　　　　　　　　　　　　　单位：元

会计科目	明细科目	费用项目	分配金额
制造费用	基本生产车间	折旧费	
辅助生产成本	供电车间	折旧费	
	机修车间	折旧费	
管理费用		折旧费	
合计			

② 根据"折旧费用计算表"，编制计提折旧的会计分录。

③ 长期待摊费用见表 3-23。

表 3-23 长期待摊费用分配表

20××年8月　　　　　　　　　　　　　　　　　　　　　　　　　　　　单位：元

会计科目	明细科目	费用项目	分配金额
制造费用	基本生产车间	装修费	
辅助生产成本	供电车间	装修费	
	机修车间	装修费	
管理费用		装修费	
合计			

④ 根据"长期待摊费用分配表",编制分摊长期待摊费用的会计分录。

(4)分配本月现金和银行存款支付费用。

① 根据现金和银行存款支付费用编制其他费用分配表,见表 3-24。

表 3-24 其他费用分配表

20××年8月　　　　　　　　　　　　　　　　　　　　　　　　　　　　单位：元

会计科目	明细科目	现金支付	银行存款支付	合计
制造费用	基本生产车间			
辅助生产成本	供电车间			
	机修车间			
管理费用				
合计				

② 根据"其他费用分配表",编制相关会计分录。

(5)根据各项要素费用分配表及编制的会计分录,登记有关"基本生产成本明细账"(表 3-25、表 3-26)、"辅助生产成本明细账"(表 3-27、表 3-28)和"制造费用明细账"(表 2-29)。

表 3-25 基本生产成本明细账(1)

产品名称:甲产品　　　　　　　　　　　　　　　　　　　　　　　　　单位：元

20××年		凭证字号	摘要	直接材料	直接人工	制造费用	合计
月	日						
8	1		月末在产品成本				
8	31	略	材料费用分配表				
	31		应付职工薪酬分配表				
	31		生产用电分配表				
	31		制造费用分配表				
	31		本月生产费用合计				
	31		本月累计				
	31		结转完工入库产品成本				
	31		月末在产品成本				

表3-26 基本生产成本明细账（2）

产品名称：乙产品　　　　　　　　　　　　　　　　　　　　单位：元

20××年		凭证字号	摘要	直接材料	直接人工	制造费用	合计
月	日						
8	1		月末在产品成本				
8	31	略	材料费用分配表				
	31		应付职工薪酬分配表				
	31		生产用电分配表				
	31		制造费用分配表				
	31		本月生产费用合计				
	31		本月累计				
	31		结转完工入库产品成本				
	31		月末在产品成本				

表3-27 辅助生产成本明细账（1）

车间名称：供电车间　　　　　　　　　　　　　　　　　　　　单位：元

20××年		凭证字号	摘要	直接材料	直接人工	制造费用	合计
月	日						
8	31	略	材料费用分配表				
	31		应付职工薪酬分配表				
	31		计提折旧费				
	31		分摊长期待摊费用				
	31		其他费用				
	31		本月合计				
	31		结转各受益部门				

表3-28 辅助生产成本明细账（2）

车间名称：机修车间　　　　　　　　　　　　　　　　　　　　单位：元

20××年		凭证字号	摘要	直接材料	直接人工	制造费用	合计
月	日						
8	31	略	材料费用分配表				
	31		应付职工薪酬分配表				
	31		计提折旧费				
	31		分摊长期待摊费用				
	31		其他费用				
	31		本月合计				
	31		结转各受益部门				

表 3-29 制造费用明细账

车间名称：基本生产车间　　　　　　　　　　　　　　　　　　　　单位：元

20××年		凭证号	摘要	材料费	人工费	折旧费	修理费	水电费	其他	合计
月	日									
8	31	略	材料费用分配表							
	31		应付职工薪酬分配表							
	31		折旧费用计算表							
	31		长期待摊费用分配表							
	31		其他费用分配表							
	31		辅助生产分配表							
	31		本月合计							
	31		结转制造费用							

2）分配辅助生产费用

（1）分配辅助生产费用见表 3-30 和表 3-31。

表 3-30 辅助生产费用分配表

20××年 8 月　　　　　　　　　　　　　　　　　　　　　　　　　单位：元

受益部门	供电		机修	
	用电度数/度	计划成本	机修工时/时	计划成本
供电车间				
机修车间				
基本生产车间				
产品生产				
一般耗费				
厂部管理部门				
合计				
实际成本				
成本差异				

表 3-31 产品生产用电分配表

20××年 8 月　　　　　　　　　　　　　　　　　　　　　　　　　单位：元

产品	生产工时/时	分配率	分配金额
甲产品			
乙产品			
合计			

(2) 根据"辅助生产费用分配表",编制会计分录。

3) 分配制造费用

(1) "制造费用分配表"见表3-32。

表3-32 制造费用分配表

车间名称:基本生产车间　　　　　　　　　　　　　　　　　　　　单位:元

产品	生产工时/时	分配率	分配金额
甲产品			
乙产品			
合计			

(2) 根据"制造费用分配表",编制会计分录。

4) 在完工产品与在产品之间分配生产费用

其具体分配见表3-33～表3-36。

表3-33 在产品约当产量计算表(1)

产品名称:甲产品　　　　　　　　　　　　　　　　　　　　　　　单位:件

成本项目	在产品数量	投料程度(加工程度)	约当产量
直接材料			
直接人工			
制造费用			

表3-34 在产品约当产量计算表(2)

产品名称:乙产品　　　　　　　　　　　　　　　　　　　　　　　单位:件

成本项目	在产品数量	投料程度(加工程度)	约当产量
直接材料			
直接人工			
制造费用			

表3-35 产品成本计算单(1)

产品名称:甲产品　　　　　　　　产成品:500件　　　　　　　　在产品:100件

摘要	直接材料	直接人工	制造费用	合计
月初在产品成本				
本月发生生产费用				
生产费用合计				
完工产品数量				
在产品约当产量				

续表

摘要	直接材料	直接人工	制造费用	合计
总约当产量				
分配率（单位成本）				
完工产品总成本				
月末在产品成本				

表 3-36　产品成本计算单（2）

产品名称：乙产品　　　　　　　　产成品：200 件　　　　　　　　在产品：40 件

摘要	直接材料	直接人工	制造费用	合计
月初在产品成本				
本月发生生产费用				
生产费用合计				
完工产品数量				
在产品约当产量				
总约当产量				
分配率（单位成本）				
完工产品总成本				
月末在产品成本				

5）编制完工产品成本汇总表

(1)"完工产品成本汇总表"见表 3-37。

表 3-37　完工产品成本汇总表

20××年 8 月　　　　　　　　　　　　　　　　　　　　　单位：元

成本项目	甲产品（500 件）		乙产品（200 件）	
	总成本	单位成本	总成本	单位成本
直接材料				
直接人工				
制造费用				
合计				

(2) 根据"完工产品成本汇总表"或"产品成本计算单"及成品入库单，结转完工入库产品的生产成本。

(3) 编制相关会计分录。

项目十
分批法及应用

一、分批法概述

(一) 分批法的含义

分批法是按照产品的批别或订单作为成本计算对象，开设成本计算单、归集生产费用、计算产品成本的一种方法。产品的批别和批量往往是根据购货单位的订单来确定的，因而分批法又被称为订单法。

(二) 分批法的特点和适用范围

1. 成本计算对象

分批法的成本计算对象是产品的批别或订单。企业接到订单后，由生产计划部门根据订单给车间签发生产任务通知书，并同时通知会计部门。在生产任务通知书中对该批任务进行的编号，称为产品批号。会计部门根据生产计划部门下达的产品批号，也就是产品的批别设立成本计算单，计算该批产品的成本。因此，企业使用分批法时，其成本计算对象就是产品的批别或生产订单。在实际工作中，一个订单的产品根据交货的时间要求不同，可以分几批组织生产，开设几张成本计算单计算成本；同时，几张相同产品的订单也可以合并为一批组织生产，开设一张成本计算单计算成本。

在实际工作中，产品的订单与产品的生产批号并不是完全一致的。当购货单位的一份订单中只有一种产品并同时交货时，该订单将作为成本计算对象，此时，一张订单对应一张成本计算单；当购货单位的一份订单中只有一种产品，数量较多且要求在不同的时间交货，在组织生产时，可以按照不同的交货时间分别开设成本计算单，该份订单会对应多张成本计算单；当购货单位的一份订单中有多种产品，在组织生产时，需要按照不同的产品分别下达生产任务通知书，此时，一张订单对应多张成本计算单；当不同购货单位的订单要求在相同时期内生产同一种产品时,可以把这些订单合并在一起组织生产,作为一个成本计算对象,多张订单对应一张成本计算单。

2. 成本计算期

采用分批法时,不管产品的生产工艺过程如何复杂,生产周期多长,数量多少,月终计算成本时,如果一批产品在月内全部完工,那么,成本计算单上归集的生产费用就是该批产品的总成本。如果一批产品在月内没有全部完工,其成本计算单上归集的生产费用累计数就是月末在产品的成本。在分批法下,生产费用需要按月汇总,因为各批产品的生产周期不一致,所以每批产品的实际成本必须要等到该批产品全部完工后才能计算并确定。因此,分批法的成本计算期是不定期的,成本计算期与会计报告期不一致,但与每批产品的生产周期一致。

3. 费用在完工产品与在产品之间的分配

分批法的成本计算是不定期的,是在产品完工时计算,因而在月末计算产品成本时,一般不需要在完工产品和在产品之间分配生产费用。

但是,如果同批产品数量较大,出现跨月陆续完工的情况,则需要在月末将生产费用在完工产品和在产品之间进行分配。

分批法适用于小批、单件产品的生产,以及在管理上不要求分步骤计算成本的多步骤生产,如精密仪器制造、重型机器制造、船舶制造、精密工具仪器制造、专用设备制造、模具及服装生产等。

(三) 分批法的成本计算程序

采用分批法计算产品成本时,其基本成本计算程序如下。

1. 按产品批别设置产品成本明细账

以产品的批别或订单为成本计算对象,根据生产计划部门签发的生产任务通知书设置成本计算单,按成本项目分别设置专栏。

2. 归集和分配本月发生的各项费用

分批法应按照产品的批别或订单归集生产费用,编制各种费用分配表,并将归集分配的结果分别记入各批或订单的成本明细账的相应成本项目。对于为了生产某批产品而直接耗用的材料费和人工费可以直接记入成本计算单中的"直接材料""直接人工"项目,对于为了组织生产或管理生产而间接发生的费用,可先通过"制造费用"账户,再按照受益原则分配并记入成本计算单中的"制造费用"项目。

3. 按批计算产品成本

根据产品完工通知单,将成本计算单中归集的生产费用,按照成本项目分别汇总,计算出该批产品的总成本和单位成本。如果同批或同订单的产品跨月陆续完工,完工产品的数量很少,可以将已完工的产品按照其计划单位成本转出,待该批产品全部完工后,再计算该批产品的实际总成本和单位成本。如果同批或同订单的产品跨月陆续完工,完工产品的数量较多,就需要在大量产品完工的月末,采用适当的方法在完工产品和在产品之间分配生产费用。

分批法成本计算程序如图3-4所示。

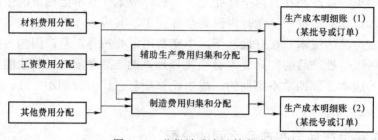

图3-4 分批法成本计算程序

(四)一般分批法成本核算应用案例

【例3-2】华丰公司采用分批法计算产品成本,各批产品的投产和完工情况见表3-38。批号为1001的甲产品的单位计划成本为220元,其中"直接材料"费用160元,"直接人工"费用40元,"制造费用"20元,假设各批号或订单的生产成本明细账已经根据各种费用发生的原始凭证、原始凭证汇总表和记账凭证登记入账,见表3-39~表3-42。

表3-38 各批产品投产和完工情况表

产品名称	批号	投产量	投产日期	完工日期	完工数量
甲产品	1001	70	1月10日	1月31日 2月28日	10件 60件
乙产品	1002	100	1月15日	1月31日	80件
丙产品	1003	40	1月20日	2月28日	40件
丁产品	1004	20	2月14日		

各批号的产品成本计算如下。

1. 批号为1001的甲产品跨月陆续完工

甲产品20××年1月10日投产,在1月完工10件,数量少,可先按照计划单位成本计算10件完工甲产品的成本,结转入库。在2月,剩下的60件全部完工,将实际发生的总的生产成本减去已经转出的计划成本2 200元后的剩余成本12 880元转出,并重新计算该批产品的实际总成本和单位成本。

表 3-39 生产成本明细账（1）

产品批号：1001　　　　　　　　　投产日期：1 月 10 日
产品名称：甲产品　　　　　　　　完工日期：1 月 31 日
批量：70 件　　　　　　　　　　　　　　　　　 2 月 28 日

单位：元

年		摘要	直接材料	直接人工	制造费用	合计
月	日					
1	31	本月发生生产费用	5 000	2 500	1 200	8 700
1	31	本月完工产品计划成本（10 件）	1 600	400	200	2 200
1	31	期末余额	3 400	2 100	1 000	6 500
2	28	本月发生生产费用	3 280	2 200	900	6 380
2	28	累计余额	6 680	4 300	1 900	12 880
2	28	结转 60 件完工产品成本	6 680	4 300	1 900	12 880
2	28	本批产品总成本（70 件）	8 280	4 700	2 100	15 080
2	28	本批产品单位成本	118.29	67.14	30	215.43

（1）1 月末按照计划单位成本结转 10 件完工产品成本：
　　借：库存商品——甲产品　　　　　　　　　　　　　　　　　2 200
　　　　贷：生产成本——基本生产成本——1001（甲产品）　　　　2 200
（2）2 月末结转 60 件完工产品成本：
　　借：库存商品——甲产品　　　　　　　　　　　　　　　　　12 880
　　　　贷：生产成本——基本生产成本——1001（甲产品）　　　　12 880

2. 批号为 1002 的乙产品跨月陆续完工

乙产品 1 月 15 日投产，在 2 月大量完工，完工 80 件，只剩下 20 件在产品，用约当产量法计算乙产品的完工产品和在产品成本。在产品的完工程度为 50%，材料在生产开始时一次性投入，投料程度为 100%。

表 3-40 生产成本明细账（2）

产品批号：1002　　　　　　　　　投产日期：1 月 15 日
产品名称：乙产品　　　　　　　　完工日期：1 月 31 日
批量：100 件　　　　　　　　　　完工数量：　80 件

单位：元

20××年		摘要	直接材料	直接人工	制造费用	合计
月	日					
1	31	本月发生生产费用	20 000	7 920	4 050	31 970

续表

20××年		摘要	直接材料	直接人工	制造费用	合计
月	日					
1	31	累计发生费用	20 000	7 920	4 050	31 970
1	31	约当总产量	100	90	90	
1	31	单位成本	200	88	45	333
1	31	结转完工产品成本（80件）	16 000	7 040	3 600	26 640
1	31	月末在产品成本（20件）	4 000	880	450	5 330

乙产品的成本计算过程如下：

$$在产品的约当产量 = 20 \times 50\% = 10（件）$$

（1）直接材料费用的分配：

$$直接材料单位成本 = \frac{20\,000}{80+20} = 200（元）$$

80件产成品的直接材料费 = 200 × 80 = 16 000（元）

20件在产品的直接材料费 = 200 × 20 = 4 000（元）

（2）直接人工费用的分配：

$$直接人工单位成本 = \frac{7\,920}{80+10} = 88（元）$$

80件产成品的直接人工费 = 88 × 80 = 7 040（元）

20件在产品的直接人工费 = 88 × 10 = 880（元）

（3）制造费用的分配：

$$制造费用单位成本 = \frac{4\,050}{80+10} = 45（元）$$

80件产成品的制造费用 = 45 × 80 = 3 600（元）

20件在产品的制造费用 = 45 × 10 = 450（元）

（4）计算乙产品的总成本和单位成本：

乙产成品的总成本 = 16 000 + 7 040 + 3 600 = 26 640（元）

$$乙产成品的单位成本 = \frac{26\,640}{80} = 333（元）$$

账务处理为

借：库存商品——乙产品　　　　　　　　　　　　　　　　　　　26 640

　　贷：生产成本——基本生产成本——1002（乙产品）　　　　　　26 640

3. 批号为1003的丙产品本月全部完工

丙产品1月投产，2月全部完工，累计发生的生产费用即为完工产品的成本。

表 3-41 生产成本明细账（3）

产品批号：1003　　　　　　　　　　投产日期：1月20日
产品名称：丙产品　　　　　　　　　完工日期：2月28日
批量：40件　　　　　　　　　　　　完工产品：　40件

单位：元

20××年		摘要	直接材料	直接人工	制造费用	合计
月	日					
1	31	本月发生生产费用	4 000	6 000	3 000	13 000
2	28	本月发生生产费用	7 000	4 000	4 000	15 000
2	28	累计发生费用	11 000	10 000	7 000	28 000
2	28	结转完工产品成本	11 000	10 000	7 000	28 000
2	28	本批产品的单位成本	275	250	175	700

账务处理为

借：库存商品——丙产品　　　　　　　　　　　　　　　　28 000
　　贷：生产成本——基本生产成本——1003（丙产品）　　　28 000

4. 批号为1004的丁产品本月投产，全部未完工

表 3-42 生产成本明细账（4）

产品批号：1004　　　　　　　　　　投产日期：2月14日
产品名称：丁产品　　　　　　　　　完工日期：
批量：20件　　　　　　　　　　　　完工产品：

单位：元

20××年		摘要	直接材料	直接人工	制造费用	合计
月	日					
2	28	本月发生生产费用	8 000	2 000	1 000	11 000

二、简化分批法

（一）简化分批法的含义和适用范围

简化分批法是只对完工产品分配间接费用的分批法。每月发生的直接费用（直接材料）直接计入各批产品的成本，每月发生的人工费用和制造费用等间接费用累计起来，等到该批产品完工时，根据完工产品与未完工产品工时的比例计算累计间接费用分配率进行分配，用以计算完工批次的产品成本。因此，简化分批法又被称为"累计间接费用分配法"。由于在月末各批未完工的在产品之间不再分配间接费用，简化分批法也被称为不分批计算在产品成本的分批法。

在生产周期较长的小批、单件生产的企业中，往往投产的批别多，每月实际完工的产品批别并不多，未完工产品的批别较多，如果仍然按月将间接费用在各批产品之间进行分配，不仅计算工作量大，而且成本计算单登记工作量也大。因此，在小批、单件生产的企业，如果企业每月末都有较多的批别的产品没有完工，可以采用简化分批法计算产品成本。

（二）简化分批法的特点

1. 增设"基本生产成本"二级账

采用简化分批法时，企业在按批别设置基本生产成本明细账的同时，还要按照车间设置基本生产成本二级账。在成本计算单中平时只登记直接材料和生产工时，基本生产成本二级账中登记全部生产费用和累计工时。

2. 产品完工时，计算累计间接费用分配率

在产品没有完工的月份，不需要分配发生的间接费用。在出现完工产品的月份，则需要计算完工产品应负担的间接费用。此时，需要计算累计间接费用分配率。

其计算公式如下：

$$累计间接费用分配率 = \frac{期初结存的全部在产品的间接费用 + 本月发生的全部间接费用}{期初结存的全部在产品工时 + 本月发生的全部工时}$$

$$完工产品应负担的间接费用 = 该批产品的累计工时 \times 累计间接费用分配率$$

在实际工作中，间接费用包括人工费用和制造费用，因此通常要分别计算出累计人工费用分配率和累计制造费用分配率，再分别计算确认完工产品应负担的人工费用与制造费用。

3. 对当月完工的不同批别的产品，均按照同一个累计间接费用分配率进行分配

对有完工产品的月份，不论完工批别有多少，都只计算统一的累计间接费用分配率进行间接费用的分配。这样，不仅简化了间接费用的分配工作，还简化了对未完工批别产品成本明细账的登记工作。因此，企业未完工的产品批别越多，核算就越简化。

采用简化分批法，未完工批别的基本生产明细账不能完整地反映在产品的成本，如果各月发生的间接费用相差悬殊，会影响各月产品成本计算的正确性。因此，应用简化分批法需要满足两个条件：一是各月发生的间接费用比较均衡；二是月末未完工产品的批别较多。

（三）简化分批法的计算程序

采用简化分批法计算产品成本时，其基本计算程序如下。

1. 设置基本生产成本明细账和基本生产成本二级账

采用简化分批法在产品完工前基本生产成本明细账中只登记该批产品的直接材料及生产工时；基本生产成本二级账登记全部产品的生产费用和总工时，产品完工时，根据间接费用分配率计算确认各批完工产品应负担的人工费用和制造费用，分配计入各批完工产品的成

本，登记到基本生产成本明细账中。

2. 登记各批产品的生产费用和生产工时

对当月发生的生产费用和生产工时按不同的要求分别登记到基本生产成本明细账与基本生产二级账中。

3. 计算完工产品成本

只有在产品完工时，才通过累计间接费用分配率计算分配该批产品应负担的人工费用和制造费用，并在完工批别产品的基本生产成本明细账中进行登记，计算出该批完工产品的成本。

（四）简化分批法应用实例

【例 3-3】 华海公司生产产品批别比较多，生产周期长，月末经常有大量未完工产品，为了简化核算，采用简化分批法计算产品成本。20××年3月，该企业的"各批产品生产情况表"见表 3-43。

表 3-43 各批产品生产情况表

产品批号	产品名称	投产记录	本月完工数量	月末在产品数量
1001	甲	2月1日投产8件	8件	
1002	乙	2月3日投产10件	4件	6件
1003	丙	3月1日投产5件		5件
1004	丁	3月2日投产15件		15件
1005	戊	3月5日投产12件		12件

各批号产品在生产开始时一次性投入的原材料费用和生产工时情况如下。

（1）1001批号：2月消耗原材料8 000元，生产工时4 000小时；3月消耗原材料10 000元，生产工时5 020小时。

（2）1002批号：2月消耗原材料4 000元，生产工时1500小时；3月原材料消耗20 000元，生产工时20 000小时。

（3）1003批号：3月原材料消耗5 600元，生产工时3 200小时。

（4）1004批号：3月原材料消耗5 200元，生产工时3 000小时。

（5）1005批号：3月原材料消耗5 000元，生产工时2 100小时。

3月末，该厂全部产品累计原材料费用57 800元，工时38 820小时，直接人工15 528元，制造费用23 292元。期末完工产品工时总额为23 020小时，其中：1001批号的甲产品全部完工，采用实际工时确定，该批产品全部实际生产工时为9 020小时；1002批号的乙产品部分完工，采用工时定额计算，确定已完工产品的生产工时为14 000小时。

根据上述资料，登记基本生产成本二级账和各批产品成本明细账，计算和登记累计间接计入费用分配率，并计算各批完工产品成本见表 3-44～表 3-49。

表3-44 基本生产成本二级账　　　　　　　　　　　　　　　　　　　　　单位：元

20××年		凭证		摘要	生产工时/时	成本项目			合计
月	日	字	号			直接材料	直接人工	制造费用	
3	31			生产费用累计	38 820	57 800	15 528	23 292	96 620
	31			分配率			0.4	0.6	
	31			完工转出	23 020	27 600	9 208	13 812	50 620
	31			月末在产品	15 800	30 200	6 320	9 480	46 000

完工甲产品应负担直接材料费 = 8 000 + 10 000 = 18 000（元）

完工乙产品应负担直接材料费 = $\dfrac{4\,000 + 20\,000}{10} \times 4 = 9\,600$（元）

完工产品应转出直接材料费 = 18 000 + 9 600 = 27 600（元）

直接人工分配率 = $\dfrac{15\,528}{38\,820} = 0.4$

完工甲产品应分配直接人工费 = （4 000 + 5 020）× 0.4 = 3 608（元）

完工乙产品应分配直接人工费 = 14 000 × 0.4 = 5 600（元）

完工产品转出直接人工费 = 3 608 + 5 600 = 9 208（元）

制造费用分配率 = $\dfrac{23\,292}{38\,820} = 0.6$

完工甲产品应分配制造费用 = （4 000 + 5 020）× 0.6 = 5 412（元）

完工乙产品应分配制造费用 = 14 000 × 0.6 = 8 400（元）

完工产品转出制造费用 = 5 412 + 8 400 = 13 812（元）

表3-45 基本生产成本明细账（1）

产品批号：1001　　　　　　　产品名称：甲产品　　　　　　投产日期：2月1日
产品批量：8件　　　　　　　完工数量：8件　　　　　　　完工日期：3月20　　　　单位：元

20××年		凭证		摘要	生产工时/时	成本项目			合计
月	日	字	号			直接材料	直接人工	制造费用	
2	28			本月合计	4 000	8 000			8 000
3	31			本月合计	5 020	10 000			10 000
	31			累计发生	9 020	18 000			18 000
	31			累计间接费用分配率			0.4	0.6	
	31			本月完工转出成本	9 020	18 000	3 608	5 412	27 020
	31			完工产品单位成本		2 250	451	676.5	3 377.5

借：库存商品——甲产品　　　　　　　　　　　　　　　　　　27 020
　　贷：生产成本——基本生产成本——1001（甲产品）　　　　27 020

表 3-46 基本生产成本明细账（2）

产品批号：1002　　　　　产品名称：乙产品　　　　　投产日期：2月3日
产品批量：10 件　　　　　完工数量：4 件　　　　　　完工日期：3月31　　　　单位：元

20××年		凭证		摘要	生产工时/时	成本项目			合计
月	日	字	号			直接材料	直接人工	制造费用	
2	28			本月合计	1 500	4 000			4 000
3	31			本月合计	20 000	20 000			20 000
	31			累计发生	21 500	24 000			24 000
	31			累计间接费用分配率			0.4	0.6	
	31			本月完工转出成本	14 000	9 600	5 600	8 400	23 600
	31			完工产品单位成本		2 400	1 400	2 100	5 900
	31			月末在产品成本	7 500	14 400			

借：库存商品——乙产品　　　　　　　　　　　　　　　　　23 600
　　贷：生产成本——基本生产成本——1002（乙产品）　　　23 600

表 3-47 基本生产成本明细账（3）

产品批号：1003　　　　　产品名称：丙产品　　　　　投产日期：3月1日
产品批量：5 件　　　　　　完工数量：　　　　　　　　完工日期：　　　　　　单位：元

20××年		凭证		摘要	生产工时/时	成本项目			合计
月	日	字	号			直接材料	直接人工	制造费用	
3	31			本月合计	3 200	5 600			5 600

表 3-48 基本生产成本明细账（4）

产品批号：1004　　　　　产品名称：丁产品　　　　　投产日期：3月2日
产品批量：15 件　　　　　完工数量：　　　　　　　　完工日期：　　　　　　单位：元

20××年		凭证		摘要	生产工时/时	成本项目			合计
月	日	字	号			直接材料	直接人工	制造费用	
3	31			本月合计	3 200	5 600			5 600

表 3-49 基本生产成本明细账（5）

产品批号：1005　　　　　产品名称：戊产品　　　　　投产日期：3月5日
产品批量：12 件　　　　　完工数量：　　　　　　　　完工日期：　　　　　　单位：元

20××年		凭证		摘要	生产工时/时	成本项目			合计
月	日	字	号			直接材料	直接人工	制造费用	
3	31			本月合计	2 100	5 000			5 000

实务训练

实训一 一般分批法成本应用训练

1. 资料

某企业生产甲、乙、丙三种产品,生产组织属于小批生产,采用一般分批法计算成本。

(1)20××年9月生产的产品批号有:101批号,甲产品20台,本月投产,本月完工16台;102批号,乙产品10台,本月投产,本月全部完工;103批号,丙产品18台,本月投产,本月全部未完工。

(2)本月各批号的生产费用见表3-50。

表3-50 各批号生产费用　　　　　　　　　　　　　　　　单位:元

批号	直接材料	直接人工	制造费用
101	4 600	2 500	1 500
102	3 400	3 100	1 200
103	4 500	3 200	1 400

(3)101批号的甲产品单位计划成本为120元,其中,直接材料费用60元,直接人工费用40元,制造费用20元。

2. 要求

根据上述资料,采用分批法登记产品成本明细账,计算各批产品的完工产品成本和月末在产品成本。见表3-51~表3-53。

表3-51 基本生产成本明细账(1)

产品批号:101　　　　　产品名称:甲产品　　　　　投产日期:　月　日
产品批量:　　件　　　　完工数量:　　件　　　　　完工日期:　月　　单位:元

年		摘要	直接材料	直接人工	制造费用	合计
月	日					
		本月发生生产费用				
		累计发生费用				
		结转完工产品成本				
		本批产品的单位成本				

表 3-52 基本生产成本明细账（2）

产品批号：102　　　　　产品名称：乙产品　　　　　投产日期：　月　日
产品批量：　件　　　　　完工数量：　件　　　　　　完工日期：　月　　单位：元

年		摘要	直接材料	直接人工	制造费用	合计
月	日					
		本月发生生产费用				
		累计发生费用				
		结转完工产品成本				
		本批产品的单位成本				

表 3-53 基本生产成本明细账（3）

产品批号：103　　　　　产品名称：丙产品　　　　　投产日期：　月　日
产品批量：　件　　　　　完工数量：　件　　　　　　完工日期：　月　　单位：元

年		摘要	直接材料	直接人工	制造费用	合计
月	日					
		本月发生生产费用				
		累计发生费用				
		结转完工产品成本				
		本批产品的单位成本				

实训二　简化分批法应用训练

1. 资料

某企业主要生产 A、B、C、D 四种产品，20××年4月该公司的产品投产情况如下。

（1）101 A 产品投产 3 件，2 月投产，2 月全部完工。
（2）102 B 产品投产 5 件，2 月投产，2 月全部完工。
（3）103 C 产品投产 10 件，3 月投产，3 月完工 2 件，其余为在产品（原材料于生产开始时一次性投入，在产品完工率为 75%）。
（4）104 D 产品投产 8 件，4 月投产，4 月无一件完工。

基本生产成本二级账及产品成本明细账的有关资料见表 3-54～表 3-58。

表 3-54 基本生产成本二级账　　　　　　　　　　　　　　　　　单位：元

摘要	生产工时/时	直接材料	直接人工	制造费用	合计
月初在产品成本	1 220	4 900	2 482	4 350	11 732
本月发生费用	680	1 300	1 328	2 300	4 928
发生额合计	1 900	6 200	3 810	6 650	16 660

续表

摘要	生产工时/时	直接材料	直接人工	制造费用	合计
累计间接计入费用分配率					
本月完工转出					
月末在产品成本					

表3-55 产品成本明细账（1）

A产品　　　　　　　　　　　年　月　投产　完工

摘要	生产工时/时	直接材料	直接人工	制造费用	合计
月初在产品成本	450	2 000			
本月发生费用	250	1 000			
发生额合计	700	3 000			
间接计入费用分配率					
转出完工批次产品成本					
月末在产品成本					

表3-56 产品成本明细账（2）

B产品　　　　　　　　　　　年　月　投产　完工

摘要	生产工时/时	直接材料	直接人工	制造费用	合计
月初在产品成本	150	800			
本月发生费用	50	200			
发生额合计	200	1 000			
间接计入费用分配率					
转出完工批次产品成本					
月末在产品成本					

表3-57 产品成本明细账（3）

C产品　　　　　　　　　　　年　月　投产　完工

摘要	生产工时/时	直接材料	直接人工	制造费用	合计
月初在产品成本	620	2 100			
本月发生费用	200	60			
发生额合计	820	2 160			
间接计入费用分配率					
转出完工批次产品成本					
月末在产品成本					

表 3-58 产品成本明细账（4）

D 产品　　　　　　　　　　　　　　年　月　投产　完工

摘要	生产工时/时	直接材料	直接人工	制造费用	合计
本月发生费用	180	40			

2. 要求

采用简化分批法计算并填写以上成本计算单（保留两位小数）。

项目十一 分步法及应用

一、分步法概述

(一)分步法的含义

分步法是按照产品的品种和生产产品所经过的生产步骤作为成本计算对象,归集生产费用,计算最终产成品成本及其各步骤半成品成本的一种方法。

(二)分步法的特点

1. 成本计算对象

分步法的成本计算对象是各种产品和生产步骤,因此,应按照产品的品种和生产步骤设置产品成本明细账。如果只生产一种产品,成本计算对象就是该种产成品及其所经过的各生产步骤,产品成本明细账应该按照产品的生产步骤开设。如果生产多种产品,成本计算对象则是各种产成品及其所经过的各生产步骤。产品成本明细账应该按照每种产品生产步骤开设。

这里所指的步骤是指成本计算上的步骤,它与企业在生产工艺过程中划分的生产步骤的口径可能一致,也可能不一致。对于在管理上没有必要单设的生产步骤,可以与其他生产步骤合并计算成本。它与车间的概念也并不完全一致,如果某些车间在管理上不要求分别计算成本,也可以把这些车间合并为一个生产步骤计算成本。同时,如果一个车间有若干个生产步骤,在成本计算中也可以分为多个步骤,对每一个步骤分别计算成本。

2. 成本计算期

多步骤生产的企业,生产工艺过程是可以间断的,但生产活动在持续不断地进行,每月都会有大量完工产品。因此,完工产品与半成品成本的计算将在每个月末定期进行,成本计算期与会计报告期一致,与生产周期不一致。

3. 费用在完工产品与在产品之间的分配

多步骤生产的企业,跨月完工的情况比较多,每个月末都有大量完工产品和在产品存在,所以,在月末还需要采用适当的分配方法将生产费用在完工产品和在产品之间进行分配。

4. 各步骤之间成本的结转

由于产品生产是分步骤进行的,上一步骤的半成品是下一步骤的加工对象,因此,为了计算各种产品的成本,还需要按照产品品种,结转各步骤成本。也就是说,与其他成本计算方法不同,在采用分步法计算产品成本时,在各步骤之间还有一个成本结转的问题,这是分步法的一个重要特点。

(三)分步法的适用范围

分步法主要适用于大批、大量的多步骤生产,如纺织、冶金、造纸、化工等,在这种类型的企业中,生产过程由若干个在技术上可以间断的生产步骤组成,每个生产步骤除了生产出半成品外,还有一些加工中的在产品。已经生产出的半成品有两种用途,一种是用于下一步骤继续进行加工或装配,另一种是销售给外单位使用。因此,分步法不仅要按照产品品种计算产品成本,还要按照生产步骤计算产品成本。

(四)分步法的成本计算程序

分步法的成本计算程序包括以下三个步骤,如图3-5所示。

(1)按照产品品种及其所经过的生产步骤开设生产成本明细账,按成本项目,如"直接材料""直接人工""制造费用"等设置专栏。

(2)按产品品种及其所经过的生产步骤归集生产费用,编制各种费用明细表,并将归集分配的结果分别记入各产品、各步骤生产成本明细账的相应成本项目中。

(3)计算各种半成品成本(或各步骤应计入产品成本的份额)。月末,将生产成本明细账中按成本项目归集的各种产品成本分别加总,采用适当的方法在完工产品(各种半成品或产成品)和在产品之间进行分配。

图3-5 分步法的成本计算程序

（五）分步法的分类

按照各个企业在生产工艺过程中的特点和成本管理对各个步骤是否计算半成品成本的要求不同，分步法可分为逐步结转分步法和平行结转分步法两种。

逐步结转分步法是在管理上要求提供各个步骤半成品成本的分步法。按照半成品成本结转到下一个步骤生产成本明细账中的反映方法不同，逐步结转分步法又可分为综合逐步结转分步法和分项逐步结转分步法。

平行结转分步法是在管理上不要求提供各个步骤半成品成本的分步法。

二、逐步结转分步法及其应用

（一）逐步结转分步法概述

1. 逐步结转分步法的含义

逐步结转分步法又称为计算半成品成本的分步法，是指按照产品加工步骤的先后顺序，逐步计算并结转半成品成本，直到计算出最后步骤产成品成本的一种方法。

2. 逐步结转分步法的适用范围

逐步结转分步法适用于在管理上要求计算半成品成本的大批、大量、多步骤生产的企业，特别适用于连续式、多步骤生产的企业。

采用逐步结转分步法的企业，产品的制造过程是由一系列循序渐进的加工步骤组成的。在这类生产过程中，从原料投入到产品制成，中间要经过若干生产步骤的逐步加工，前面各个步骤生产的都是半成品，只有最后步骤生产的才是产成品。为了加强对各个生产步骤成本的管理，往往不仅要求计算各种产成品的成本，而且要求计算各个步骤半成品的成本。

3. 逐步结转分步法的特点

（1）要求计算半成品的成本。逐步结转分步法既要计算产成品的成本，又要计算每一个步骤半成品的成本。

（2）在产品采用的是狭义在产品的概念。月末分配生产费用时，需要在本步骤完工半成品（最后步骤为产成品）与该步骤狭义在产品之间进行分配。

（3）半成品成本的转移与实物的转移是一致的。当上一个步骤的半成品移交下一个步骤继续加工时，半成品的成本要随着半成品实物的转移结转入下一个步骤的生产成本明细账中，以便逐步计算出各个步骤的半成品成本和最后步骤的产成品成本。

（4）从第二个步骤开始，在生产成本明细账中不仅要登记本步骤发生的费用，还要登记随同半成品实物转入的以前生产步骤发生的各项生产费用。

4. 逐步结转分步法的分类

按照结转的半成品成本在下一个步骤产品成本明细账中的反映方式不同，逐步结转分步法分为综合逐步结转分步法和分项逐步结转分步法。综合逐步结转分步法是指结转半成品成本时以综合成本结转；分项逐步结转分步法是指在结转半成品成本时分成本项目分别结转。

5. 逐步结转分步法的计算程序

在应用逐步结转分步法时，各个步骤所耗用的上一个步骤半成品的成本，要随着半成品实物的转移，从上一个步骤的产品成本明细账转入下一个步骤相同产品的成本明细账中，以便逐步计算各个步骤的半成品成本和最后步骤的产成品成本。

如果各个步骤半成品在完工后直接转移到下一个步骤继续加工，完工半成品的成本就可以在各个步骤成本计算单之间直接结转，如图 3-6 所示。

图 3-6　直接移交方式成本结转流程图

如果各个步骤完工的半成品要通过半成品库收发，就需要通过"自制半成品"账户核算，其程序如图 3-7 所示。

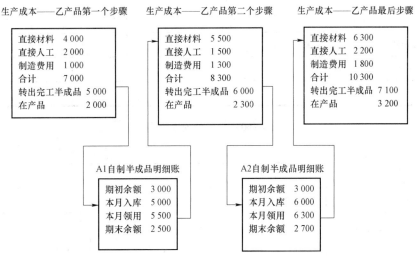

图 3-7　通过半成品库移交方式成本结转流程图

(二)综合逐步结转分步法及其应用

1. 综合逐步结转分步法的含义

综合逐步结转分步法是指在本步骤所耗用的上一个步骤完工半成品的成本转入时,不分成本项目,直接将总成本综合转入本步骤生产成本明细账的"直接材料"或专设的"自制半成品"项目中。

按照实际成本结转的综合结转分步法,在直接移交方式下,各个步骤所耗上一个步骤的半成品成本,等于上一个步骤本月完工的半成品成本;在通过半成品仓库收发的情况下,本月所耗半成品的实际成本,可以根据企业的实际情况,选择加权平均法、计划成本法等方法来计算。按照计划成本结转的综合结转分步法,半成品的日常收发的明细核算,均按照计划单位成本进行,在半成品实际成本计算出后,再计算半成品的成本差异率,并调整所耗半成品的成本差异。

2. 综合逐步结转分步法应用案例

【例3-4】华丰公司生产甲产品,生产过程分为三个步骤,上一个步骤完工的半成品,不通过半成品库收发,直接转给下一个步骤继续进行加工;各个步骤的在产品采用约当产量法按实际成本计算,直接材料在第一个步骤生产开始时一次性投入,各个步骤在产品的完工程度均为50%。该企业20××年3月有关产量记录和成本资料见表3-59和表3-60。

表3-59 华丰公司产量记录

单位:件

项目	第一个步骤	第二个步骤	第三个步骤
月初在产品数量	80	120	100
本月投产(或上一个步骤交来)数量	760	720	760
本月完工数量	720	760	800
月末在产品数量	120	80	60

表3-60 华丰公司成本资料

单位:元

成本项目	月初在产品成本			本月生产费用		
	第一个步骤	第二个步骤	第三个步骤	第一个步骤	第二个步骤	第三个步骤
直接材料或半成品	6 400	18 000	20 000	60 800		
直接人工	800	1 800	4 000	14 800	22 200	29 200
制造费用	9 000	2 500	5 000	30 000	13 500	15 750
合计	16 200	22 300	29 000	1 05 600	35 700	44 950

(1) 第一个步骤完工的 A 半成品成本明细账见表 3-61。

表 3-61 第一车间产品成本明细账

产品名称：A 半成品　　　　　　　20××年 3 月　　　　　　　　　　　单位：元

项目	直接材料	直接人工	制造费用	合计
月初在产品成本	6 400	800	9 000	16 200
本月发生费用	60 800	14 800	30 000	105 600
生产费用合计	67 200	15 600	39 000	121 800
完工产品数量/件	720	720	720	
在产品约当产量/件	120	60	60	
总约当产量/件	840	780	780	
单位成本/（元/件）	80	20	50	150
转出 A 半成品成本	57 600	14 400	36 000	108 000
月末在产品成本	9 600	1 200	3 000	13 800

计算过程如下。

① 直接材料费用的分配：

$$直接材料费用分配率 = \frac{67\,200}{720+120} = 80$$

完工 A 半成品直接材料费用 = $720 \times 80 = 57\,600$（元）

月末在产品直接材料费用 = $120 \times 80 = 9\,600$（元）

② 直接人工费用的分配：

$$直接人工费用分配率 = \frac{15\,600}{720+60} = 20$$

完工 A 半成品直接人工费用 = $720 \times 20 = 14\,400$（元）

月末在产品直接人工费用 = $60 \times 20 = 1\,200$（元）

③ 制造费用的分配：

$$制造费用分配率 = \frac{39\,000}{720+60} = 50$$

完工 A 半成品制造费用 = $720 \times 50 = 36\,000$（元）

月末在产品制造费用 = $60 \times 50 = 3\,000$（元）

④ 计算总成本和单位成本：

A 半成品的总成本 = $57\,600 + 14\,400 + 36\,000 = 108\,000$（元）

$$A 半成品的单位成本 = \frac{108\,000}{720} = 150（元/件）$$

在产品的总成本 = $9\,600 + 1\,200 + 3\,000 = 13\,800$（元）

账务处理：

借：生产成本——基本生产成本——二车间（B半成品）　　108 000
　　　贷：生产成本——基本生产成本——一车间（A半成品）　　108 000

（2）第二个步骤完工的B半成品成本明细账见表3-62。

表3-62　第二车间产品成本明细账

产品名称：B半成品　　　　　　　　　20××年3月　　　　　　　　　　　　　单位：元

项目	半成品	直接人工	制造费用	合计
月初在产品成本	18 000	1 800	2 500	22 300
本月发生费用	108 000	22 200	13 500	143 700
生产费用合计	126 000	24 000	16 000	166 000
完工半成品数量/件	760	760	760	
在产品约当产量/件	80	40	40	
总约当产量/件	840	800	800	
单位成本/(元/件)	150	30	20	200
转出完工B半成品成本	114 000	22 800	15 200	152 000
月末在产品成本	12 000	1 200	800	14 000

计算过程如下。

① B半成品费用的分配：

$$半成品费用分配率 = \frac{126\,000}{760+80} = 150$$

　　完工B半成品的A半成品费用 = 760 × 150 = 114 000（元）

　　月末在产品A半成品费用 = 80 × 150 = 12 000（元）

② 直接人工费用的分配：

$$直接人工费用分配率 = \frac{24\,000}{760+40} = 30$$

　　完工B半成品直接人工费用 = 760 × 30 = 22 800（元）

　　月末在产品直接人工费用 = 40 × 30 = 1 200（元）

③ 制造费用的分配：

$$制造费用分配率 = \frac{16\,000}{760+40} = 20$$

　　完工B半成品制造费用 = 760 × 20 = 15 200（元）

　　月末在产品制造费用 = 40 × 20 = 800（元）

④ 计算总成本和单位成本：

　　B半成品的总成本 = 114 000 + 22 800 + 15 200 = 152 000（元）

$$B半成品的单位成本 = \frac{152\,000}{760} = 200（元/件）$$

　　在产品的总成本 = 12 000 + 1 200 + 800 = 14 000（元）

账务处理：
借：生产成本——基本生产成本——三车间（甲产品）　　　152 000
　　贷：生产成本——基本生产成本——二车间（B半成品）　　152 000

（3）第三步骤完工的产成品成本明细账见表3-63。

表3-63　第三车间产品成本明细账

产品名称：甲产品　　　　　20××年3月　　　　　单位：元

项目	半成品	直接人工	制造费用	合计
月初在产品成本	20 000	4 000	5 000	29 000
本月发生费用	152 000	29 200	15 750	196 950
生产费用合计	172 000	33 200	20 750	225 950
完工产品数量/件	800	800	800	
在产品约当产量/件	60	30	30	
总约当产量/件	860	830	830	
单位成本/（元/件）	200	40	25	265
转出甲产成品成本	160 000	32 000	20 000	212 000
月末在产品成本	12 000	1 200	750	13 950

计算过程如下。

① 产成品直接材料费用的分配：

$$半成品直接材料费用分配率 = \frac{172\,000}{800+60} = 200$$

完工产成品直接材料费用 = 800 × 200 = 160 000（元）

月末在产品直接材料费用 = 60 × 200 = 12 000（元）

② 直接人工费用的分配：

$$直接人工费用分配率 = \frac{33\,200}{800+30} = 40$$

完工产成品直接人工费用 = 800 × 40 = 32 000（元）

月末在产品直接人工费用 = 30 × 40 = 1 200（元）

③ 制造费用的分配：

$$制造费用分配率 = \frac{20\,750}{800+30} = 25$$

完工产成品制造费用 = 800 × 25 = 20 000（元）

月末在产品制造费用 = 30 × 25 = 750（元）

④ 计算总成本和单位成本：

产成品的总成本 = 160 000 + 32 000 + 20 000 = 212 000（元）

$$产成品的单位成本 = \frac{212\,000}{800} = 265（元/件）$$

在产品的总成本＝12 000＋1 200＋750＝13 950（元）

账务处理：
借：库存商品——甲产品　　　　　　　　　　　　　　　　　　212 000
　　贷：生产成本——基本生产成本——三车间（甲产品）　　　　212 000

3. 综合逐步结转分步法的成本还原

采用综合逐步结转分步法在最后步骤计算出来的完工产品成本中，直接人工和制造费用等加工费用只是最后步骤发生的数额。最后步骤以前各个步骤发生的这些费用都是以"直接材料"或"半成品"项目综合反映的。半成品项目既包括直接材料费用，也包括以前发生的直接人工和制造费用。这样一来，从第二个步骤开始，生产成本明细账就不能提供按原始成本项目反映的产品成本的构成。产品成本计算的步骤越多，最后一个步骤成本计算单上"直接材料"或"半成品"成本项目在产品成本中所占的比重就越大，所提供的完工产品各成本项目的资料就越不真实。如果在企业成本管理工作中需要按原始成本项目考核产品成本的构成，则需进行成本还原。

如例 3–4 所示，成本计算结果（表 3–64）显示，在产成品总成本 212 000 元中，"直接材料"为 160 000 元，占总成本的 75%，但很明显在 160 000 元中包含第一个步骤和第二个步骤的直接材料、直接人工和制造费用。产成品成本中的"直接人工"32 000 元、"制造费用"20 000 元仅仅是在第三个步骤中发生的费用。如果企业需要原始的成本项目，则需要将产成品中的综合成本"直接材料"160 000 元分解还原。

表 3–64　成本计算结果

单位：元

	直接材料	直接人工	制造费用	合计
第一个步骤半成品	57 600	14 400	36 000	108 000
第二个步骤半成品	114 000	22 800	15 200	152 000
第三个步骤产成品	160 000	32 000	20 000	212 000

所谓成本还原，就是在综合逐步结转分步法下，将产成品成本中的"直接材料"或"半成品"项目的综合成本，逐步分解还原为原始的成本项目。成本还原的方法是从最后步骤开始，将其耗用上一个步骤半成品的综合成本逐步分解，以求得按原始成本项目反映的产成品成本。

成本还原的方法，通常有以下三种。

1）项目比重法

项目比重法又称为成本结构还原法。所谓的成本结构，是指各成本项目占全部成本的比重。采用半成品的成本结构进行还原时，步骤如下。

（1）确认成本还原对象。此时的成本还原对象是产成品中的"直接材料"或"半成品"项目。

（2）计算各个步骤半成品的成本结构：

$$各成本项目比重 = \frac{上一个步骤完工半成品各成本项目的金额}{上一个步骤完工半成品成本合计} \times 100\%$$

（3）进行成本还原：

$$半成品成本还原 = 成本还原对象 \times 上一个步骤各成本项目比重$$

（4）计算还原后成本：把产成品中的"直接材料"或"半成品"项目还原成"直接材料""直接人工""制造费用"后，需要与产成品中的其他相同的成本项目相加。

如果成本计算有两个以上的步骤，第一次成本还原后，还有未还原的半成品成本，这时还应将未还原的半成品成本进行还原，即用未还原的半成品成本，乘以前一个步骤该种半成品的各个成本项目的比重。后面的还原步骤和方法同上。直至还原到第一个步骤为止，才能将半成品成本还原为原来的成本。

【例3-5】以例3-4数据为基础，按半成品各成本项目占全部成本的比重还原，有关还原过程及还原结果见表3-65。

表3-65　产品成本还原计算表

单位：元

成本项目	第一个步骤 A半成品		第二个步骤 B半成品		第三个步骤 产成品			原始成本项目合计	还原后的单位成本
	成本	成本项目比重/%	成本	成本项目比重/%	成本	还原成第二步	再还原为第一步		
	①	②	③	④	⑤	⑥=160 000×④	⑦=120 000×②	⑧=⑤+⑥+⑦	⑨=⑧/产量
B半成品					160 000	-160 000			
A半成品			114 000	75		120 000	-120 000		
直接材料	57 600	53.33					64 000	64 000	80
直接人工	14 400	13.33	22 800	15	32 000	24 000	16 000	72 000	90
制造费用	36 000	33.34	15 200	10	20 000	16 000	40 000	76 000	95
合计	108 000	100	152 000	100	212 000	0	0	212 000	265

2）还原率法

所谓的还原率法，是指按照各个步骤所耗半成品的总成本占上一个步骤完工半成品总成本的比重还原的方法。步骤如下。

（1）确认成本还原对象。在还原率法下的成本还原对象与按半成品各成本项目占全部成本的比重还原是一样的，即产成品中的"直接材料"或"半成品"项目。

（2）计算还原率。还原率是指产成品成本中半成品成本占上一个步骤所产该种半成品总成本的比重，其计算公式如下：

$$成本还原率 = \frac{本月产成品成本中包含的上一个步骤的半成品综合成本}{上一个步骤本月所产该种半成品的综合成本}$$

（3）进行成本还原。它是用成本还原分配率乘以本月生产该种半成品成本项目的金额，其计算公式如下：

半成品成本还原=成本还原率×上一个步骤本月所产该种半成品的各成本项目

（4）计算还原后产品成本，把产成品中的"直接材料"或"半成品"项目还原成"直接材料""直接人工""制造费用"后，需要与产成品中的其他相同的成本项目相加。

如果成本计算有两个以上的步骤，第一次成本还原后，还有未还原的半成品成本，这时还应将未还原的半成品成本确认为成本还原对象，重复（1）~（3）步骤进行还原，直至还原到第一个步骤为止，才能将半成品成本还原为原来的成本。

【例 3-6】 以例 3-4 数据为基础，按照半成品成本还原分配率还原，见表 3-66。

表 3-66　产品成本还原计算表

单位：元

生产步骤	成本项目	成本还原率	B半成品	A半成品	直接材料	直接人工	制造费用	合计
第三个步骤产成品成本	①		160 000			32 000	20 000	212 000
第二个步骤半成品成本	②			114 000		22 800	15 200	152 000
成本还原率及成本还原	③	1.052 6	-160 000	120 000		24 000	16 000	0
第一个步骤半成品成本	④				57 600	14 400	36 000	108 000
成本还原率及成本还原	⑤	1.111 1		-120 000	64 000	16 000	40 000	0
原始成本项目合计	⑥=①+③+⑤			0	64 000	72 000	76 000	212 000
还原后的产品单位成本	⑦=⑥/产量				80	90	95	265

注：③ 还原率 $= \dfrac{160\ 000}{152\ 000} = 1.052\ 6$

⑤ 还原率 $= \dfrac{120\ 000}{108\ 000} = 1.111\ 1$

3）按照定额成本构成比例还原

在按照定额成本构成比例还原时，不管成本计算分为多少步骤，成本还原都是一步完成的，故其最大优点就是简单。这种方法适用于定额管理基础较好，定额资料比较准确、齐全的企业。步骤如下：

（1）确定成本还原对象。此时的成本还原对象和前两种方法是一样的，即产成品中的"直接材料"或"半成品"项目。

（2）按照定额资料计算半成品的各成本项目构成比例。

（3）进行成本还原：

成本还原=本步骤所耗上一个步骤半成品成本×上一个步骤半成品各成本项目比例

(4) 计算还原后产品成本：把产成品中的"直接材料"或"半成品"项目还原成"直接材料""直接人工""制造费用"后，需要与产成品中的其他相同的成本项目相加。

【例3-7】按照定额成本构成比例将例3-4的成本计算结果进行成本还原，产成品中的综合成本项目的构成比例为直接材料占60%，直接人工占20%，制造费用占20%。有关还原过程见表3-67。

表3-67 产品成本还原计算表

单位：元

成本项目	定额构成比例	还原综合成本	最后步骤加工成本	还原后总成本（800件）	还原后单位成本
直接材料	60%	96 000		96 000	120
直接人工	20%	32 000	32 000	64 000	80
制造费用	20%	32 000	20 000	52 000	65
合计	100%	160 000	52 000	212 000	265

4. 综合逐步结转分步法的优缺点

综合逐步结转分步法的优点是可以在各个步骤的生产成本明细账中看出所耗上一个步骤半成品的水平和本步骤的加工费用的水平，有利于各个生产步骤的成本管理；缺点是不能直接反映产品成本的原始成本项目构成情况。企业要加强对成本的综合管理，就必须进行成本还原，从而会加大成本核算的工作量。这种方法一般适合于只在管理上要求计算各个步骤完工半成品（或产成品）所耗上一个步骤半成品费用，而不要求进行成本还原的企业。

（三）分项逐步结转分步法及其应用

1. 分项逐步结转分步法的含义

分项逐步结转分步法是指在本步骤所耗用的上一个步骤完工半成品的成本转入时，分成本项目，对应借转入本步骤生产成本明细账的"直接材料""直接人工""制造费用"项目，并与该步骤相同成本项目合并计算产品成本的一种方法。如果半成品通过半成品库收发，在自制半成品明细账中也要按照成本项目分项登记入库和出库的半成品成本。

2. 分项逐步结转分步法的应用

【例3-8】华丰公司生产甲产品，生产过程分为三个步骤，上一个步骤完工的半成品，不通过半成品库收发，直接转给下一个步骤继续进行加工；各个步骤的在产品采用约当产量法按实际成本计算，直接材料在第一个步骤生产开始时一次性投入，各个步骤在产品的完工程度均为50%。该企业3月有关产品产量记录和成本资料见表3-68和表3-69。

表3-68　华丰公司产品产量记录　　　　　　　　　　　　　　　　　　　　　单位：件

项目	第一个步骤	第二个步骤	第三个步骤
月初在产品数量	80	120	100
本月投产（或上一个步骤交来）数量	760	720	760
本月完工数量	720	760	800
月末在产品数量	120	80	60

表3-69　华丰公司产品成本资料　　　　　　　　　　　　　　　　　　　　　单位：元

成本项目	月初在产品成本			本月生产费用		
	第一个步骤	第二个步骤	第三个步骤	第一个步骤	第二个步骤	第三个步骤
直接材料或半成品	6 400	18 000	20 000	60 800		
直接人工	800	1 800	4 000	14 800	22 200	29 200
制造费用	9 000	2 500	5 000	30 000	13 500	15 750
合计	16 200	22 300	29 000	105 600	35 700	44 950

说明：

月初在产品成本中第二个步骤的直接人工1 800元，其中第一个步骤发生720元，第二个步骤发生1 080元。

月初在产品成本中第二个步骤的制造费用2 500元，其中第一个步骤发生960元，第二个步骤发生1 540元。

月初在产品成本中第三个步骤的直接人工4 000元，其中第一个步骤发生1 000元，第二个步骤发生1 000元，第三个步骤发生2 000元。

月初在产品成本中第三个步骤的制造费用5 000元，其中第一个步骤发生1 000元，第二个步骤发生2 000元，第三个步骤发生2 000元。

如果采用分项逐步结转分步法，计算结果如下。

（1）第一个步骤完工的A半成品成本明细账见表3-70。

表3-70　第一车间产品成本明细账

产品名称：A半成品　　　　　　　　20××年3月　　　　　　　　　　　单位：元

项目	直接材料	直接人工	制造费用	合计
月初在产品成本	6 400	800	9 000	16 200
本月发生费用	60 800	14 800	30 000	105 600
生产费用合计	67 200	15 600	39 000	121 800
完工产品数量/件	720	720	720	
在产品约当产量/件	120	60	60	
总约当产量/件	840	780	780	
单位成本/（元/件）	80	20	50	150
转出A半成品成本	57 600	14 400	36 000	108 000
月末在产品成本	9 600	1 200	3 000	13 800

根据表 3-70 编制会计分录：

借：生产成本——基本生产成本——二车间（B 半成品）　　108 000
　　贷：生产成本——基本生产成本——一车间（A 半成品）　　　　108 000

（2）第二个步骤完工的 B 半成品成本明细账见表 3-71。

表 3-71　第二车间产品成本明细账

产品名称：B 半成品　　　　20××年 3 月　　　　单位：元

项目		半成品费	直接人工费	制造费用	合计
月初在产品成本	第一个步骤	18 000	720	960	19 680
	第二个步骤		1 080	1 540	2 620
第一个步骤转入		57 600	14 400	36 000	108 000
第二个步骤发生费用			22 200	13 500	35 700
生产费用合计	第一个步骤	75 600	15 120	36 960	127 680
	第二个步骤		23 280	15 040	38 320
完工半成品数量/件		760	760	760	
在产品约当产量/件		80	第一个步骤 80	第一个步骤 80	
			第二个步骤 40	第二个步骤 40	
总约当产量		840	第一个步骤 840	第一个步骤 840	
			第二个步骤 800	第二个步骤 800	
单位成本/（元/件）		90	18	44	
			29.1	18.8	
转出完工 B 半成品成本		68 400	13 680	33 440	151 924
			22 116	14 288	
月末在产品成本		7 200	1 440	3 520	14 076
			1 164	752	

根据表 3-71 编制会计分录：

借：生产成本——基本生产成本——三车间（甲产品）　　151 924
　　贷：生产成本——基本生产成本——二车间（B 半成品）　　　　151 924

（3）第三步骤完工的产成品成本明细账见表 3-72。

表 3-72　第三车间产品成本明细账

产品名称：甲产品　　　　20××年 3 月　　　　单位：元

项目		半成品	直接人工	制造费用	合计
月初在产品成本	第一个步骤	20 000	1 000	1 000	29 000
	第二个步骤		1 000	2 000	
	第三个步骤		2 000	2 000	
上一个步骤转入半成品成本	第一个步骤	68 400	13 680	33 440	151 924
	第二个步骤		22 116	14 288	

续表

项目		半成品	直接人工	制造费用	合计
第三个步骤发生费用			29 200	15 750	44 950
生产费用合计	第一个步骤		14 680	34 440	225 874
	第二个步骤	88 400	23 116	16 288	
	第三个步骤		31 200	17 750	
完工产品数量/件		800	800	800	
在产品约当产量/件		60	60	60	
			60	60	
			30	30	
总约当产量/件		860	860	860	
			860	860	
			830	830	
单位成本/(元/件)		102.79	17.07	40.05	
			26.88	18.94	
			37.59	21.39	
转出甲产成品成本		82 232	13 656	32 040	211 768
			21 504	15 152	
			30 072	17 112	
月末在产品成本		6 168	1 024	2 400	14 106
			1 612	1 136	
			1 128	638	

根据表 3-72 编制会计分录：

借：库存商品——甲产品　　　　　　　　　　　　　211 768
　　贷：生产成本——基本生产成本——三车间（甲产品）　211 768

3. 分项逐步结转分步法的优缺点

分项逐步结转分步法的优点是可以直接提供按原始成本项目反映的产品成本资料，不需要进行成本还原；缺点是成本结转工作比较复杂，在各个步骤完工产品成本中看不出所耗上一个步骤半成品费用的水平和本步骤发生的加工费用的水平，不便于进行各个步骤的成本管理。因此，这种结转方式一般适用于在管理上要求按原始成本项目反映产品成本，不要求分别提供各个步骤完工产品所耗上一个步骤半成品费用和本步骤发生的加工费用资料的企业。

（四）逐步结转分步法的优缺点

1. 优点

（1）以各种产品及各个生产步骤的半成品为成本计算对象，能够提供各个生产步骤的半成品成本资料。

（2）由于半成品成本的转移和实物的转移是一致的，因此能为在产品、半成品的实物管理和生产资金管理提供资料。

（3）综合逐步结转分步法能够全面反映各个生产步骤所耗上一个生产步骤半成品费用和本步骤加工费用，有利于各个生产步骤的成本管理。在分项结转时，可以直接按原始成本项目反映产品成本，满足企业分析和考核产品成本构成的需要。

2. 缺点

逐步结转分步法的缺点是成本计算工作量大。综合逐步结转分步法半成品成本计算和结转比较简单，但一般都需要进行成本还原；分项逐步结转分步法各个步骤需要按成本项目结转半成品成本，加大了成本计算的工作量。

三、平行结转分步法及其应用

（一）平行结转分步法概述

1. 平行结转分步法的含义

在采用分步法计算成本的大量、大批、多步骤生产企业中，有的企业（如生产类型的机械制造企业）各个生产步骤所产半成品的种类很多，但不需要计算半成品成本。在这种情况下，为了简化和加速成本计算工作，可以不计算各个步骤所产半成品成本，也不计算各个步骤所耗上一个步骤的半成品成本，而只计算本步骤发生的各项其他费用及这些费用中应计入产成品的"份额"。将相同产品的各个步骤成本明细账中的这些份额平行结转、汇总，即可计算出该种产品的产成品成本，这种方法是平行结转分步法，或称不计算半成品成本分步法。

2. 平行结转分步法的适用范围

平行结转分步法适用于各个步骤半成品不具有独立的经济意义，在管理上不要求单独核算半成品成本的企业，特别适用于装配式多步骤生产的企业。

3. 平行结转分步法的特点

（1）不要求计算半成品的成本。成本计算对象是各个步骤计入产成品的部件（或劳务）的成本份额，各个步骤不计算半成品成本。

（2）在产品采用的是广义在产品的概念。在月末分配生产费用时，需要在本月完工产成品与广义在产品之间进行分配。

（3）半成品成本的转移与实物的转移是不一致的。当上一个步骤的半成品移交下一个步骤继续加工时，半成品的成本不随着半成品实物的转移而结转入下一个步骤的生产成本明细账，而是将各个步骤应计入产成品成本的"份额"平行汇总，计算完工产品的成本。

（4）每一个步骤生产成本明细账中仅仅登记本步骤发生的费用，不包含转入的半成品的成本。

4. 平行结转分步法的计算程序

在平行结转分步法下，首先需要按照品种法计算的程序，根据各种费用分配表和记账凭证登记各个步骤半成品成本明细账，将各个步骤半成品成本明细账所归集的生产费用，在本步骤完工产品和在产品之间采用适当的方法进行分配,计算完工半成品的总成本和单位成本,然后将最终产品耗用本步骤半成品的数量乘以单位成本,求得本步骤应转入最终产品的"份额",并平行结转到最终产品成本明细账,将各个步骤平行结转入最终产品成本明细账的"份额"加以汇总,求得最终产品的成本和单位成本。平行结转分步法计算程序如图3-8所示。

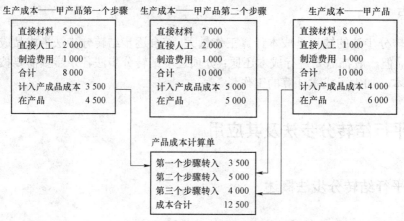

图3-8 平行结转分步法计算程序

如何正确确定在各个步骤生产费用中应计入产成品成本的份额,即每一个生产步骤的生产费用如何正确地在完工产成品和广义在产品之间进行分配,是采用这一种方法时能否正确计算产成品成本的关键所在。在实际工作中,通常是采用在产品按定额成本计价法或定额比例法。因为采用这两种方法,作为分配费用标准的定额资料比较容易取得,如产成品的定额消耗量或定额费用,可以根据产成品数量乘以消耗定额或费用定额计算。由于广义在产品的实物分散在各个生产步骤和半成品库,具体的盘存、计算工作比较复杂,但其定额消耗量或定额费用可以采用倒轧方法计算,因而比较简便。

(二)平行结转分步法应用案例

【例3-9】汇丰公司生产甲产品,分两个生产步骤连续加工,直接材料在第一个步骤开始时一次性投入,成本计算采用平行结转分步法。两个步骤的完工产品"份额"和广义在产品之间的费用分配,均采用定额比例法。第一个步骤直接材料成本按直接材料定额费用比例分配,第一个步骤和第二个步骤的工资及制造费用都按定额工时比例分配。

1)有关资料

(1)20××年5月第一个步骤和第二个步骤的定额资料见表3-73。

表3-73 定额资料

项目	第一个步骤		第二个步骤	
	完工产品	在产品	完工产品	在产品
直接材料定额费用/元	30 000	6 000		
定额工时/时	22 000	8 000	4 500	1 200

(2) 月初在产品成本见表 3-74。

表 3-74 月初在产品成本 单位：元

生产步骤	直接材料	直接人工	制造费用	合计
第一个步骤	5 200	3 100	3 400	11 700
第二个步骤		504	480	984

(3) 本月发生的生产费用见表 3-75。

表 3-75 本月发生的生产费用 单位：元

生产步骤	直接材料	直接人工	制造费用	合计
第一个步骤	29 000	9 500	10 400	48 900
第二个步骤		3 600	3 339	6 939

(4) 本月完工产量：500 吨。

2) 成本计算

(1) 根据有关费用资料，登记各个步骤产品成本明细账，见表 3-76、表 3-77。

表 3-76 产品成本明细账

第一个步骤：甲产品 20××年5月 单位：元

项目		直接材料	直接人工	制造费用	合计
月初在产品成本		5 200	3 100	3 400	11 700
本月生产费用		29 000	9 500	10 400	48 900
生产费用合计		34 200	12 600	13 800	60 600
分配率		0.95	0.42	0.46	—
应计入产成品成本"份额"	定额	30 000	22 000	22 000	—
	实际	28 500	9 240	10 120	47 860
月末在产品成本	定额	6 000	8 000	8 000	—
	实际	5 700	3 360	3 680	12 740

说明：
① 直接材料费用分配：

直接材料费用分配率 $= \dfrac{34\ 200}{30\ 000 + 6\ 000} = 0.95$

应计入产成品的直接材料费用"份额" $= 30\ 000 \times 0.95 = 28\ 500$（元）

月末广义在产品的直接材料费用 $= 34\ 200 - 28\ 500 = 5\ 700$（元）

② 直接人工费用的分配：

直接人工费用分配率 $= \dfrac{12\ 600}{22\ 000 + 8\ 000} = 0.42$

应计入产成品的直接人工费用"份额" $= 22\ 000 \times 0.42 = 9\ 240$（元）

月末广义在产品的直接人工费用 $= 12\ 600 - 9\ 240 = 3\ 360$（元）

③ 制造费用的分配：

制造费用分配率 $= \dfrac{13\ 800}{22\ 000 + 8\ 000} = 0.46$

应计入产成品的制造费用"份额" $= 22\ 000 \times 0.46 = 10\ 120$（元）

月末广义在产品的制造费用 $= 13\ 800 - 10\ 120 = 3\ 680$（元）

表3-77 产品成本明细账

第二个步骤：甲产品　　　　　20××年5月　　　　　　　　　　单位：元

项目		直接材料	直接人工	制造费用	合计
月初在产品成本			504	480	984
本月生产费用			3 600	3 339	6 939
生产费用合计			4 104	3 819	7 923
分配率			0.72	0.67	—
应计入产成品成本"份额"	定额		4 500	4 500	—
	实际		3 240	3 015	6 255
月末在产品成本	定额		1 200	1 200	—
	实际		864	804	1 668

说明：

① 直接人工费用的分配：

直接人工费用分配率 $= \dfrac{4\,104}{4\,500+1\,200} = 0.72$

应计入产成品的直接人工费用"份额" $= 4\,500 \times 0.72 = 3\,240$（元）

月末广义在产品的直接人工费用 $= 4\,104 - 3\,240 = 864$（元）

② 制造费用的分配：

制造费用分配率 $= \dfrac{3\,819}{4\,500+1\,200} = 0.67$

应计入产成品的制造费用"份额" $= 4\,500 \times 0.67 = 3\,015$（元）

月末广义在产品的制造费用"份额" $= 3\,819 - 3\,015 = 804$（元）

（2）根据各个步骤产品成本明细账，登记产品成本汇总表，见表3-78。

表3-78 产品成本汇总表

产品名称：甲产品　　　　20××年5月　产量：500吨　　　　　　　单位：元

成本项目	第一个步骤"份额"	第二个步骤"份额"	总成本	单位成本
直接材料	28 500		28 500	57.00
直接人工	9 240	3 240	12 480	24.96
制造费用	10 120	3 015	13 135	26.27
合计	47 860	6 255	54 115	108.23

根据产品成本汇总表和产成品入库单，编制产成品入库的会计分录为

借：库存商品——甲产品　　　　　　　　　　　　　　　　54 115

　　贷：生产成本——基本生产成本——一车间（甲产品）　47 860

　　　　　　　　　　　　　　　　——二车间（甲产品）　 6 255

实务训练

实训一 综合逐步结转分步法应用训练

1. 资料

某企业生产甲产品,由两个生产步骤连续加工而成,第一车间半成品完工后直接投入第二车间继续加工成甲产品。

该企业采用综合逐步结转分步法计算产品成本。

2. 要求

填表3-79和表3-80,计算完工产品成本(月末在产品成本按照年初固定成本计算)。

表3-79 生产成本明细账

第一车间　　　　　　　　　　　　甲半成品　　　　　　　　　　　　单位:元

摘要	直接材料	直接人工	制造费用	合计
月初在产品成本	40 000	30 000	20 000	90 000
本月生产费用	60 000	50 000	40 000	150 000
费用合计				
完工半成品成本				
月末在产品成本				

表3-80 生产成本明细账

第二车间　　　　　　　　　　　　甲产成品　　　　　　　　　　　　单位:元

摘要	直接材料	直接人工	制造费用	合计
月初在产品成本	30 000	20 000	10 000	60 000
本月生产费用 (上一个步骤转入)		40 000	10 000	
费用合计				
完工产成品成本				
月末在产品成本				

实训二 综合逐步结转分步法成本还原应用训练

1. 资料

某企业生产甲产品，经过连续的三个生产步骤加工而成，该企业采用综合逐步结转分步法计算产品成本。

2. 要求

分析填列表3-81（按半成品成本还原率还原）。

表3-81 产品成本还原计算表　　　　　　　　　　　　　　　　　单位：元

行次	项目	直接材料	直接人工	制造费用	合计
1	还原前的产成品成本	9 000	5 000	2 000	16 000
2	第二个步骤转入第三个步骤半成品成本	(5 000)	(2 000)	(1 000)	(8 000)
3	还原费用				
4	第一个步骤转入第二个步骤半成品成本	(3 000)	(1 000)	(1 000)	(5 000)
5	还原费用				
6	还原后的产成品总成本				

根据表3-81计算：

（1）第3行还原率=

（2）第5行还原率=

实训三 平行结转分步法应用训练

1. 资料

某企业生产甲产品200件，需要经过三个车间连续加工而成。第一车间完工的半成品全部转移给第二车间加工；第二车间完工的半成品全部转移给第三车间生产出完工产品。采用平行结转分步法计算产品成本，原材料在生产开始时一次性投入，各车间采用约当产量法分配计算完工产品成本与期末在产品成本，各步骤在产品完工程度均为50%，有关产量资料和成本资料见表3-82和表3-83。

表 3-82 产品产量资料　　　　　　　　　　　　　　　　　　　单位：件

项目	第一车间	第二车间	第三车间
月初在产品数量	12	36	50
本月投产数量	300	264	250
本月完工产品数量	264	250	200
月末在产品数量	48	50	100

表 3-83 产品成本资料　　　　　　　　　　　　　　　　　　　单位：元

项目	月初在产品成本			本期生产费用		
	第一车间	第二车间	第三车间	第一车间	第二车间	第三车间
直接材料	8 000			199 400		
直接人工	12 000	15 000	7 000	54 000	65 000	70 000
制造费用	8 000	19 000	18 000	51 000	54 540	76 500
合计	28 000	34 000	25 000	304 400	119 540	146 500

2. 要求

按照平行结转分步法分析填列下列成本计算单，见表 3-84～表 3-87。

表 3-84 第一车间成本计算单

产品名称：　　　　　　　　　　　　　　　　　　　　　　　　单位：元

摘要	成本项目			合计
	直接材料	直接人工	制造费用	
月初在产品成本				
本月生产费用				
生产费用累计				
完工产品数量				
广义在产品约当产量				
本步骤约当总量				
分配率				
月末广义在产品成本				
转入完工产成品的"份额"				

表 3-85 第二车间成本计算单

产品名称：　　　　　　　　　　　　　　　　　　　　　　　　　　　　　　单位：元

摘要	成本项目			合计
	直接材料	直接人工	制造费用	
月初在产品成本				
本月生产费用				
生产费用累计				
完工产品数量				
广义在产品约当产量				
本步骤约当总量				
分配率				
月末广义在产品成本				
转入完工产成品的"份额"				

表 3-86 第三车间成本计算单

产品名称：　　　　　　　　　　　　　　　　　　　　　　　　　　　　　　单位：元

摘要	成本项目			合计
	直接材料	直接人工	制造费用	
月初在产品成本				
本月生产费用				
生产费用累计				
完工产品数量				
广义在产品约当产量				
本步骤约当总量				
分配率				
月末广义在产品成本				
转入完工产成品的"份额"				

表 3-87 完工产品成本汇总表

产品名称：　　　　　　　　　　　　　　　　　　　　　　　　　　　　　　单位：元

摘要		成本项目			合计
		直接材料	直接人工	制造费用	
应转入产品成本的"份额"	第一车间				
	第二车间				
	第三车间				
总成本					
单位成本					

本篇小结

在确定产品成本计算方法时需要把握的原则是：必须从企业不同性质的生产类型出发，充分考虑各种类型生产经营的特点和其在成本管理上的要求。以工业企业为例，根据其生产工艺过程可以分为单步骤生产和多步骤生产两种类型；按其生产组织的特点可以分为大量生产、成批生产和单件生产三种类型。生产类型不同，其对成本进行管理的要求也不一样，而生产特点和管理要求又必然对产品成本计算产生影响。这一影响主要表现在成本计算对象、成本计算期和完工产品与在产品之间的生产成本分配三个方面。为了适应不同类型生产特点和成本管理要求，产品成本计算工作有着三种不同的成本计算对象：产品品种、产品批别和产品的生产步骤。因此，以成本计算对象为主要标志的产品计算的基本方法有品种法、分批法和分步法。与生产类型没有直接关系的产品成本计算辅助方法有分类法、定额法和标准成本法。

产品成本计算的品种法，是指以产品作为成本计算对象，归集生产耗费和支出，计算产品成本的一种方法。品种法是工业企业产品品种成本计算最基本的方法。品种法和其他产品成本计算方法比较，具有如下特点：① 以产品品种作为成本核算对象；② 成本计算定期按月进行；③ 如果期末有在产品时，还需要在完工产品和在产品之间分配生产成本。品种法适用于大量、大批的多步骤生产，但不要求分步骤计算半成品成本的产品。无论何种生产组织方式的制造企业，不论什么类型的产品，也不论成本管理要求如何，最终都必须按照产品品种计算出生产成本，因此，品种法又是企业产品成本计算中最基本的计算方法。

产品成本计算的分批法，是指以产品批别作为计算对象，归集生产耗费和支出，计算产品成本的一种方法。产品成本计算的分批法有两种：一般分批法和简化分批法。分批法和其他产品成本计算方法比较，具有如下特点：① 以产品批别作为成本核算对象；② 成本计算不定期进行，完工时，计算产品成本，与产品的生产周期一致，与会计核算周期不一致；③ 如果期末有在产品时，还需要在完工产品和在产品之间分配生产费用。分批法适用于小批、单件的单步骤生产。如果产品订单多，生产周期长，而每月实际完工的产品批别并不多，可以采用简化分批法计算产品成本，简化分批法大大简化了费用的分配和登记工作。

企业可以根据自身投产批量的多少及月末产品的完工情况，选择适宜企业自身特点的成本计算方法。

产品成本计算的分步法分为逐步结转分步法和平行结转分步法，本篇重点讲述了逐步结转分步法的概念、特点、适用范围、成本计算程序。逐步结转分步法又分为综合逐步结转分步法和分项逐步结转分步法，需要重点掌握在综合逐步结转分步法下的成本计算及成本还原。

理念训练

一、单项选择题

1. 产品成本计算最基本的方法是（　　）。
   A. 分批法　　　　B. 分类法　　　　C. 品种法　　　　D. 分步法
2. 各种产品成本计算方法的命名主要在于（　　）。
   A. 企业生产类型　　B. 企业管理要求　　C. 成本计算对象　　D. 成本计算程序
3. 下列不属于成本计算基本方法的是（　　）。
   A. 品种法　　　　B. 分批法　　　　C. 分类法　　　　D. 分步法
4. 下列属于产品成本计算辅助方法的是（　　）。
   A. 品种法　　　　B. 分批法　　　　C. 分步法　　　　D. 分类法
5. 区别各种成本计算基本方法的主要标志是（　　）。
   A. 成本计算日期　　　　　　　　　B. 成本计算对象
   C. 间接费用的分配方法　　　　　　D. 完工产品与在产品之间分配费用的方法
6. 品种法是产品成本计算的（　　）。
   A. 主要方法　　　B. 重要方法　　　C. 最一般的方法　　D. 最基本的方法
7. 分批法一般是按客户的订单来组织生产的，所以也叫（　　）。
   A. 订单法　　　　B. 系数法　　　　C. 分类法　　　　D. 定额法
8. 采用简化分批法，各批产品、完工产品与在产品之间分配间接计入费用，都是利用（　　）分配的。
   A. 累计间接计入费用分配率　　　　B. 累计生产工时
   C. 累计原材料费用分配率　　　　　D. 间接计入费用分配率
9. 分步法的成本计算对象是（　　）。
   A. 产品的品种　　　　　　　　　　B. 产品的批别
   C. 产品的生产步骤　　　　　　　　D. 各种产品及其生产步骤
10. 分步法按照是否计算各个步骤半成品成本，又分为（　　）。
    A. 综合结转分步法和分项结转分步法　　B. 逐步结转分步法和综合结转分步法
    C. 分项结转分步法和平行结转分步法　　D. 逐步结转分步法和平行结转分步法
11. 成本还原的对象是（　　）。
    A. 产成品成本　　　　　　　　　　B. 产成品所耗上一个步骤半成品的综合成本
    C. 最后步骤的产成品成本　　　　　D. 各个步骤半成品成本
12. 需要进行成本还原的是（　　）。
    A. 平行结转分步法　　　　　　　　B. 逐步结转分步法
    C. 综合结转分步法　　　　　　　　D. 分项结转分步法
13. 平行结转分步法（　　）。

A. 各个步骤可以同时计算产品成本　　B. 可以提供半成品成本资料
   C. 费用结转与半成品实物转移是一致的　　D. 采用的是广义在产品
14. 关于分类法的适用范围,下列说法正确的是(　　)。
   A. 大量、大批、单步骤生产　　B. 大量、大批、多步骤生产
   C. 单件、小批、单步骤生产　　D. 与企业生产类型没有直接关系
15. 某企业采用分类法计算产品成本,类内三种产品的材料费用定额为甲产品 5 000 元,乙产品 10 000 元,丙产品 15 000 元,其中乙产品为标准产品,则甲产品的材料费用系数为(　　)。
   A. 1.5　　　　B. 1　　　　C. 0.5　　　　D. 1.2

二、多项选择题

1. 工业企业的生产按照工艺过程可以分为(　　)。
   A. 大量生产　　B. 单步骤生产　　C. 单件生产　　D. 多步骤生产
2. 受生产特点和管理要求的影响,产品成本计算对象包括(　　)。
   A. 产品类别　　B. 产品品种　　C. 产品批别　　D. 产品生产步骤
3. 下列企业,适合采用品种法计算其产品成本的有(　　)。
   A. 采煤　　B. 汽车制造　　C. 供水供电　　D. 小型水泥厂
4. 在简化分批法下,累计间接计入费用分配率是(　　)。
   A. 各批产品之间分配间接计入费用的依据
   B. 在各批完工产品之间分配各项费用的依据
   C. 在完工批别和月末在产品批别之间分配间接计入费用的依据
   D. 在某批产品的完工和月末在产品之间分配间接计入费用的依据
5. 下列方法中,成本计算期与会计报告期一致的有(　　)。
   A. 品种法　　B. 逐步结转分步法
   C. 分批法　　D. 平行结转分步法
6. 采用逐步结转分步法,按照结转的半成品在下一个步骤产品成本明细账中的反映方法分为(　　)。
   A. 综合结转法　　B. 分项结转法
   C. 按实际成本结转法　　D. 平行结转分步法
7. 广义的在产品是指(　　)。
   A. 尚在本步骤加工中的在产品
   B. 转入各半成品库的半成品
   C. 已从各半成品库转到以后各个步骤进一步加工尚未最后制成的半成品
   D. 全部加工中的在产品和半成品

三、判断题

1. 品种法一般不需要将生产费用在完工产品和在产品之间进行分配。(　　)

2. 品种法的成本计算期与会计报告期一致，一般与产品生产周期不一致。（　）
3. 在单件和小批生产中，产品成本有可能在某批产品完工时计算，因而成本计算是不定期的，与生产周期一致。（　）
4. 如果一张订单规定有几种产品，也应合并为一批组织生产计算成本。（　）
5. 分步法的成本计算对象是各种产品及其所经过的各个生产步骤。（　）
6. 逐步结转分步法相当于品种法的接连应用。（　）
7. 平行结转分步法是在管理上要求提供各个步骤半成品成本资料的情况下采用的分步法。（　）
8. 逐步结转分步法特别适用于装配式多步骤生产的企业。（　）
9. 在综合结转分步法下进行成本还原，N个生产步骤需要进行N次还原。（　）
10. 因为分类法是为了简化成本核算工作而采用的方法，所以只要能简化成本核算，产品可以随意进行分类。（　）

四、简答题

1. 为了适应不同类型生产特点和管理要求，产品成本计算的基本方法与辅助方法有哪些？这些方法各适应什么样的生产类型？
2. 生产特点和成本管理要求对产品成本计算方法有哪些影响？
3. 简述品种法的特点和适用范围。
4. 简述分批法的成本计算程序。
5. 简述简化分批法的特点和计算程序。
6. 什么是逐步结转分步法？其特点是什么？
7. 什么是平行结转分步法？其特点是什么？
8. 逐步结转分步法和平行结转分步法有哪些相同之处和不同之处？

第四篇

辅助成本核算方法及应用

【知识目标】

1. 掌握分类法的概念、成本计算的特点及适用范围。
2. 掌握定额法的概念、成本计算的特点及适用范围。
3. 熟练运用分类法进行产品成本计算及账务处理。
4. 了解产品成本定额如何制订。

【能力目标】

1. 能够运用分类法归集生产费用,按产品类别进行成本计算。
2. 能够正确进行联产品和副产品的成本计算。
3. 能够进行在定额法下相关差异的计算及掌握定额法成本计算程序。
4. 能够运用定额法进行实际成本计算。

项目十二
分类法及应用

一、分类法概述

（一）分类法的含义

分类法是指将企业生产的产品分为若干类别，以各产品类别作为成本计算对象，归集生产费用，先计算各类别产品成本，然后再按一定的方法在类内各种产品之间进行分配，以计算出类内各种产品成本的一种成本计算方法。

（二）分类法的特点

（1）按照产品的一定类别为成本计算对象，开设成本计算单，归集类内费用，计算类内产品的总成本。

（2）类内不同品种（或规格）产品的成本，要采用适当的分配方法分配确定。

（3）要根据类内产品的生产工艺和组织情况，与三种成本计算的基本方法结合使用。

（4）成本计算时间要根据生产组织来定，如果是大量、大批生产，采用分类法结合品种法或分步法进行成本计算，就应定期在月末进行；如果与分批法结合应用，成本计算期就不可能固定。

（5）在月末在产品数量多、变动大的情况下，要对完工产品和在产品进行费用分配。

在用分类法计算产品成本时，应注意不能将由于工人操作原因而造成质量不合规格的等级品，用分类法的原理进行成本计算。

（三）分类法的适用范围

分类法不是一种独立的成本计算方法，它是在成本计算的基本方法基础上，为简化核算而采用的一种成本计算的辅助方法。它必须与产品成本计算的基本方法结合使用。通常它是与品种法结合使用的。

分类法主要适用于使用同样的原材料,通过基本相同的加工工艺过程,所生产的产品种类、规格繁多,但可以对产品按一定标准进行分类的生产企业。生产的产品种类、规格繁多的企业,如果按照产品的品种、规格归集生产费用,计算产品成本,则成本计算的工作量过大。在这种情况下,为了简化成本计算工作,可以先按一定标准将产品进行分类,按产品类别来归集生产费用。

分类法与企业生产类型没有直接联系,只要企业的产品可以按照其性质、用途、生产工艺和原材料消耗等方面的特点进行分类,就可以采用分类法。同类产品、联产品、副产品等都可以采用分类法进行产品成本的计算。例如,可以将灯泡厂生产的同一型号不同瓦数的灯泡归为同一类产品,先计算出同一型号灯泡的成本,即计算出这一类产品成本,再将该类产品成本在不同瓦数的灯泡之间分配,最终计算出不同瓦数灯泡的成本。

有些工业企业,特别是化工企业,对同一原料进行加工,可以同时生产出几种主要产品,即联产品。例如,炼油企业将原油加工提炼生产出的汽油、煤油、柴油等属于联产品,可以将联产品作为一类产品采用分类法计算成本。

此外,有些企业在生产主要产品的过程中,还附带生产一些非主要产品,即副产品,如食用油厂在油脂精炼后生产出副产品油脚、皂脚等。应将主副产品归为一类作为成本计算对象,然后将副产品成本按有关方法确定后从总成本中扣除,余额即为主要产品成本。

(四) 分类法的成本计算程序

1. 主要步骤

(1) 对种类、规格繁多的产品按一定标准进行分类。对产品进行分类,一般是将同类产品归为一类。同类产品是指使用的原材料和工艺过程大体相同,生产的产品结构、性质和用途大体相同但规格型号不一的产品,如灯泡、服装、鞋帽等。

可以将联产品归为一类,将副产品与主产品归为一类,等等。

(2) 按产品类别设置产品成本明细账,归集生产费用。生产费用的归集方法与品种法相同。

(3) 期末如果某类产品既有完工产品又有在产品,要采用一定的方法,分配本类产品的完工产品与在产品费用。

(4) 将类内完工产品的总成本按一定的分配标准分配给类内的各种产品,计算出各种产品的总成本和单位成本。

将类内完工产品成本向各种产品进行分配时,为了简化分配工作,通常采用"系数分配法"(简称系数法)。系数法又叫"标准产量法",即将各种产品按一定标准折算成系数(标准产品的产量),然后按照各种产品的总系数(标准产品总产量)向各种产品分配费用。

2. 具体方法

(1) 在类内产品中选择一种产量较大、生产稳定、规格适中的产品作为标准产品,并按一定标准将单位产品系数定为"1",再将类内其他各种产品与标准产品进行比较,确定出各种产品单位产品的系数。原材料费用系数一般采用材料费用定额标准计算,其他费用系数一般采用工时定额标准计算。

"系数"的具体计算公式为

$$原材料费用系数 = \frac{其他产品材料费用定额}{标准产品材料费用定额}$$

$$其他费用系数 = \frac{其他产品工时定额}{标准产品工时定额}$$

(2)将每种产品的产量分别乘以各自单位产品的系数,分别求出各种产品的标准产量。

类内某种完工产品标准产量 = 该种完工产品实际产量 × 该产品系数

类内在产品标准产量 = 在产品数量 × 完工程度 × 该产品系数

类内标准产品总产量 = $\sum$(各种完工产品标准产量 + 类内在产品标准产量)

(3)确定各项费用的系数分配率。

$$某项费用分配率 = \frac{该项费用总额}{类内各种产品的标准产量之和}$$

(4)将类内各项费用按费用分配率向各种产品进行分配。

类内某完工产品负担的费用 = 该种完工产品标准产量 × 费用分配率

期末在产品负担的费用 = 在产品标准产量 × 费用分配率

二、分类法应用案例

【例4-1】 大海公司生产的产品品种、规格较多,可以归为A、B、C三类。其中,A类中有产品结构、所用原材料和生产工艺基本相同的三种产品,分别为甲、乙和丙。A类产品中乙产品由于生产比较稳定、产量较大、规格适中,被选定为标准产品,标准产品的系数定为"1"。公司采用分类法计算各种产品的成本。原材料费用系数按照材料消耗定额标准确定,其他费用系数按照工时消耗定额标准确定。假设A类产品的原材料均在生产开始时一次性投入,月末在产品的完工程度均为50%,20××年5月A类产品的有关资料如下。

(1)本月各种产品的产量及定额资料见表4-1。

表4-1 产量及定额资料

20××年5月

产品名称	本月完工产品产量/件	月末在产品产量/件	单位完工产品定额	
			材料消耗定额/千克	工时消耗定额/时
甲产品	4 000	200	14	0.8
乙产品	5 000	300	10	0.5
丙产品	8 000	500	8	0.6

(2)A类产品月初在产品成本与本月发生费用见表4-2。

表 4-2　A 类产品费用资料

20××年 5 月　　　　　　　　　　　　　　　　　　　　　　　　　　单位：元

项目	直接材料	直接人工	制造费用	合计
月初在产品成本	9 900	1 610	1 127	12 637
本月发生费用	80 000	20 000	14 000	114 000
合计	89 900	21 610	15 127	126 637

（3）根据上述资料，计算 A 类各产品标准产量见表 4-3、表 4-4。

表 4-3　按材料消耗定额确定标准产量

产品名称	材料消耗定额/千克	单位系数	完工产品标准产量/件		在产品约当标准产量/件		标准总产量/件
			产成品数量	标准产量	在产品数量	标准产量	
	①	②=①÷10	③	④=②×③	⑤	⑥=②×⑤	⑦=④+⑥
甲产品	14	1.4	4 000	5 600	200	280	5 880
乙产品	10	1	5 000	5 000	300	300	5 300
丙产品	8	0.8	8 000	6 400	500	400	6 800
合计				17 000		980	17 980

$$直接材料费用分配率 = \frac{直接材料费用合计}{\sum 按材料消耗定额确定的标准总产量}$$

$$= \frac{89\ 900}{17\ 980} = 5$$

甲完工产品应负担的直接材料费用 = 5 600 × 5 = 28 000（元）
甲期末在产品应负担的直接材料费用 = 280 × 5 = 1 400（元）
乙完工产品应负担的直接材料费用 = 5 000 × 5 = 25 000（元）
乙期末在产品应负担的直接材料费用 = 300 × 5 = 1 500（元）
丙完工产品应负担的直接材料费用 = 6 400 × 5 = 32 000（元）
丙期末在产品应负担的直接材料费用 = 400 × 5 = 2 000（元）
A 类完工产品应负担的直接材料费用 = 28 000 + 25 000 + 32 000 = 17 000 × 5 = 85 000（元）
A 类期末在产品应负担的直接材料费用 = 1 400 + 1 500 + 2 000 = 980 × 5 = 4 900（元）

表 4-4　按工时定额确定标准产量

产品名称	工时定额/时	单位系数	完工产品标准产量/件		在产品约当标准产量/件		标准总产量/件
			产成品数量	标准产量	在产品约当产量数量	标准产量	
	①	②=①÷0.5	③	④=②×③	⑤	⑥=②×⑤	⑦=④+⑥
甲产品	0.8	1.6	4 000	6 400	100	160	6 560
乙产品	0.5	1	5 000	5 000	150	150	5 150
丙产品	0.6	1.2	8 000	9 600	250	300	9 900
合计				21 000		610	21 610

$$直接人工费用分配率 = \frac{直接人工合计}{\sum 按工时定额确定的标准总产量}$$

$$= \frac{21\,610}{21\,610} = 1$$

甲完工产品应负担的直接人工费用 = 6 400 × 1 = 6 400（元）
甲期末在产品应负担的直接人工费用 = 160 × 1 = 160（元）
乙完工产品应负担的直接人工费用 = 5 000 × 1 = 5 000（元）
乙期末在产品应负担的直接人工费用 = 150 × 1 = 150（元）
丙完工产品应负担的直接人工费用 = 9 600 × 1 = 9 600（元）
丙期末在产品应负担的直接人工费用 = 300 × 1 = 300（元）
A 类完工产品应负担的直接人工费用 = 6 400 + 5 000 + 9 600 = 21 000 × 1 = 21 000（元）
A 类期末在产品应负担的直接人工费用 = 160 + 150 + 300 = 610 × 1 = 610（元）

$$制造费用分配率 = \frac{制造费用合计}{\sum 按工时定额确定的标准总产量}$$

$$= \frac{15\,127}{21\,610} = 0.7$$

甲完工产品应负担的制造费用 = 6 400 × 0.7 = 4 480（元）
甲期末在产品应负担的制造费用 = 160 × 0.7 = 112（元）
乙完工产品应负担的制造费用 = 5 000 × 0.7 = 3 500（元）
乙期末在产品应负担的制造费用 = 150 × 0.7 = 105（元）
丙完工产品应负担的制造费用 = 9 600 × 0.7 = 6 720（元）
丙期末在产品应负担的制造费用 = 300 × 0.7 = 210（元）
A 类完工产品应负担的制造费用 = 4 480 + 3 500 + 6 720 = 21 000 × 0.7 = 14 700（元）
A 类期末在产品应负担的制造费用 = 112 + 105 + 210 = 610 × 0.7 = 427（元）

根据 A 类产品的有关成本资料和计算资料，登记 A 类产品成本明细账并编制 A 类产品成本计算表，见表 4-5、表 4-6。

表 4-5　生产成本明细账

产品名称：A 类产品　　　　　　　　　　　　　　　　　　　　　　　　　　　　　　　　　单位：元

20××年		凭证字号	摘要	成本项目			合计
月	日			直接材料	直接人工	制造费用	
5	1		月初在产品成本	9 900	1 610	1 127	12 637
	31		本月发生生产费用	80 000	20 000	14 000	114 000
	31		生产费用合计	89 900	21 610	15 127	126 637
	31		结转完工产品成本	85 000	21 000	14 700	120 700
	31		月末在产品成本	4 900	610	427	5 937

表 4-6 A 类产品成本计算表

20××年 5 月　　　　　　　　　　　　　　　　　　　单位：元

产品名称		产品产量/件	直接材料	直接人工	制造费用	完工产品成本		期末在产品成本	合计
						总成本	单位成本		
甲产品	本月完工产品	4 000	28 000	6 400	4 480	38 880	9.72		38 880
	期末在产品	200	1 400	160	112			1 672	1 672
乙产品	本月完工产品	5 000	25 000	5 000	3 500	33 500	6.70		33 500
	期末在产品	300	1 500	150	105			1 755	1 755
丙产品	本月完工产品	8 000	32 000	9 600	6 720	48 320	6.04		48 320
	期末在产品	500	2 000	300	210			2 510	2 510
合计			89 900	21 610	15 127	120 700		5 937	126 637

根据上述产品成本计算资料，编制本月产品完工入库的会计分录为

借：库存商品——甲产品　　　　　　　　　　　　　　　　38 880
　　　　　　——乙产品　　　　　　　　　　　　　　　　33 500
　　　　　　——丙产品　　　　　　　　　　　　　　　　48 320
　　贷：生产成本——A 类产品　　　　　　　　　　　　　120 700

在采用分类法计算产品成本时，领料单、工时记录等原始凭证和原始记录可以只按产品类别填列，在各种费用分配表中可以只按产品类别分配费用，产品成本明细账可以只按产品类别开设，这不仅能简化成本计算工作，而且能够在产品品种、规格繁多的情况下，分类掌握产品成本的情况。但是，因为在类内各种产品成本的计算中，不论是间接计入费用还是直接计入费用，都是按一定的分配标准或比例进行分配的，所以计算结果有一定的假定性。因此，在分类法下，产品的分类和分配标准（或系数）的选定是否适当，是一个关键问题。在产品的分类上，应以所耗原材料和工艺技术过程是否相近为标准，因为所耗原材料和工艺技术过程相近的各种产品，其成本水平也往往接近。在对产品进行分类时，类距既不能定得过小，使成本计算工作复杂化；也不能定得过大，造成成本计算上的"大锅烩"，影响成本计算的准确性。在产品结构、所耗原材料或工艺技术发生较大变动时，应及时修订分配系数或另选分配标准，以保证成本计算的准确性。

三、联产品、副产品成本的计算

（一）联产品成本的计算

联产品是指用相同的原材料经过同一个生产过程，同时生产出来的几种具有同等地位的主要产品，如炼油厂经过同一生产过程提炼出的汽油、煤油、柴油等；制糖厂用甜菜制成的冰糖、白糖、红糖等。

联产品的成本计算，关键是确定分离点。各种联产品在生产过程中投入相同的原材料，经过同一个生产过程，在生产过程终了或者在生产步骤的某一个"点"上分离出来，这个"点"就被称为"分离点"。分离之后有的产品可以直接销售，有的产品则需要经过进一步加工才能销售。在分离点前发生的成本称为联合成本，在分离点后进一步加工而发生的成本因其可以归属到某种联产品上去，所以称为可归属成本。某种联产品在整个生产过程中的生产成本应为分配到的联合成本与该种产品的可归属成本之和。

联产品的成本计算包括分离点前的联合成本计算、分离点的联合成本分配和分离点后可归属成本的计算。分离点前联产品联合成本的计算及分离点后可归属成本的计算，都应根据生产类型和管理要求，选用合适的成本计算的基本方法。计算联产品成本的关键是在分离点采用适当的方法如系数分配法、实物量分配法（重量、长度、容积等）、销售价值分配法和可实现净值分配法等分配联合成本。

【例4-2】 汇丰公司生产甲、乙、丙三种联产品，20××年5月生产完工甲产品2 000件，乙产品2 000件，丙产品4 000件，无期初、期末在产品。本月发生的联合成本为85 000元，其中直接材料60 000元，直接人工18 000元，制造费用7 000元。甲、乙、丙三种产品的单位售价分别为40元、100元和30元，全部产品均已售出。

1. 系数分配法

系数分配法是最简单也最为常用的一种联合成本的分配方法。

系数分配法是指将各种联产品的实际产量按照事先规定的系数折算为相对生产量，然后将联产品的联合成本按照各联产品的相对生产量比例来进行分配的一种方法。

假设例4-2分配联合成本时，以产品售价为标准确定系数，以甲产品为标准产品，其系数为1，采用系数分配法将联合成本在甲、乙、丙三种产品之间进行分配，分配结果见表4-7。

表4-7 联产品成本计算表（系数分配法）

产品名称	产量/件	系数	相对产量/件	分配比例	应负担的成本/元			
					直接材料	直接人工	制造费用	合计
甲产品	2 000	1	2 000	20%	12 000	3 600	1 400	17 000
乙产品	2 000	2.5	5 000	50%	30 000	9 000	3 500	42 500
丙产品	4 000	0.75	3 000	30%	18 000	5 400	2 100	25 500
合计	8 000		10 000	100%	60 000	18 000	7 000	85 000

2. 实物量分配法

实物量分配法是指按分离点上各种联产品的重量、长度、容积或其他实物量比例来分配联合成本的一种方法。这种分配方法一般适用于成本的发生与产量关系密切，而且各联产品销售价值较为均衡的联合成本的分配。

以例4-2为基础，采用实物量分配法将联合成本在甲、乙、丙三种产品之间进行分配，分配结果见表4-8。

表 4-8 联产品成本计算表（实物量分配法）

产品名称	产量/件	分配比例	应负担的成本/元			
			直接材料	直接人工	制造费用	合计
甲产品	2 000	25%	15 000	4 500	1 750	21 250
乙产品	2 000	25%	15 000	4 500	1 750	21 250
丙产品	4 000	50%	30 000	9 000	3 500	42 500
合计	7 500	100%	60 000	18 000	7 000	85 000

3. 销售价值分配法

销售价值分配法是指按各联产品的销售价值的比例分配联合成本的一种方法。这种方法一般适用于分离后不再加工的联产品。

销售价值分配法依据的是售价较高的联产品换算成相应比例负担较高份额的联合成本理论，目的是使这些联产品能够取得一致的毛利率。该方法弥补了实物量分配法和系数分配法的缺点，将联合成本的分配与其最终销售价值联系起来，按照各联产品销售价值的比例来对分离点前的联合成本加以分摊。

以例 4-2 为基础，采用销售价值分配法将联合成本在甲、乙、丙三种产品之间进行分配，分配结果见表 4-9。

表 4-9 联产品成本计算表（销售价值分配法）

产品名称	产量/件	单价/元	销售价值/元	分配比例	应负担的成本/元			
					直接材料	直接人工	制造费用	合计
甲产品	2 000	40	80 000	20%	12 000	3 600	1 400	17 000
乙产品	2 000	100	200 000	50%	30 000	9 000	3 500	42 500
丙产品	4 000	30	120 000	30%	18 000	5 400	2 100	25 500
合计	8 000		400 000	100%	60 000	18 000	7 000	85 000

4. 可实现净值分配法

可实现净值分配法是指按各联产品的可实现净值比例分配联合成本的一种方法。可实现净值是指产品的最终销售价值减去其可归属成本后的余额，就是将联产品的联合成本按照各联产品的最终销售价值减去分离后各联产品的可归属成本的价值比例进行分摊。计算公式为

$$可实现净值＝产品销售价值－该产品可归属成本$$

由公式可以看出，无须进一步加工的联产品，其可实现净值与其销售价值一致。如例 4-2 中，乙产品需要进一步加工后才能出售，可归属成本为 80 000 元，则各联产品成本计算结果见表 4-10。

表4-10 联产品成本计算表（可实现净值分配法）　　　　　　　　　单位：元

产品名称	销售价值	可归属成本	可实现净值	分配比例	应负担的成本			
					直接材料	直接人工	制造费用	合计
甲产品	80 000	—	80 000	25%	15 000	4 500	1 750	21 250
乙产品	200 000	80 000	120 000	37.5%	22 500	6 750	2 625	31 875
丙产品	120 000	—	120 000	37.5%	22 500	6 750	2 625	31 875
合计	400 000	80 000	320 000	100%	60 000	18 000	7 000	85 000

（二）副产品成本的计算

有些工业企业，在生产主要产品的过程中，还会附带生产出一些非主要产品，这些非主要产品被称为副产品，如在原油的加工过程中产生的渣油、石油焦，在制皂的过程中产生的甘油等。

副产品虽然不是企业的主要产品，所占的费用比重不大，但亦有一定的经济价值，因此也应该加强管理和核算。为了简化核算工作，对副产品可以不单独计算成本，而采用与分类法相似的方法计算成本，即将副产品与主产品合为一类开设成本明细账，归集它们所发生的各项生产费用，计算该类产品的总成本，然后将副产品按照一定的方法计价，从总成本中扣除，以扣除后的成本作为主产品的成本。

副产品成本可以按照售价减去税金和按正常利润率计算的销售利润后的余额计价；也可以在此基础上确定固定的单价，以固定的单价计价。

副产品成本的合理计价，对于正确计算主产品、副产品的成本是十分重要的。副产品成本的计价既不能过高也不能过低，否则不仅不能准确反映产品的成本，还会影响主产品成本计算的准确性。

有的副产品与主产品分离后，还需要单独进行加工。例如，在制皂过程中产生的含有甘油的盐水，在与主产品分离后，还要加入某些辅助材料，经进一步加工，才能生产出甘油，在这种情况下，还应该根据副产品加工生产的特点和管理的要求单独计算成本。

【例4-3】宏发公司20××年5月在生产甲产品（主产品）的过程中，还生产出乙产品（副产品），分离后不再继续加工可直接对外销售。本月生产的500千克甲产品在分离点后不需要继续加工，甲产品本月全部完工。甲、乙产品的联合成本为52 800元，其中直接材料32 000元，直接人工12 800元，制造费用8 000元。本月附带生产的副产品乙产品50千克完工入库，乙产品售价80元/千克，销售税金4元/千克，销售利润率15%。乙产品成本从甲产品直接材料项目中直接扣除。根据上述资料，乙产品和甲产品成本计算过程如下。

乙产品成本：

$$乙产品单位成本 = 80 - 4 - 80 \times 15\% = 64（元）$$

$$乙产品总成本 = 64 \times 50 = 3\ 200（元）$$

甲产品成本：

$$直接材料费用 = 32\ 000 - 3\ 200 = 28\ 800（元）$$

$$直接人工费用 = 12\ 800（元）$$

$$制造费用 = 8\ 000（元）$$

$$甲产品的总成本 = 28\,800 + 12\,800 + 8\,000 = 49\,600（元）$$

$$甲产品的单位成本 = \frac{49\,600}{500} = 99.20（元）$$

根据上述计算结果登记产品成本计算，见表4-11。

表4-11 产品成本计算表   单位：元

项目	直接材料	直接人工	制造费用	合计
生产费用合计	32 000	12 800	8 000	52 800
结转本月完工乙产品成本	3 200			
结转本月完工乙产品单位成本	64			
本月完工甲产品总成本	28 800	12 800	8 000	49 600
本月完工甲产品单位成本	57.60	25.60	16	99.20

根据表4-11，编制会计分录为

借：库存商品——甲产品　　　　　　　　　　　　　　　49 600
　　　　　　——乙产品　　　　　　　　　　　　　　　 3 200
　贷：生产成本——直接材料　　　　　　　　　　　　　32 000
　　　　　　——直接人工　　　　　　　　　　　　　 12 800
　　　　　　——制造费用　　　　　　　　　　　　　　8 000

实务训练

实训　分类法成本核算训练

1. 资料

华海公司的产品规格很多，其中，A、B、C三种产品耗用的原材料和生产工艺技术过程比较接近，因此将其归并为甲类，采用分类法计算成本。20××年3月的有关资料见表4-12和表4-13。

表4-12　在产品成本和本月生产费用资料

产品类别：甲类　　　　　　　20××年3月　　　　　　　　单位：元

项目	直接材料	直接人工	制造费用	合计
月初在产品	8 500	5 600	3 500	17 600
本月生产费用	24 800	18 200	6 400	49 400
合计	33 300	23 800	9 900	67 000

表4-13 甲类产品消耗定额和产量记录

产品类别：甲类　　　　　　　　　　　　20××年3月

产品名称	本月完工产品产量/件	月末在产品产量/件	单位产品材料消耗定额/千克	单位产品工时消耗定额/时
A产品	800	40	12	9
B产品	1 200	180	10	5
C产品	500	80	8	3

该公司根据甲类产品的产销情况，确定B产品为标准产品，定其系数为1。假设A类产品原材料均在生产开始时一次性投入，月末在产品的完工程度均为50%。

2. 要求

（1）根据上述资料，分别按材料消耗定额和工时消耗定额确定甲类各产品标准产量，并将计算结果填入表4-14、表4-15。

表4-14 按材料消耗定额确定标准产量

产品名称	材料消耗定额/千克	单位系数	完工产品标准产量/件		在产品约当标准产量/件		标准总产量/件
			产成品数量	标准产量	在产品数量	标准产量	
A产品							
B产品							
C产品							
合计							

表4-15 按工时消耗定额确定标准产量

产品名称	工时定额/时	单位系数	完工产品标准产量/件		在产品标准产量/件		标准总产量/件
			产成品数量	标准产量	在产品约当产量	标准产量	
A产品							
B产品							
C产品							
合计							

（2）计算直接材料费用分配率、甲类完工产品应负担的直接材料费用和在产品应负担的直接材料费用。

（3）计算直接人工费用分配率、甲类完工产品应负担的直接人工费用和在产品应负担的直接人工费用。

（4）计算制造费用分配率、甲类完工产品应负担的制造费用和在产品应负担的制造费用。

（5）根据甲类产品的有关成本资料和计算资料，登记甲类产品生产成本明细账，见

表 4-16。

表 4-16 生产成本明细账

产品名称：甲类产品　　　　　　　　　20××年 3 月　　　　　　　　　　　单位：元

20××年		凭证字号	摘要	成本项目			合计
月	日			直接材料	直接人工	制造费用	
3	1		月初在产品成本				
	31		本月发生生产费用				
	31		生产费用合计				
	31		结转完工产品成本				
	31		月末在产品成本				

（6）编制甲类产品成本计算表，见表 4-17。

表 4-17 甲类产品成本计算表

20××年 3 月　　　　　　　　　　　　单位：元

产品名称		产品产量/件	直接材料	直接人工	制造费用	完工产品成本		期末在产品成本	合计
						总成本	单位成本		
A 产品	本月完工产品								
	期末在产品								
B 产品	本月完工产品								
	期末在产品								
C 产品	本月完工产品								
	期末在产品								
合计									

（7）编制本月产品完工入库的会计分录。

项目十三
定额法及应用

一、定额法概述

在成本计算方法——品种法、分批法和分步法下,生产费用的日常核算,都是按照其实际发生额进行的,产品的实际成本也都是根据实际生产费用计算的。因此,生产费用和产品成本脱离定额的差异及其发生的原因,只有在月末时通过实际资料与定额资料的对比、分析才能得到反映,而不能在月内生产费用发生的当时就得到反映。这便不利于加强定额管理,不利于及时对产品成本进行控制和管理,不能更有效地发挥成本核算对于节约费用、降低成本的作用。

应用产品成本计算的定额法,就是为了克服上述几种成本计算方法的弱点,及时反映和监督生产费用和产品成本脱离定额的差异,把产品成本的计划、控制、核算和分析结合在一起。它是以产品的定额成本为基础,加、减脱离定额差异和定额变动差异,进而计算产品实际成本的一种方法。其主要特点如下。

(1) 将事先制订的产品消耗定额、费用定额和定额成本作为降低成本的目标。

(2) 在生产费用发生的当时,就将符合定额的费用和发生的差异分别核算,以加强对成本差异的日常核算、分析和控制。

(3) 在月末,在定额成本的基础上,加、减各种成本差异,计算产品的实际成本,为成本的定期考核和分析提供数据。

二、定额成本的计算

(一) 制订定额成本

采用定额法计算产品成本,必须先制订产品的原材料、动力、工时等消耗定额,并根据各项消耗定额和计划价格或费用的计划分配率等资料,计算产品的各项费用定额和产品的单位定额成本。

产品的定额成本与计划成本既有相同之处,又有不同之处。

两者的相同之处是:两者都是以生产耗费的消耗定额和计划单价为根据确定目标成本的。例如:

单位产品直接材料定额成本=单位产品材料定额用量×材料计划单价

单位产品直接工资定额成本=单位产品生产工时定额×计划小时工资率

单位产品制造费用定额成本=单位产品生产工时定额×计划小时制造费用率

其中,

$$计划小时工资率 = \frac{计划产量的定额工资总额}{计划产量的定额生产工时}$$

$$计划小时制造费用率 = \frac{计划产量的定额制造费用总额}{计划产量的定额生产工时}$$

两者的不同之处是:计算计划成本所依据的消耗定额是计划期内(一般为一年)平均消耗定额,也称计划定额,在计划期内通常是不变的;而计算定额成本所依据的消耗定额是现行的定额,是企业在当时的生产技术条件下,在各项消耗上应达到的标准,它应随着生产技术的进步、劳动生产率的提高而不断地修订。此外,计算计划成本所依据的原材料等的计划单价,可能有变动。因此,计划成本在计划期内通常是不变的,而定额成本在计划期内则是变动的。

由上述可知,所谓产品的定额成本,也就是根据各种有关的现行定额计算的成本。制订定额成本,可以使企业的成本控制和考核更加有效,更加符合实际,从而保证成本计划的完成。

产品单位定额成本,应包括零件、部件的定额成本和产成品的定额成本,通常由计划、会计等部门共同制订。一般是先制订零件的定额成本,然后汇总计算部件和产成品的定额成本。如果产品的零部件较多,为了简化计算工作,可以不计算零件的定额成本,而直接根据零件定额卡所列的零件的原材料消耗定额、工序计划和工时消耗定额,以及原材料的计划单价、计划的工资率和计划的制造费用率等,计算部件定额成本,然后汇总计算产成品定额成本;或者根据零部件定额卡和原材料计划单价、计划的工资率和计划的制造费用率等,直接计算产成品定额成本。

需要指出的是,编制定额成本结算表时,所采用的成本项目和成本计算方法,应与编制计划成本、计算实际成本时所采用的成本项目和成本计算方法一致,以便成本考核和成本分析工作的顺利进行。

零件定额卡、部件定额成本计算卡和产品定额成本计算表的格式分别见表 4–18～表 4–20。

表 4–18 零件定额卡

零件编号、名称:2101　　　　　　20××年5月

材料编号、名称	计量单位	材料消耗定额
1301	千克	4
工序编号	工时定额/时	累计工时定额/时
1	2	2
2	4	6

表 4-19 部件定额成本计算卡

部件编号、名称：2100　　　　　　　　　20××年5月

所需零件编号、名称	零件数量	材料定额						金额合计	工时定额
		1301			1302				
		数量	计划单价	金额	数量	计划单价	金额		
2101	3	12	5	60				60	18
2102	2				8	4	32	32	12
装配									4
合计				60			32	92	34

定额成本项目					定额成本合计
原材料	工资及福利费		制造费用		
	计划工资率	金额	计划费用率	金额	
92	7.5	255	4	136	483

表 4-20 产品定额成本计算表

产品编号：2000　　　　　　　　　产品名称：甲

所用部件编号或名称	所用部件数量	材料费用定额		工时定额	
		部件	产品	部件	产品
2100	2	92	184	34	68
2200	2	110	220	30	60
装配					12
合计			404		140

产品定额成本项目					产品定额成本合计
直接材料	直接人工		制造费用		
	工资率	金额	费用率	金额	
404	7.5	1 050	4	560	2 014

（二）脱离定额差异的核算

脱离定额的差异是指在生产过程中，各项生产费用的实际支出脱离现行定额或预算的数额。脱离定额差异的核算，就是在发生生产费用时，为符合定额的费用和脱离定额的差异，分别编制定额凭证和差异凭证，并在有关的费用分配表和明细分类账中分别予以登记，这样，就能及时正确地核算和分析生产费用脱离定额的差异，控制生产费用支出。因此，对定额差异的核算是实行定额法的重要内容。

为了防止生产费用的超支，避免浪费和损失，差异凭证填制以后，还必须按照规定办理审批手续。在有条件的企业，可以将脱离定额差异的日常核算同车间或班组经济责任制结合起来，依靠各生产环节的职工控制生产费用。

1. 直接材料脱离定额差异的核算

在各成本项目中，原材料费用（包括自制半成品费用）一般占有较大比重，且属于直接计入费用，因而更有必要和可能在费用发生的当时就按产品核算定额费用和脱离定额的差异，以不同的凭证予以反映。

直接材料脱离定额差异的核算方法，有限额法、切割核算法和盘存法三种。下面分别加以介绍。

1）限额法

为了控制材料的领用，在定额法下，原材料的领用应该实行限额领料（或定额发料）制度，符合定额的原材料应根据限额领料单等定额凭证领发。由于增加产量，需要增加用料时，在追加限额手续后，也可以根据定额凭证领发。由于其他原因发生的超额用料或代用材料的用料，则应填制专设的超额领料单、代用材料领料单等差异凭证，经过一定的审批手续后领发。为了减少凭证的种类，这些差异凭证也可用普通领料单代替，但应以不同的颜色或加盖专用的戳记以示区别。在差异凭证中，应填写差异的数量、金额及发生差异的原因。差异凭证的签发，须经过一定的审批手续，其中由于采用代用材料、利用废料和材料质量低劣等原因而引起的脱离定额差异，通常由技术部门审批。对于采用代用材料和废料利用，还应在有关的限额领料单中注明，并从原定的限额中扣除。

在每批生产任务完成以后，应根据车间余料编制退料手续，退料单也是一种差异凭证。退料单中的原材料数额和限额领料单中的原材料余额，都是原材料脱离定额的节约差异。限额领料单中的余额和退料单中的数额都属于材料脱离定额的节约差异，而超额领料单中的数额则属于材料脱离定额的超支差异。

应当指出的是，直接材料脱离定额差异是在产品生产中实际用料脱离现行定额而形成的成本差异，而限额法并不能完全控制用料，上述差异凭证所反映的差异往往只是领料差异，而不一定是用料差异。这是因为，投产的产品数量不一定等于规定的产品数量；所领原材料的数量也不一定等于原材料的实际消耗量，即期初、期末车间可能有余料。

【例4-4】某限额领料单规定的产品数量为1 000件，每件产品的原材料消耗定额为5千克，则领料限额为5 000千克。本月实际领料4 800千克，领料差异为少领200千克。现假定有以下三种情况。

第一种情况：本期投产产品数量符合限额领料单规定的产品数量，即1 000件，且期初、期末均无余料，则上述少领200千克的领料差异就是用料脱离定额的节约差异。

第二种情况：本期投产产品数量仍为1 000件，但车间期初余料为100千克，期末余料为120千克，则

$$\text{直接材料定额消耗量} = 1\,000 \times 5 = 5\,000 \text{（千克）}$$
$$\text{直接材料实际消耗量} = 4\,800 + 100 - 120 = 4\,780 \text{（千克）}$$
$$\text{直接材料脱离定额差异} = 4\,780 - 5\,000 = -220 \text{（千克）（节约）}$$

第三种情况：本期投产产品数量为900件，车间期初余料为100千克，期末余料为120千克，则

$$\text{直接材料定额消耗量} = 900 \times 5 = 4\,500 \text{（千克）}$$

直接材料实际消耗量＝4 800＋100－120＝4 780（千克）

直接材料脱离定额差异＝4 780－4 500＝280（千克）（超支）

由此可见，只有投产产品数量等于规定的产品批量，且车间期初、期末均无余料或期初、期末余料数量相等时，领料（或发料）差异才是用料脱离定额的差异。

2）切割核算法

对于某些贵重材料或经常大量使用的且又需要经过在准备车间或下料工段切割后才能进一步进行加工的材料，如板材、棒材等，还应采用材料切割核算单。应通过材料切割核算单，核算用料差异，控制用料。

材料切割核算单，应按切割材料的批别开立，在单中要填明切割材料的种类、数额、消耗定额和应切割成的毛坯数量。

切割完毕，要填写实际切割成的毛坯数量和材料的实际消耗量；然后根据实际切割成的毛坯数量和消耗定额，即可求得材料定额消耗量；再将此与材料实际消耗量相比较，即可确定脱离定额差异。

材料定额消耗量、脱离定额的差异，以及发生差异的原因均应填入单中，并由主管人员签字证明。材料切割核算单的格式见表4－21。

表4－21 材料切割核算单

材料编号或名称：2105　　材料计量单位：千克　　材料计划单价：7.50元

产品名称：甲　　零件编号或名称：205　　图纸号：609

切割工人工号和姓名：1631　王江　　机床编号：312

发交切割日期：20××年5月6日　　完工日期：20××年5月31日

发料数量	退回余料数量	材料实际消耗量	废料回收数量
136	5	131	13.5

单件消耗定额	单件回收废料定额	应割成的毛坯数量	实际割成的毛坯数量	材料定额消耗量	废料定额回收量
10	0.5	13	12	120	6

材料脱离定额差异		废料脱离定额差异			差异原因	责任者
数量	金额	数量	单价	金额	未按规定要求操作，多留了边料，减少了毛坯	切割工人
11	82.5	－7.5*	1.20	－9		

说明：*回收废料超过定额的差异可以冲减材料费用，故列负数；相反，低于定额的差异列正数。

采用材料切割核算单进行材料切割的核算，能及时反映材料的使用情况和发生差异的具体原因，有利于加强对材料消耗的控制和监督。在有条件的情况下，如与车间或班组的经济核算结合起来，则可以收到更好的效果。

3）盘存法

在大量生产，不能按照上述分批核算原材料脱离定额差异的情况下，除仍要使用限额领料单等定额凭证和超额领料单等差异凭证，以便控制日常材料的实际消耗外，还应定期（按工作班、工作日或按周、旬等)通过盘存的方法核算差异。

根据完工产品数量和在产品盘存(实地盘存或账面结存)数量算出投产产品数量,再乘以原材料消耗定额,算出原材料定额消耗量。其中,投产产品数量的计算公式如下:

本期投产产品数量＝本期完工产品数量＋期末在产品数量－期初在产品数量

根据限额领料单、超额领料单、退料单等材料凭证及车间余料的盘存数量,计算原材料实际消耗量。

将原材料实际消耗量与定额消耗量进行比较,进而确定原材料脱离定额的差异。

应该指出的是,按照上列公式计算本期投产产品数量,必须具备下述条件,即原材料在生产开始时一次性投入,期初和期末在产品都不再耗用原材料。如果原材料是随着生产的进行陆续投入的,在产品还要耗用原材料,那么上列公式中的期初和期末在产品数量应改为按原材料消耗定额计算的期初和期末在产品的约当产量。

【例4-5】生产乙产品耗用C材料。乙产品期初在产品为50件,本期完工产品为1 000件,期末在产品为150件。生产乙产品用原材料是在生产开始时一次性投入的,乙产品的原材料消耗定额为每件2千克,原材料的计划单价为每千克10元。限额领料单中载明的本期已实际领料数量为2 100千克。车间期初余料为50千克,期末余料为20千克。有关数据计算如下:

投产产品数量＝1 000＋150－50＝1 100(件)

直接材料定额消耗量＝1 100×2＝2 200(千克)

直接材料实际消耗量＝2 100＋50－20＝2 130(千克)

直接材料脱离定额差异(数量)＝2 130－2 200＝－70(千克)(节约)

直接材料脱离定额差异(金额)＝－70×10＝－700(元)(节约)

对于直接材料的定额消耗量和脱离定额的差异,应分批或定期按照成本计算对象进行汇总,编制原材料定额费用和脱离定额差异汇总表。表中应填明该批或该种产品所耗各种原材料的定额消耗量、定额费用和脱离定额的差异,并分析说明差异产生的主要原因。该表既可以用来汇总反映和分析材料消耗定额的执行情况,又可以代替原材料费用分配表登记产品成本明细账,还可以报送有关领导或向有关部门公布,以便根据差异发生的原因采取措施,进一步挖掘降低原材料消耗的潜力。

现以华丰厂甲产品为例,列示其20××年6月原材料定额费用和脱离定额差异汇总表,见表4-22。

表4-22 原材料定额费用和脱离定额差异汇总表

产品名称:甲　　　　　　　　　　20××年6月1—30日　　　　　　　　　　单位:元

原材料类别	材料编号	单位	计划单位成本	定额费用		计划价格费用		脱离定额差异		差异原因
				数量	金额	数量	金额	数量	金额	
原料	1201	千克	5	6 000	30 000	6 200	31 000	＋200	＋1 000	略
主要材料	2304	千克	4	5 000	20 000	4 500	18 000	－500	－2 000	略
辅助材料	3202	千克	4	1 750	7 000	1 800	7 200	＋50	＋200	略
合计					57 000		56 200		－800	

自制半成品的定额消耗量、定额费用和脱离定额差异的核算方法与原材料的相同。

2. 直接人工脱离定额差异的核算

在计件工资形式下，生产工资属于直接计入费用，因此其脱离定额差异的核算与原材料的类似。凡符合定额的生产工资可反映在工票、工作班产量记录、工序进程单等产量记录中；脱离定额的差异部分，应设置"工资补付单"等差异凭证予以反映，单中也应填明差异发生的原因，并要经过一定的审批手续。

在计时工资形式下，因为实际工资总额到月终才能确定，所以生产工资脱离定额的差异不能在平时按照产品直接计算，只有在月末实际生产工资总额确定以后才能计算。

如果生产工资属于直接计入费用，则某产品的生产工资脱离定额差异可按下式计算：

$$\text{某产品生产工资脱离定额差异} = \text{该产品实际生产工资} - \text{该产品实际产量} \times \text{该产品生产工资定额}$$

如果生产工资属于间接计入费用，则产品生产工资脱离定额差异应按照下列公式计算：

$$\text{计划单位小时工资} = \frac{\text{某车间计划产量的定额生产工资}}{\text{该车间计划产量的定额生产工时}}$$

$$\text{实际单位小时工资} = \frac{\text{该车间实际生产工资总额}}{\text{该车间实际生产工时总额}}$$

$$\text{某产品的定额生产工资} = \text{该产品实际产量的定额生产工时} \times \text{计划单位小时工资}$$

$$\text{某产品的实际生产工资} = \text{该产品实际产量的实际生产工时} \times \text{实际单位小时工资}$$

$$\text{某产品生产工资脱离定额差异} = \text{该产品实际生产工资} - \text{该产品定额生产工资}$$

从以上计算公式可以看出，要降低单位产品的计时工资，必须降低单位小时的生产工资和单位产品的生产工时。为此，企业不仅要严格控制工资总额，使之不超过计划；还要充分利用工时，使生产工时总额不低于计划；并且要控制单位产品的工时耗费，使之不超过工时定额。

为了降低单位产品的计时工资，在定额法下，应加强日常控制，通过核算工时脱离定额差异的方法，监督生产工时的利用情况和工时消耗定额的执行情况。为此，在日常核算中，要按照产品核算定额工时、实际工时和工时脱离定额差异，及时分析发生差异的原因。

【例4-6】华丰厂A车间（该车间生产乙产品和其他产品）20××年6月计划产量的定额生产工资为14 800元，计划产量的定额生产工时为2 960小时；6月实际生产工人工资为16 120元，实际生产工时为3 100小时；本月乙产品定额工时为1 836小时，实际生产工时为1 807小时。乙产品定额生产工资和生产工资脱离定额差异的计算如下：

$$\text{计划单位小时工资} = \frac{14\,800}{2\,960} = 5 \text{（元）}$$

$$\text{实际单位小时工资} = \frac{16\,120}{3\,100} = 5.2 \text{（元）}$$

乙产品定额生产工资 = 1 836×5 = 9 180（元）
乙产品实际生产工资 = 1 807×5.2 = 9 396.4（元）
乙产品生产工资脱离定额差异 = 9 396.4 − 9 180 = 216.4（元）

在定额法下，不论采用哪一种工资形式，都应根据上述核算资料，按照成本计算对象汇总编制定额生产工资和脱离定额差异汇总表。该表中，应汇总反映产品的定额工资、实际工资、工资脱离定额差异及其产生的原因（在计时工资形式下，还应汇总反映各种产品工时脱离定额的情况）等，以考核和分析各种产品工资定额的执行情况，并据以计算产品的生产工资。

3. 制造费用及其他费用脱离定额（或计划）的核算

制造费用一般来说属于间接计入费用，在日常核算中不能按照产品直接确定费用脱离定额的差异，而只能根据月份的费用计划，按照费用的发生地点和费用项目，核算脱离计划的差异，据以对费用的发生进行控制和监督。对于其中的材料费用，也可以采用限额领料单、超额领料单等定额凭证和差异凭证进行控制；对生产工具、零星费用，则可采用领用手册、费用定额卡等凭证进行控制。在这些凭证中，要先填明领用的计划数，然后登记实际发生数和脱离计划的差异。对于超计划领用，也要经过一定的审批手续。

由上述可知，制造费用差异的日常核算，通常是指脱离费用计划的差异核算。各种产品应负担的制造费用脱离定额的差异，只有到月末实际费用分配给各种产品以后，才能以其实际费用与定额费用相比较加以确定。其计算确定方法，与计时工资脱离定额差异的计算确定方法类似。

有关计算公式如下：

$$\text{计划小时制造费用率} = \frac{\text{某车间计划制造费用总额}}{\text{该车间计划产量的定额生产工时总数}}$$

$$\text{实际小时制造费用率} = \frac{\text{某车间实际制造费用总额}}{\text{该车间各种产品实际生产工时总数}}$$

$$\text{某产品实际制造费用} = \text{该产品实际生产工时} \times \text{实际小时制造费用率}$$

$$\text{某产品定额制造费用} = \text{该产品实际产量的定额工时} \times \text{计划小时制造费用率}$$

$$\text{某产品制造费用脱离定额差异} = \text{该产品实际制造费用} - \text{该产品定额制造费用}$$

【例 4-7】 华丰厂 A 车间 20××年 6 月计划制造费用总额为 20 720 元，计划产量的定额生产工时总数为 2 960 小时；实际生产工时为 3 100 小时，实际发生制造费用为 21 545 元；本月丙产品的定额生产工时为 1 836 小时，实际生产工时为 1 807 小时。

甲产品定额制造费用和制造费用脱离定额差异的计算如下：

$$\text{计划小时制造费用率} = \frac{20\,720}{2\,960} = 7\,(\text{元})$$

$$\text{实际小时制造费用率} = \frac{21\,545}{3\,100} = 6.95\,(\text{元})$$

丙产品实际制造费用 = 1 807 × 6.95 = 12 558.65（元）

丙产品定额制造费用 = 1 836 × 7 = 12 852（元）

丙产品制造费用脱离定额差异 = 12 558.65 − 12 852 = −293.35（元）

对于废品损失及其发生的原因，应采用废品通知单和废品损失计算表单独反映，其中不可修复废品的成本，应按照定额成本计算。因为产品定额成本中一般不包括废品损失，所以发生的废品损失，通常被作为脱离定额差异来处理。

通过将产品的各项生产费用都分别计算出符合定额费用的部分和脱离定额差异的部分，在产品的定额成本上，加上或者减去脱离定额的差异，即可求得产品的实际成本。

计算公式如下：

产品实际成本 = 产品定额成本 ± 脱离定额差异

为了计算完工产品的实际成本，上述脱离定额的差异，还应在完工产品和月末在产品之间进行分配。因为采用定额法计算产品成本的企业，都有现成的定额成本资料，所以脱离定额差异在完工产品与月末在产品之间的分配，大多采用定额比例法进行。如果各月在产品的数量比较稳定，也可以采用按定额成本计算在产品成本的方法，将全部差异计入完工产品成本，月末在产品不负担差异。

（三）直接材料成本差异的分配

在采用定额法计算产品成本的企业中，为了便于对产品成本进行考核和分析，材料的日常核算都应按计划成本进行。因此，日常所发生的原材料费用，包括原材料定额费用和原材料脱离定额的差异，都是按照原材料的计划单位成本计算的。原材料定额费用是定额消耗量乘以计划单位成本；原材料脱离定额的差异是消耗量差异乘以计划单位成本。也就是说，前述的原材料脱离定额的差异，是按计划单位成本反映的数量差异，即量差。因此，在月末计算产品的实际原材料费用时，还必须考虑所耗原材料应负担的成本差异问题，即所耗原材料的价差。

其计算公式如下：

$$\text{某产品分配的原材料成本差异} = \left(\text{该产品原材料定额费用} \pm \text{原材料脱离定额差异} \right) \times \text{原材料成本差异分配率}$$

【例 4−8】华丰厂某产品 20××年 6 月所耗原材料定额费用为 57 000 元，脱离定额差异为节约 800 元，原材料的成本差异率为节约 1%，该产品应分配的材料成本差异为

(57 000 − 800) × (−1%) = −562（元）

各种产品应分配的材料成本差异，一般均由各该产品的完工产品成本负担，月末在产品不再负担。

在多步骤生产中采用定额法的情况下，若逐步结转半成品成本，则半成品的日常核算也

应按计划成本或定额成本进行。在月末计算产品实际成本时,也应比照原材料成本差异的分配方法,计算产品所耗半成品的成本差异。

这时,产品实际成本的计算公式如下:

$$产品实际成本 = 按现行定额计算的产品定额成本 \pm 脱离现行定额差异 \pm 原材料或半成品成本差异$$

在定额法下,为了便于考核和分析各个生产步骤的产品成本,简化成本计算工作,各个步骤所耗原材料和半成品的成本差异应尽量由厂部分配调整,不计入各个生产步骤产品的成本。

(四)定额变动差异的核算

定额变动差异是指因修订消耗定额或生产耗费的计划价格而产生的新旧定额之间的差额。定额变动差异与脱离定额差异是不同的:定额变动差异是定额本身变动的结果,它与生产中费用支出的节约或浪费无关;而脱离定额差异则反映生产费用支出符合定额的程度。

随着经济的发展、生产技术条件的变化、劳动生产率的提高等,企业的各项消耗定额、生产耗费的计划价格,也应随之加以修订,以保证各项定额能够准确有效地对生产经营活动进行控制和监督。在消耗定额或计划价格修订以后,定额成本也应随之及时修订。

消耗定额和定额成本一般是在月初、季初或年初定期进行修订,在定额变动的月份,其月初在产品的定额成本并未修订,仍然按照旧定额计算。因此,为了将按旧定额计算的月初在产品定额成本和按新定额计算的本月投入产品的定额成本,在新定额的同一基础上相加起来,应该计算月初在产品的定额变动差异,以调整月初在产品的定额成本。

月初在产品定额变动差异,可以根据定额发生变动的在产品盘存数量或在产品账面结存数量和修订前后的消耗定额,计算出月初在产品消耗定额修订前和修订后的定额消耗量,进而确定定额变动差异。在构成产品的零部件种类较多的情况下,采用这种方法按照零部件和工序进行计算,工作量就会很大。为了简化计算工作,也可以按照单位产品费用的折算系数进行计算,即将按新定额和旧定额所计算出的新单位产品费用和旧单位产品费用进行对比,求出系数,然后根据系数进行计算。

其计算公式如下:

$$系数 = \frac{按新定额计算的新单位产品费用}{按旧定额计算的旧单位产品费用}$$

$$月初在产品定额变动差异 = 按旧定额计算的月初在产品费用 \times (1 - 系数)$$

【例4-9】 某产品的一些零件从本月1日起实行新的原材料消耗定额,单位产品旧的原材料费用定额为12元,新的原材料费用定额为11.4元。该产品月初在产品按旧定额计算的原材料定额费用为12 000元。月初在产品定额变动差异计算结果如下:

$$系数 = \frac{11.4}{12} = 0.95$$

$$月初在产品定额变动差异 = 12\,000 \times (1 - 0.95) = 600(元)$$

采用系数法来计算月初在产品定额变动差异虽然较为简便,但由于系数是按照单位产品计算的，而不是按照产品的零部件计算的，因此它只宜在零部件成套生产或零部件成套性较大的情况下采用。也就是说，在零部件生产不成套或成套性较差的情况下采用系数法，会影响计算结果的正确性。例如，某产品只是部分零部件的消耗定额做了修订，如果零部件生产不成套，月初在产品所包括的零部件又不都是消耗定额发生变动的零部件，这时采用上述方法计算，则会使本来不应有定额变动差异的月初在产品定额成本，不正确地做了调整。

各种消耗定额的变动，一般表现为不断下降的趋势，因此月初在产品定额变动差异，通常表现为月初在产品定额成本的降低。在这种情况下，一方面应从月初在产品定额成本中扣除该项差异；另一方面，由于该项差异是月初在产品生产费用的实际支出，因此还应将该项差异计入本月产品成本。相反，若消耗定额不是下降而是上升，那么在计算出定额变动差异后，应将此差异加入月初在产品定额成本中，同时从本月产品成本中予以扣除，因为实际上并未发生这部分支出。

在有月初在产品定额变动差异时，产品实际成本的计算公式应补充为

产品实际成本＝按现行定额计算的产品定额成本±脱离现行定额的差异±
原材料或半成品成本差异±月初在产品定额变动差异

定额变动差异一般应按照定额成本比例，在完工产品和月末在产品之间进行分配。因为这种差异不是当月工作的结果，不应全部计入当月完工产品成本。但是，如果定额变动差异数额较小，或者月初在产品本月全部完工，那么定额变动差异也可以全部由完工产品负担，月末在产品不再负担。

在定额法下，产品实际成本的计算应在产品成本明细账中按照成本项目分别进行。为了适应定额法的要求，所采用的产品成本明细账及各种费用分配表或汇总表，都应按照定额消耗量、定额费用和各种差异分设专栏或专行，以便按照前述方式，以定额成本为基础，加减各种差异，从而计算出产品实际成本。

三、定额法应用案例

【例 4-10】大华有限责任公司大批量生产丁产品，该产品各项消耗定额比较准确，公司定额管理制度比较健全、稳定，为了加强成本控制，采用定额法计算丁产品成本。公司规定，该产品定额变动差异和材料成本差异由完工产品成本负担，脱离定额差异按定额成本比例在完工产品与月末在产品之间进行分配。丁产品定额成本于 20××年 1 月确定，其定额标准见表 4-23。

表 4-23 丁产品定额成本

产品名称：丁产品　　　　　　　制订日期：20××年 1 月 1 日　　　　　　　单位：元

材料编号及名称	计量单位	材料消耗定量	计划单价	材料费用定额
A 材料	千克	200	10	2 000
工时定额/时	直接人工		制造费用		产品定额成本合计
	薪酬率	金额	费用率	金额	
100	3	300	2.5	250	2 550

丁产品所需 A 材料是在生产开始时一次性投入的。由于工艺技术的改进，该公司于同年 11 月 30 日对丁产品的材料消耗定额进行修订，原材料消耗定量由每件单耗 200 千克，调整为 190 千克，材料费用定额相应调整为 1 900 元。同年 12 月初丁产品的月初在产品定额成本和脱离定额差异见表 4-24。

表 4-24 月初在产品定额成本和脱离定额差异

产品名称：丁产品　　　　20××年 12 月 1 日　　　　在产品数量：10 件　　　　单位：元

项目	成本项目			合计
	直接材料	直接人工	制造费用	
定额成本	20 000	1 500	1 250	22 750
脱离定额差异	-500	+100	+50	-350
实际成本	19 500	1 600	1 300	22 400

同年 12 月，该公司投产丁产品 200 件，完工 180 件，月末在产品 30 件。月初、月末在产品完工程度均为 50%。丁产品本月发生的生产工时与生产费用资料见表 4-25。

表 4-25 生产工时与生产费用资料

产品名称：丁产品　　　　20××年 12 月　　　　本月投产：200 件　　　　单位：元

成本项目	定额成本			脱离定额差异			金额合计
	定量或工时	单价或费率	定额费用	差量或工时	单价或费率	差异金额	
直接材料	38 000	10	380 000	500	10	5 000	385 000
直接人工	19 000	3	57 000			1 900	58 900
制造费用	19 000	2.5	47 500			-1 900	45 600
金额合计			484 500			5 000	489 500

材料消耗定量 = 200 × 190 = 38 000（千克）

定额工时 = (180 + 30 × 50% - 10 × 50%) × 100 = 19 000（时）

该年 12 月材料成本差异率为 +2%，计算出丁产品所领用材料应负担的材料成本差异为 7 700 元 [(380 000 + 5 000) × 2%]。

由于 11 月 30 日对材料费用定额进行了调整，使丁产品的月初在产品定额成本降低，产生了月初在产品的定额变动差异 1 000 元 [(200 - 190) × 10 × 10]。

根据上述各种资料进行会计处理如下：

（1）丁产品领用 A 材料时，区分定额费用与脱离定额差异：

借：生产成本——丁产品（材料定额成本）　　　　　　　　　　380 000
　　　　　　——丁产品（脱离定额差异）　　　　　　　　　　　5 000
　　贷：原材料——A 材料　　　　　　　　　　　　　　　　　385 000

（2）月末结转材料成本差异：

借：生产成本——丁产品（材料成本差异）	7 700	
贷：材料成本差异		7 700

（3）结转丁产品的人工费用，区分定额费用与脱离定额差异：

借：生产成本——丁产品（人工定额成本）	57 000	
——丁产品（脱离定额差异）	1 900	
贷：应付职工薪酬		58 900

（4）分配制造费用，区分定额费用与脱离定额差异：

借：生产成本——丁产品（制造费用定额成本）	47 500	
——丁产品（脱离定额差异）	1 900	
贷：制造费用		45 600

月初在产品定额成本变动差异不必进行账务处理，可在基本生产成本明细账中直接列示。根据会计处理结果，登记丁产品的基本生产成本明细账见表4—26。

在丁产品的基本生产成本明细账中，涉及的各种脱离定额差异分配率计算如下：

$$\text{直接材料脱离定额差异分配率} = \frac{4\,500}{40\,000} \times 100\% = 1.13\%$$

$$\text{直接人工脱离定额差异分配率} = \frac{2\,000}{58\,500} \times 100\% = 3.42\%$$

$$\text{制造费用脱离定额差异分配率} = -\frac{1\,850}{48\,750} \times 100\% = -3.79\%$$

月末，根据完工产品入库单，编制完工产品入库的会计分录为

借：库存商品——丁产品	452 705.9	
贷：生产成本——丁产品（定额成本）		440 000
——丁产品（脱离定额差异）		4 005.9
——丁产品（定额变动差异）		1 000
——丁产品（材料成本差异）		7 700

从本月完工的丁产品实际成本构成中可以看到本月完工的丁产品定额成本为440 000元，实际成本为452 705.9元，成本超支12 705.9元。它反映了在定额法下实际成本脱离定额成本的情况。

依据资料可以分析实际成本脱离定额成本的原因：一是脱离定额差异超支4 005.9元，属于生产耗费的超支，应该作为成本控制的重点；二是材料成本差异超支7 700元，主要是由于材料价格上涨所致，不是车间工作的缺点，但应从材料采购角度分析材料成本提高的原因；三是定额变动差异超支1 000元，这是11月30日对丁产品材料消耗定额进行调整引起月初在产品定额成本变动的结果，说明了丁产品的生产车间改进生产技术、节约原材料消耗的成绩。

从加强产品成本管理的角度出发，还应当按照各个成本项目的实际情况分别进行成本分析，逐项查明实际成本脱离定额成本的真正原因，以利于定期考核成本计划的完成情况，寻求降低产品成本的途径。这正是定额法的优点。同时，定额法也增加了成本核算的工作量。

表4-26 基本生产成本明细账

产品名称：丁产品

总第 页
分第 页

××年		凭证号数	摘要	成本项目													合计		
				直接材料					直接人工				制造费用						
月	日			定额成本	定额调整	定额变动差异	脱离定额差异	材料成本差异	定额成本	脱离定额差异	定额变动差异		定额成本	脱离定额差异	定额变动差异		定额成本	脱离定额差异	定额变动差异	材料成本差异
12	1		期初在产品成本	20 000	-1 000	+1 000	-500		1 500	+100			1 250	+50			21 750	-350	+1 000	
	31	略	分配材料费用	380 000			+5 000	+7 700									380 000	+5 000		+7 700
	31	略	分配材料成本差异																	
	31	略	分配人工费用						57 000	+1 900							57 000	+1 900		
	31	略	分配制造费用										47 500	-1 900			47 500	-1 900		
	31	略	生产费用合计	400 000	-1 000	+1 000	+4 500	+7 700	58 500	+2 000			48 750	-1 850			506 250	+4 650	+1 000	+7 700
	31	略	脱离定额差异率				1.13%			3.42%				-3.79%						
	31	略	完工产品定额成本	342 000					54 000				45 000				440 000			
	31	略	完工产品应负担差异		-1 000	+1 000	+3 864.6	+7 700		+1 846.8				-1 705.5				+4 005.9	+1 000	+7 700
	31	略	月末在产品成本	58 000			+635.4		4 500	+153.2			3 750	-144.5			66 250	644.1		

注：本月完工产品实际成本＝440 000＋4 005.9＋1 000＋7 700＝452 705.9（元）
月末在产品实际成本＝66 250＋644.1＝66 894.1（元）

四、定额法的优缺点和应用条件

通过上述内容可知,定额法是将产品成本的计划工作、核算工作和分析工作有机结合起来,将事前、事中、事后反映和监督融为一体的一种产品成本计算方法和成本管理制度。

1. 定额法的主要优点

(1)通过生产耗费及其脱离定额和计划的日常核算,能够在生产耗费发生的当时反映和监督脱离定额(或计划)差异,从而有利于加强成本控制,可以及时、有效地促进生产耗费的节约,降低产品成本。

(2)由于产品实际成本是按照定额成本和各种差异分别核算的,便于对各项生产耗费和产品成本进行定期分析,有利于进一步挖掘降低成本的潜力。

(3)对脱离定额差异和定额变动差异的核算,还有利于提高成本的定额管理和计划管理的水平。

(4)因为有现成的定额成本资料,所以能够较为合理、简便地解决完工产品和月末在产品之间分配费用的问题。

2. 定额法的主要缺点

采用定额法计算产品成本比采用其他方法核算工作量要大。因为采用定额法必须制订定额成本,单独核算脱离定额差异,在定额变动时还必须修订定额成本,计算定额变动差异。

3. 定额法的应用条件

为了充分发挥定额法的作用,简化核算工作,若采用定额法计算产品成本,应具备以下条件。

(1)定额管理制度比较健全,定额管理工作的基础比较好。
(2)产品的生产已经定型,消耗定额比较准确、稳定。

大批、大量生产比较容易具备上述条件,但应当指出的是,定额法与生产类型并无直接联系,不论哪种生产类型,只要具备上述条件,都可以采用定额法计算产品成本。

 实务训练

实训 定额法成本核算训练

1. 资料

某机器设备制造厂为增值税一般纳税人,主要生产 A、B、C 三种小批量设备。该厂采用分批法核算各批产品成本。为了加强成本控制和成本管理,该厂采用定额管理。A 设备、

B设备的原材料分次投入,C设备原材料是在投产时一次性投入的。为简化核算,该厂不设辅助生产车间。

(1)20××年6月生产产品的批号见表4-27。

表4-27 产品批号

批号	型号	产量/台	投产期	完工情况	5月		6月	
					投料率	完工率	投料率	完工率
801	A设备	10	6月	未完工	60%	40%	80%	70%
802	B设备	6	6月	6月全部完工	80%	70%	100%	100%
803	C设备	14	6月	完工9台,未完工5台	100%	40%	100%	完工100%,在产品60%

(2)各批产品的定额成本见表4-28~表4-30。

表4-28 产品单位定额成本计算表(1)

产品名称:A设备　　　　　　20××年6月　　　　　　单位:元

材料编号	计量单位	材料消耗定额	计划单价	材料费用定额
001号	千克	160	100	16 000
工时定额/时	直接人工		制造费用		产品定额成本合计
	工资率	金额	费用率	金额	
200	15	3 000	10	2 000	21 000

表4-29 产品单位定额成本计算表(2)

产品名称:B设备　　　　　　20××年6月　　　　　　单位:元

材料编号	计量单位	材料消耗定额	计划单价	材料费用定额
002号	千克	200	150	30 000
工时定额/时	直接人工		制造费用		产品定额成本合计
	工资率	金额	费用率	金额	
250	18	4 500	15	3 750	38 250

表4-30 产品单位定额成本计算表(3)

产品名称:C设备　　　　　　20××年6月　　　　　　单位:元

材料编号	计量单位	材料消耗定额	计划单价	材料费用定额
003号	千克	250	120	30 000
工时定额/时	直接人工		制造费用		产品定额成本合计
	工资率	金额	费用率	金额	
280	20	5 600	17	4 760	40 360

备注:C设备材料是在生产开始时一次性投入的,由于生产工艺改进,于同年6月1日起对材料消耗定额进行修订,原材料消耗定额为235千克,单位产品材料费用定额为28 200元。

(3) 月初各批别产品的在产品定额成本见表 4-31~表 4-33。

表 4-31　月初在产品单位定额成本计算表（1）

产品名称：A 设备　　　　　　　　　20××年 6 月　　　　　　　　　　　　单位：元

材料编号	计量单位	材料消耗定额	计划单价	材料费用定额	
001 号	千克	（投料率 60%）96	100	9 600	
工时定额/时	直接人工		制造费用		产品定额成本合计
	工资率	金额	费用率	金额	
（完工率 40%）80	15	1 200	10	800	11 600

表 4-32　月初在产品单位定额成本计算表（2）

产品名称：B 设备　　　　　　　　　20××年 6 月　　　　　　　　　　　　单位：元

材料编号	计量单位	材料消耗定额	计划单价	材料费用定额	
002 号	千克	（投料率 80%）160	150	24 000	
工时定额/时	直接人工		制造费用		产品定额成本合计
	工资率	金额	费用率	金额	
（完工率 70%）175	18	3 150	15	2 625	29 775

表 4-33　月初在产品单位定额成本计算表（3）

产品名称：C 设备　　　　　　　　　20××年 6 月　　　　　　　　　　　　单位：元

材料编号	计量单位	材料消耗定额	计划单价	材料费用定额	
003 号	千克	（投料率 100%）250	120	30 000	
工时定额/时	直接人工		制造费用		产品定额成本合计
	工资率	金额	费用率	金额	
（完工率 40%）112	20	2 240	17	1 904	34 144

(4) 各批别月初在产品定额成本和脱离定额差异见表 4-34~表 4-36。

表 4-34　月初在产品定额成本和脱离定额差异计算表（1）

产品名称：A 设备　　　20××年 6 月　　　在产品数量：10 台　　　单位：元

成本项目	定额成本	脱离定额差异	实际成本
直接材料	96 000	+3 000	99 000
直接人工	12 000	+2 000	14 000
制造费用	8 000	-1 000	7 000
合计	116 000	+4 000	120 000

表4-35 月初在产品定额成本和脱离定额差异计算表（2）

产品名称：B设备　　　　20××年6月　　　　在产品数量：6台　　　　单位：元

成本项目	定额成本	脱离定额差异	实际成本
直接材料	144 000	-500	143 500
直接人工	18 900	+1 500	20 400
制造费用	15 750	-1 200	14 550
合计	178 650	-200	178 450

表4-36 月初在产品定额成本和脱离定额差异计算表（3）

产品名称：C设备　　　　20××年6月　　　　在产品数量：5台　　　　单位：元

成本项目	定额成本	脱离定额差异	实际成本
直接材料	420 000	-800	419 200
直接人工	31 360	+1 000	32 360
制造费用	26 656	-900	25 756
合计	478 016	-700	477 316

（5）6月归集各种费用，见表4-37～表4-40。

表4-37 限额领料单分配汇总表

20××年6月　　　　　　　　　　　　　　　　　　单位：元

应借记科目	明细科目	原材料（计划成本）			成本差异2%	实际成本
		数量	单价	金额		
基本生产成本	A设备	320	100	32 000	+640	32 640
	B设备	300	120	36 000	+720	36 720
合计				68 000	+1 360	69 360

表4-38 工资及福利费用分配汇总表

20××年6月　　　　　　　　　　　　　　　　　　单位：元

应借记科目	明细科目	职工薪酬——应付工资	职工薪酬——应付福利（14%）
基本生产成本	A设备	9 000	1 260
	B设备	8 200	1 148
	C设备	15 600	2 184
制造费用	A设备	4 000	560
	B设备	4 200	588
	C设备	8 800	1 232
管理费用		6 300	882
合计		56 100	7 854

表4-39 折旧费用分配表

20××年6月　　　　　　　　　　　　　　　　　　　　　　　　　单位：元

应借记科目	明细科目	6月固定资产折旧	6月增加折旧额	6月减少折旧额	本月应提折旧额
制造费用	A设备	2 800	200		3 000
	B设备	1 700		100	1 600
	C设备	2 200	150		2 350
管理费用		3 200		180	3 020
合计		9 900	350	280	9 970

表4-40 办公费、税金及其他费用汇总表

单位：元

总账科目	应借科目		金额
	明细科目	成本费用项目	
制造费用	A设备	办公费	1 000
		培训费	500
		其他	100
		小计	1 600
	B设备	办公费	1 200
		其他	800
		小计	2 000
	C设备	办公费	1 400
		其他	700
		小计	2 100
管理费用		办公费	4 200
		差旅费	3 100
		培训费	2 000
		小计	9 300
合计			15 000

2. 要求

（1）计算产品定额成本、脱离定额差异及材料成本差异，完成表4-41～表4-46。

表4-41 原材料定额费用和脱离定额差异汇总表（1）

产品名称：B设备　　　　　　　20××年6月　　　　　　　产量：6台　单位：元

项目	材料编号	计量单位	计划单价	定额费用		计划价格		脱离定额差异	
				数量	金额	数量	金额	数量	金额
月初在产品费用									
合计									

表 4-42 原材料定额费用和脱离定额差异汇总表（2）

产品名称：C设备　　　　　　　20××年6月　　　　　　　产量：14台　单位：元

项目	材料编号	计量单位	计划单价	定额费用		计划价格		脱离定额差异	
				数量	金额	数量	金额	数量	金额
月初在产品费用									
合计									

表 4-43 生产工人工资和脱离定额差异汇总表（1）

产品名称：B设备　　　　　　　20××年6月　　　　　　　　　　　　　单位：元

类别	定额工时/时	计划小时工资率	定额工资	实际工资	脱离定额差异
月初在产品本月费用					
合计					

表 4-44 生产工人工资和脱离定额差异汇总表（2）

产品名称：C设备　　　　　　　20××年6月　　　　　　　　　　　　　单位：元

类别	定额工时/时	计划小时工资率	定额工资	实际工资	脱离定额差异
月初在产品本月费用					
合计					

表 4-45 制造费用和脱离定额差异汇总表（1）

产品名称：B设备　　　　　　　20××年6月　　　　　　　　　　　　　单位：元

类别	定额工时/时	计划小时工资率	定额工资	实际工资	脱离定额差异
月初在产品本月费用					
合计					

表 4-46 制造费用和脱离定额差异汇总表（2）

产品名称：C设备　　　　　　　20××年6月　　　　　　　　　　　　　单位：元

类别	定额工时/时	定额工资	实际工资	脱离定额差异
月初在产品本月费用				
合计				

（2）编制产品成本计算表，完成表4-47～表4-49。

表 4-47 产品成本计算表（1）

产品名称：B设备　　　　　　　20××年6月　　　　　　　完工产量：6台　单位：元

成本项目		直接材料	直接人工	制造费用	合计
月初在产品	定额成本				
	脱离定额差异				
本月生产费用	定额成本				

续表

成本项目		直接材料	直接人工	制造费用	合计
本月生产费用	脱离定额差异				
	材料成本差异				
生产费用合计	定额成本				
	脱离定额差异				
	材料成本差异				
产成品成本	定额成本				
	脱离定额差异				
	材料成本差异				
	实际成本				
	单位成本				
月末在产品成本	定额成本				
	脱离定额差异				

提示：B设备本月全部完工，故月末在产品成本为零。

表4-48 产品成本计算表（2）

产品名称：C设备　　　　　　　　20××年6月　　　　　　　完工产量：9台　单位：元

成本项目		直接材料	直接人工	制造费用	合计
月初在产品	定额成本				
	脱离定额差异				
本月生产费用	定额成本				
	脱离定额差异				
	材料成本差异				
生产费用合计	定额成本				
	脱离定额差异				
	材料成本差异				
产成品成本	定额成本				
	脱离定额差异				
	材料成本差异				
	实际成本				
	单位成本				
月末在产品成本	定额成本				
	脱离定额差异				

表 4-49 产成品及期末在产品定额成本计算表

产品名称：C 设备　　　　　　　　　　20××年6月　　　　　　　　　　单位：元

项目	产量/台	成本项目				定额成本
		直接材料	直接人工	制造费用	合计	
完工产品定额成本						
定额成本调整						
完工产品定额成本（调整后）						
期末在产品定额成本						
定额成本调整						
期末在产品定额成本（调整后）						

（3）编制相关会计分录。

本篇小结

本篇重点学习了两种辅助成本计算方法，即分类法和定额法。辅助成本计算方法不能单独使用，必须与基本成本计算方法配合使用，以达到方便成本核算和成本管理的目的。

产品成本计算的分类法是先按照产品的类别归集生产费用，计算出各类别产品的成本，然后再采用一定的分配方法在类内各种产品之间进行分配，以计算出各种产品实际成本的一种方法。

分类法与产品的生产类型无关，主要适用于生产的产品品种、规格较多，又可以按一定标准分类的车间或企业。缺点：分配结果具有一定的假定性。

产品成本计算的定额法是以产品的定额成本为基础，加减脱离定额差异、材料成本差异和定额变动差异来计算产品实际成本的一种辅助成本计算方法。

只要企业的定额管理制度比较健全，定额管理工作基础较好，或者产品的生产已经定型，消耗定额比较准确、稳定，就可以采用定额法进行成本计算。

理念训练

一、单项选择题

1. 下列不属于产品成本计算辅助方法的是（　　）。
   A. 品种法　　　　B. 分批法　　　　C. 分步法　　　　D. 分类法
2. 关于分类法的适用范围，下列说法正确的是（　　）。
   A. 大量、大批、单步骤生产　　　　B. 大量、大批、多步骤生产
   C. 单件、小批、单步骤生产　　　　D. 与企业生产类型没有直接关系

3. 某企业采用分类法计算产品成本，类内三种产品的材料费用定额为甲产品 5 000 元，乙产品 10 000 元，丙产品 15 000 元，其中乙产品为标准产品，则丙产品的材料费用系数为（　　）。
   A. 1.5　　　　　B. 1　　　　　C. 0.5　　　　　D. 1.2
4. 企业利用同种原材料，在同一生产过程中同时生产出的几种地位相同的主要产品，称为（　　）。
   A. 半产品　　　B. 联产品　　　C. 副产品　　　D. 等级品
5. 有利于加强产品成本定额管理的成本计算方法是（　　）。
   A. 分批法　　　B. 分步法　　　C. 分类法　　　D. 定额法
6. 在产品按定额成本计价法，每月生产费用脱离定额的差异（　　）。
   A. 全部计入当月完工产品成本　　B. 全部计入当月在产品成本
   C. 在当月完工与月末在产品之间分配　　D. 全部计入管理费用
7. 在产品生产过程中各项实际生产费用脱离定额的差异，被称为（　　）。
   A. 定额成本　　　　　　　　B. 脱离定额差异
   C. 材料成本差异　　　　　　D. 定额变动差异
8. 定额变动差异是指修复定额以后的原定额成本与新的定额成本之间的差异，只有（　　）存在定额变动差异。
   A. 月初在产品　　　　　　　B. 月末在产品
   C. 本月投入产品　　　　　　D. 本月完工产品
9. 当副产品成本中原材料所占的比重较大，或者是副产品成本占联合成本的比重较小时，应将其成本从主产品生产成本（　　）项目中扣除。
   A. 直接工资　　　B. 制造费用　　　C. 废品损失　　　D. 直接材料
10. 产品以实物量为单位，且成本的发生与产量关系密切，各联产品销售价值较为均衡的联合成本的分配，采用（　　）分配法。
    A. 系数　　　B. 销售价值　　　C. 实物量　　　D. 可实现净值

二、多项选择题

1. 在分类法中，关键问题在于（　　）。
   A. 产品能按一定的标准分类　　B. 必须是大量、大批生产的
   C. 选择适当的分配标准　　　　D. 必须是小批生产
2. 分类法不是一种独立的成本计算方法，往往要与（　　）等成本计算方法联合使用。
   A. 分步法　　　B. 系数法　　　C. 品种法　　　D. 分批法
3. 定额法的主要优点有（　　）。
   A. 有利于加强成本控制，对成本定期进行分析
   B. 有利于提高成本的定额管理和计划管理水平
   C. 成本计算工作量比较小
   D. 计算成本时，可以独立应用
4. 原材料脱离定额差异的核算方法有（　　）。

A. 限额法　　　　B. 切割核算法　　　C. 盘存法　　　　D. 系数法
5. 在定额法下，如果月初在产品定额变动差异是负数，则说明（　　）。
   A. 旧的消耗定额小于新的消耗定额　　B. 旧的消耗定额大于新的消耗定额
   C. 旧的消耗定额等于新的消耗定额　　D. 定额变动系数大于1
6. 辅助成本计算方法包括（　　）。
   A. 分批法　　　　B. 分类法　　　　C. 品种法　　　　D. 定额法
7. 采用分类法，可将（　　）等方面相同或相似的产品归为一类。
   A. 产品结构和耗用原材料　　　　B. 产品生产工艺技术过程
   C. 产品售价　　　　　　　　　　D. 产品的性质和用途
8. 确定类内不同规格、型号产品系数的依据有（　　）等。
   A. 产品定额耗用量　　　　　　　B. 产品定额费用
   C. 产品售价　　　　　　　　　　D. 产品的体积、长度和重量
9. 采用分类法计算产品成本（　　）。
   A. 能简化成本计算工作
   B. 能分类掌握产品成本情况
   C. 类内各种产品成本的计算结果有一定假设性
   D. 产品的分类和分配标准的选定是关键问题

三、判断题

1. 因为分类法是为了简化成本核算工作而采用的方法，所以只要能简化成本核算，产品可以随意进行分类。（　　）
2. 利用相同的原材料，在同一生产过程中，同时生产出的几种使用价值不同但具有同等地位的主要产品，被称为联产品。（　　）
3. 脱离定额差异是指在产品生产过程中各项实际发生的生产费用脱离现行定额的差异。（　　）
4. 定额变动差异反映了费用本身的节约和超支。（　　）
5. 在计件工资形式下，生产工人工资属于直接计入费用，因此其脱离定额差异的核算与原材料相似。（　　）
6. 定额法可以不与其他成本计算方法结合使用。（　　）

四、简答题

1. 简述分类法的概念和适用企业。
2. 简述分类法的成本核算特点和一般程序。
3. 什么是联产品？联产品和副产品有何异同？
4. 定额法的特点和计算程序是什么？
5. 定额法的优缺点和使用时应注意的问题是什么？

第五篇

畜牧养殖企业成本核算

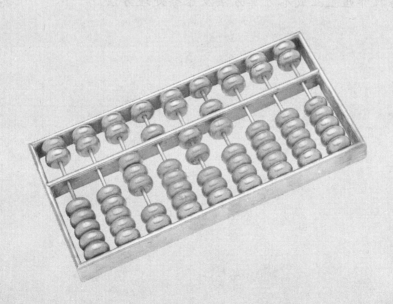

【知识目标】

1. 了解养禽企业、养猪企业、养牛企业成本核算的组织特点及成本计算流程。
2. 了解混群核算与分群核算的特点。
3. 熟悉畜牧养殖企业成本项目的内容。
4. 掌握养殖企业成本核算的账户设置体系内容。

【能力目标】

1. 掌握畜牧养殖企业要素费用核算的相关原始凭证的编制方法。
2. 掌握畜牧养殖企业成本项目的核算方法及相应的账务处理方法。
3. 掌握畜牧养殖企业成本计算方法及账务处理方法。

项目十四
养禽企业成本核算

一、养禽企业成本核算的组织特点

养禽企业包括养鸡、养鸭、养鹅等企业。凡有条件的养禽企业,原则上都要分群饲养管理、分群核算成本,以利于加强管理,提高禽的成活率,降低生产成本。没有分群饲养或核算条件较差的养禽企业可混群饲养管理,混群核算成本。

(一) 成本核算对象的确定

养禽企业成本核算对象的确定,应考虑成本核算是采用分群核算制,还是采用混群核算制。分群核算制是将各种不同禽按照其禽龄不同分为若干群别,以不同群别的禽作为成本核算对象,汇集生产费用,一般采用分步法计算不同群别产品的生产总成本及单位成本;混群核算制是直接以各种禽作为成本计算对象,采用品种法计算各种产品的生产总成本和单位成本。

具体来说,养禽企业成本核算的对象是群及其产品,主要产品有禽肉、禽毛、禽蛋等。根据养禽企业的具体情况,将实行分群饲养的主要群别划分如下。

1. 基本禽群(成龄群)

基本禽群(成龄群)主要指以生产种蛋为主要目的的种禽和以生产商品蛋为主要目的的成龄禽。基本禽群的主产品是禽蛋,副产品是羽毛和禽粪等。

2. 幼群和育肥群

幼群和育肥群主要指将孵化出的禽苗饲养成一定重量的禽群。幼群和育肥群的主产品是增重,副产品是羽毛及禽粪等,以及育肥禽所产的禽蛋。

3. 人工孵化群

人工孵化生产过程是指从种蛋入孵至雏禽孵出一昼夜为止。人工孵化群的主产品是一昼夜孵出成活的雏禽,副产品是废蛋。

（二）成本计算期的确定

养禽成本算至达到生产目的为止：为出售而饲养的禽成本算至禽或其产品出售之前；自产留用的禽成本算至留用前。

在禽生产过程中，由于繁殖、购买、出售、死亡和屠宰等原因，数量、增重、活重不断发生变化，企业可根据各种禽的具体生产情况确定成本计算方法。计算成本一般有两种方法，一种是按日历年度计算成本；另一种是按禽的批别计算成本，即在每批禽饲养结束的月份计算成本，平时只是归集成本。

（三）成本项目的确定

1. 直接材料

直接材料指养殖生产过程中直接耗用的自产和外购的各种植物、动物和矿物质饲料等。

2. 直接人工

直接人工指直接从事养殖业生产人员的工资和按规定从工资总额中计提的职工福利费、工资性津贴、奖金、养老金等。

为多群别服务的人工费用不能区分时，工资及福利费用可以按以下方法分配。

$$分配率 = \frac{全部群别发生的直接人工总额}{全部群别耗用的生产工时总数}$$

某群别应担负的直接人工 = 某群别耗用的生产工时数 × 分配率

3. 其他直接费用（或燃料及动力）

其他直接费用（或燃料及动力）指除上述直接材料、直接人工以外的其他直接费用。包括：禽饲养直接耗用的燃料及动力费，禽防治病害耗用的药费和医疗费，禽专用固定资产的修理费和工具、用具修理费，机械使用费，种禽折旧费（一般按1年半时间计提折旧），专用设备折旧费等。

4. 制造费用

制造费用指发生的应摊销、分配计入各群别的间接费用，如生产过程中发生的管理人员工资及福利费用、防疫费用、各禽饲舍的折旧费用、照明用电费用等。

养禽企业生产是有生命的动物及动物产品的生产，动物具有自身的生长发育规律，具有生、老、病、死的特点，因此养禽企业生产成本与禽的动态变动有着密不可分的关系，在进行成本核算的过程中，必须建立"畜禽动态登记簿"，注明繁殖、转入、购入等增加数量，出售、转出、死亡等减少数量，以及期初、期末存栏数量。

此外，还应建立"饲料登记簿"，注明各种饲料的消耗数量。这两个登记簿均由养禽企业生产单位如实登记，其格式见表5-1、表5-2。

表 5-1　畜禽动态登记簿

畜禽类别：种鸡

畜禽群别：基本鸡群　　　　　　　　　　　年　月

日期	期初数		增加										减少								期末数	
			繁殖		转入		购入				合计		出售		转出		死亡		合计			
	只数	重量	只数	重量	只数	重量	只数	重量	只数	重量	只数	重量	只数	重量	只数	重量	只数	重量	只数	重量	只数	重量

表 5-2　饲料登记簿

畜禽名称：种鸡

畜禽群别：基本鸡群　　　　　　　　　　　年　月

日期	只数	实际耗用饲料/千克				
		混合饲料每只日定额	××每只日定额	××每只日定额	……	……

二、养禽企业生产费用归集

（一）账户设置

为了核算农业企业（《企业会计准则第 5 号——生物资产》中所指的农业包括种植业、畜牧养殖业、林业、水产业等）生产成本，需要补充增设的有关账户如下。

1."农产品"账户

本科目核算企业从事农业活动所收获的农产品和家庭农场上交的农产品的实际成本，包括种植业产品、畜牧养殖业产品、水产品和林产品，企业应按农产品的类别、品种和保管地点设置明细账，进行明细分类核算。

企业应根据各类农产品的实际情况，确定发出农产品的实际成本，可以采用的方法有个别计价法、先进先出法、加权平均法、移动平均法和后进先出法等。

该账户主要账务处理如下。

（1）收获的农产品验收入库时，按其实际成本，借记本科目，贷记"农业生产成本"科目。

（2）家庭农场上交的农产品验收入库时，按结算价格，借记本科目，贷记"应收家庭农场款"科目。

（3）将农产品出售结转成本时，按选定的发出农产品计价方法计算确定的实际成本，借记"主营业务成本"科目，贷记本科目。

（4）在清查盘点中发现的农产品盘盈，借记本科目，贷记"待处理财产损溢"科目。经批准的农产品盘盈，冲减当期管理费用，借记"待处理财产损溢"科目，贷记"管理费用"科目。

本科目期末借方余额，反映企业库存农产品的实际成本。

2."消耗性生物资产"账户

消耗性生物资产指为出售而持有，或者将来收获农产品的生物资产，如生产中的大田作物、蔬菜、用材林及存栏待售牲畜等。

本科目核算实行分群核算的幼畜（禽）或育肥畜（禽）的实际成本，企业应按幼畜（禽）或育肥畜（禽）的种类和群别设置明细账，进行明细分类核算。实行分群核算的企业，其幼畜（禽）或育肥畜（禽）的饲养费用，在"农业生产成本"科目核算，不在本科目核算；实行混群核算的企业，其幼畜（禽）或育肥畜（禽）的实际成本和饲养费用，在"农业生产成本"科目核算，不在本科目核算。

该账户主要账务处理如下。

（1）外购的幼畜（禽）或育肥畜（禽），按购买价格、运输费、保险费，以及其他可直接归属于购买幼畜（禽）或育肥畜（禽）的相关税费，借记本科目，贷记"银行存款""应付账款"等科目。

（2）自繁幼畜（禽），按实际成本，借记本科目，贷记"农业生产成本"科目。

（3）结转幼畜（禽）或育肥畜（禽）的饲养费用，按结转金额，借记本科目，贷记"农业生产成本"科目。

（4）幼畜（禽）或育肥畜（禽）转群，借记本科目（××群别），贷记本科目（××群别）。

（5）产畜或役畜淘汰转为育肥畜时，按淘汰时的账面价值，借记本科目，按已计提的累计折旧，借记"生产性生物资产累计折旧"科目，按已计提的减值准备，借记"成熟生产性生物资产减值准备"科目；按账面余额，贷记"生产性生物资产"科目。

（6）幼畜成龄转为产畜或役畜时，按其账面价值，借记"生产性生物资产"科目，按已计提的幼畜及育肥畜跌价准备，借记"存货跌价准备——消耗性生物资产跌价准备"科目；按账面余额，贷记本科目。

（7）幼畜（禽）或育肥畜（禽）对外销售，结转幼畜（禽）或育肥畜（禽）的实际成本时，按结转的实际成本，借记"主营业务成本"科目，贷记本科目。

（8）幼畜（禽）或育肥畜（禽）因死亡造成的损失，按其账面价值，借记"待处理财产损溢"科目，按已计提的幼畜（禽）及育肥畜（禽）跌价准备，借记"存货跌价准备——消耗性生物资产跌价准备"科目；按账面余额，贷记本科目。待查明原因后，根据企业的管理权限，经股东大会或董事会，或经理（场长）会议或类似机构批准后，在期末结账前处理完毕。幼畜（禽）或育肥畜（禽）因死亡造成的损失，在减去过失人或者保险公司等赔款和残余价值之后，计入当期管理费用，借记"管理费用"科目，贷记"待处理财产损溢"科目；属于自然灾害等非常损失的，计入营业外支出，借记"营业外支出——非常损失"科目，贷记"待处理财产损溢"科目。

幼畜（禽）或育肥畜（禽）因死亡造成的损失，如在期末结账前尚未经批准的，应在对外提供财务会计报告时先按上述规定进行处理，并在会计报表附注中做出说明；如果其后批准处理的金额与已处理的金额不一致，应按其差额调整会计报表相关项目的年初数。

本科目期末借方余额，反映企业存栏幼畜（禽）或育肥畜（禽）的实际成本。

3."生产性生物资产"账户

生物资产分为消耗性生物资产和生产性生物资产。生产性生物资产又分为未成熟生物资产和成熟生物资产。本科目核算企业成熟生产性生物资产原价，企业应设置"生产性生物资产"登记簿，按成熟生产性生物资产类别、所属部门进行明细分类核算。种植业企业的农田防护林在达到预定生产经营目的前发生的实际成本，在"生物性在建工程"科目核算，不在本科目核算；达到预定生产经营目的时发生的实际成本，在本科目核算；达到预定生产经营目的后发生的管护费用，在"农业生产成本"科目核算，不在本科目核算。禽类的基本禽群发生的实际成本，在"农业生产成本""幼畜及育肥畜"等科目核算，不在本科目核算。

企业应当根据成熟生产性生物资产的定义，结合本企业的具体情况，按农业企业的行业类别，制定适合本企业的成熟生产性生物资产目录、分类方法、每类或每项成熟生产性生物资产的折旧年限、折旧方法，作为进行成熟生产性生物资产核算的依据。

企业制定的成熟生产性生物资产目录、分类方法、每类或每项成熟生产性生物资产的预计使用年限、预计净残值、折旧方法等，应当编制成册，并按照管理权限，经股东大会或董事会，或经理（场长）会议或类似机构批准，按照法律、行政法规的规定报送有关各方备案，同时备置于企业所在地，以供投资者等有关各方查阅。

企业已经确定并对外报送，或备置于企业所在地的有关成熟生产性生物资产目录、分类方法、预计净残值、预计使用年限、折旧方法等，一经确定不得随意变更，如需变更，仍然应按照上述程序，经批准后报送有关各方备案，并在会计报表附注中予以说明。

成熟生产性生物资产的主要账务处理如下。

（1）购入的成熟生产性生物资产，按购买价格、运输费、保险费，以及其他可直接归属于购买成熟生产性生物资产的相关税费，借记本科目，贷记"银行存款"等科目。

（2）自行营造的具有生产性特点的林木资产达到预定生产经营目的时转入成熟生产性生物资产，按转入时的账面价值，借记本科目，按已计提的减值准备，借记"生物性在建工程减值准备"科目；按账面余额，贷记"生物性在建工程"科目。

自繁幼畜成龄转为产畜或役畜，按成龄时的账面价值，借记本科目，按已计提的幼畜及育肥畜跌价准备，借记"存货跌价准备（幼畜及育肥畜跌价准备、其他消耗性生物资产跌价准备）"科目；按账面余额，贷记"幼畜及育肥畜""农业生产成本"等科目。

（3）盘盈的成熟生产性生物资产，按同类成熟生产性生物资产的市场价格，借记本科目，贷记"待处理财产损溢"科目。

（4）以其他方式取得的成熟生产性生物资产，如接受投资、接受捐赠、非货币性交易、债务重组等，分别按照《企业会计准则第4号——固定资产》有关固定资产的规定进行会计核算。

（5）成熟生产性生物资产达到预定生产经营目的后发生的管护费用，借记"农业生产成本"等科目，贷记"银行存款""原材料""应付工资"等科目。

（6）将产畜或役畜转为育肥畜，按产畜或役畜的账面价值，借记"固定资产清理"科目，按已计提的累计折旧，借记"生物资产累计折旧"科目，按已计提的减值准备，借记"成熟生产性生物资产减值准备"科目；按账面余额，贷记本科目。同时，按"固定资产清理"科目余额，借记"幼畜及育肥畜"科目，贷记"固定资产清理"科目。

（7）将成熟生产性生物资产作价转让给家庭农场时，按成熟生产性生物资产账面价值，借记"固定资产清理"科目，按已计提的累计折旧，借记"生物资产累计折旧"科目，按已计提的减值准备，借记"成熟生产性生物资产减值准备"科目；按账面余额，贷记"生产性生物资产"科目。

成熟生产性生物资产作价转让发生净收益的，借记"固定资产清理"科目；贷记"营业外收入——处置成熟生产性生物资产净收益"科目；作价转让发生净损失的，借记"营业外支出——处置成熟生产性生物资产净损失"科目，贷记"固定资产清理"科目。

（8）盘亏的成熟生产性生物资产，按其账面价值，借记"待处理财产损溢"科目；按已计提的累计折旧，借记"生物资产累计折旧"科目，按已计提的减值准备，借记"成熟生产性生物资产减值准备"科目，按账面原价，贷记本科目。

（9）因死亡、出售、毁损等原因减少的成熟生产性生物资产，按减少的成熟生产性生物资产账面价值，借记"固定资产清理"科目；按已计提的累计折旧，借记"生物资产累计折旧"科目，按已计提的减值准备，借记"成熟生产性生物资产减值准备"科目；按账面原价，贷记本科目。

（10）因投资、非货币性交易、债务重组、捐赠等原因转出的成熟生产性生物资产，按《企业会计准则第4号——固定资产》有关投资、非货币性交易、债务重组、捐赠等转出固定资产的规定进行会计核算。

本科目期末借方余额，反映期末企业成熟生产性生物资产的账面原价。

4."生产性生物资产累计折旧"账户

本科目核算企业成熟生产性生物资产的累计折旧，本科目只进行总分类核算，不进行明细分类核算。企业应根据成熟生产性生物资产的性质和消耗方式，结合农业企业的行业类别和本企业的具体情况，合理确定成熟生产性生物资产的预计使用年限和预计净残值，并选择合理的成熟生产性生物资产的折旧方法，按照管理权限，经股东大会或董事会，或经理（场长）会议或类似机构批准，作为计提折旧的依据。

成熟生产性生物资产折旧方法可以采用年限平均法、工作量法、年数总和法、双倍余额递减法等。

企业一般应按月计提折旧，当月增加的成熟生产性生物资产，当月不提折旧，从下月起计提折旧；当月减少的成熟生产性生物资产，当月照提折旧，从下月起不提折旧。成熟生产性生物资产提足折旧后，不管能否继续使用，均不再提取折旧；提前报废的成熟生产性生物资产，也不再补提折旧。企业按月计提的成熟生产性生物资产折旧，借记"农业生产成本"等科目，贷记本科目。

本科目期末贷方余额，反映企业提取的成熟生产性生物资产折旧累计数。

5. "成熟生产性生物资产减值准备"账户

本科目核算企业提取的成熟生产性生物资产减值准备。未成熟生产性生物资产提取的减值准备,在"生物性在建工程减值准备"科目核算,不在本科目核算。

企业应至少于每个年度终了,对成熟生产性生物资产进行检查,如果由于遭受自然灾害、病虫害、动物疫病侵袭等原因导致其可收回金额低于账面价值的,应按可收回金额低于账面价值的差额,计提成熟生产性生物资产减值准备。成熟生产性生物资产减值准备一经计提,不得转回。

企业计提成熟生产性生物资产减值准备时,借记"营业外支出——计提的成熟生产性生物资产减值准备"科目,贷记本科目。

本科目期末贷方余额,反映企业已提取的成熟生产性生物资产减值准备。

6. "农业生产成本"账户

本科目核算农业活动过程中发生的各项生产费用,企业应按成本核算对象设置明细账,并按成本项目设置专栏,进行明细分类核算。

农业活动过程中发生的各项生产费用,应按种植业、畜牧养殖业、水产业和林业分别确定成本核算对象和成本项目,进行费用的归集和分配。实行混群核算的幼畜(禽)或育肥畜(禽)的实际成本和饲养费用以及实行分群核算的幼畜(禽)或育肥畜(禽)的饲养费用、郁闭成林前消耗性林木资产和公益林的实际成本,以及其他消耗性生物资产的实际成本等,在本科目核算。

经济林木、农田防护林在达到预定生产经营目的前发生的实际成本,在"生物性在建工程"科目核算,不在本科目核算;达到预定生产经营目的时发生的实际成本,在"生产性生物资产"科目核算,不在本科目核算;达到预定生产经营目的后发生的采割、管护费用,在本科目核算。

该账户主要账务处理如下:

(1)郁闭成林前消耗性林木资产、公益林,以及其他农业活动耗用的直接材料、直接人工和其他直接费用,直接计入农业生产成本,借记本科目,贷记"原材料""应付职工薪酬""库存现金""银行存款"等科目。

(2)具有生产性特点的林木资产达到预定生产经营目的后发生的管护费用,直接计入农业生产成本,借记本科目,贷记"原材料""应付职工薪酬""库存现金""银行存款"等科目。

(3)机械作业等所发生的共同性费用,借记本科目(机械作业费等),贷记"累计折旧"等科目。期末,分配计入有关受益对象时,借记本科目(××产品),贷记本科目(机械作业费等)。

(4)辅助生产单位提供的劳务,按承担劳务费用金额,借记本科目,贷记"生产成本——辅助生产成本"科目。

(5)经济林木、农田防护林、剑麻、产畜等成熟生产性生物资产计提的折旧,借记本科目,贷记"生物资产累计折旧"科目。零星橡胶树、果树、桑树、茶树等经济林木的更新和补植支出,在达到预定生产经营目的前,计入生物性在建工程;在达到预定生产经营目的后,直接计入农业生产成本。

(6) 多次收获的多年生消耗性生物资产(如苜蓿),其往年费用按比例摊入本期产品成本部分,借记本科目(××产品),贷记本科目(××年种植××作物)。

(7) 年终尚未完成脱粒作业的产品,预提脱粒等费用时,借记本科目,贷记"预提费用"科目。

(8) 畜(禽)产品实行混群核算的,畜(禽)本身的价值及其饲养费用,均通过本科目核算。购进畜(禽)时,按实际支付或应支付的价款,借记本科目,贷记"银行存款"等科目。实行分群核算的,本科目只核算各群发生的饲养费用,畜(禽)本身的价值在"幼畜及育肥畜"科目核算。期末结转各群的饲养费用时,借记"幼畜及育肥畜"科目,贷记本科目。

(9) 发生的间接费用,先在"制造费用"科目进行汇集,期末再按一定的分配标准或方法,分配计入有关产品成本,借记本科目,贷记"制造费用"科目。

(10) 收获的农产品(包括自产留用的种子、饲料、口粮)在验收入库时,按实际成本,借记"农产品"科目,贷记本科目;不通过入库直接销售的鲜活产品,按实际成本,借记"主营业务成本"科目,贷记本科目。

(11) 消耗性林木资产在采伐时,按其账面价值,借记本科目,按已计提的消耗性林木资产跌价准备,借记"消耗性林木资产跌价准备"科目,按其账面余额,贷记"消耗性林木资产"科目。

(12) 实行混群核算的幼畜成龄转为产畜或役畜,按账面价值,借记"生产性生物资产"科目,按已计提的其他消耗性生物资产跌价准备,借记"存货跌价准备——其他消耗性生物资产跌价准备"科目;按账面余额,贷记本科目。

本科目期末借方余额,反映农业活动过程中发生的各项费用,包括实行混群核算的幼畜(禽)或育肥畜(禽)的实际成本和饲养费用,以及实行分群核算的幼畜(禽)或育肥畜(禽)的饲养费用、郁闭成林前消耗性林木资产和公益林的实际成本及其他消耗性生物资产的实际成本等。

(二)账务处理

某企业主要从事养鸡业,采用分群核算制,分为"基本鸡群""幼鸡及育肥鸡""人工孵化鸡"三个明细账户。养鸡企业本期发生的经济业务及会计处理如下。

【例5-1】本期种蛋成本1 000元,鸡苗成本1 500元;在饲养过程中耗用各种饲料6 800元,其中基本鸡群耗用3 600元,幼鸡及育肥鸡耗用2 400元,人工孵化鸡耗用800元。本例中的会计分录为

借:农业生产成本——基本鸡群 3 600
　　　　　　　　——幼鸡及育肥鸡 3 900
　　　　　　　　——人工孵化鸡 1 800
　　贷:原材料——饲料 6 800
　　　　农产品——种蛋 1 000
　　　　消耗性生物资产——鸡苗 1 500

借：消耗性生物资产——鸡苗　　　　　　　　　　　　　　　　　　　1 500
　　贷：农业生产成本——人工孵化鸡　　　　　　　　　　　　　　　　1 500
借：消耗性生物资产——育肥鸡　　　　　　　　　　　　　　　　　　1 500
　　贷：消耗性生物资产——鸡苗　　　　　　　　　　　　　　　　　　1 500

【例5-2】本期发生工资费用6 500元。其中，10名饲养人员的工资费用为4 500元：基本鸡群需用4人，幼鸡及育肥鸡群需用3人，人工孵化鸡群需用3人，饲养人员不固定某一鸡群的饲养。厂部管理人员1人，生产车间管理人员1人。该企业负担的工资及福利费用分配情况见表5-3。

表5-3　工资及福利费用分配表　　　　　　　　　　　　　　单位：元

部门		所需人数/人	工资费用	福利费用	合计
生产部门	基本鸡群	4	1 800	252	2 052
	幼鸡及育肥鸡	3	1 350	189	1 539
	人工孵化鸡	3	1 350	189	1 539
	生产管理	1	1 000	140	1 140
厂部	企业管理	1	1 000	140	1 140
合计		12	6 500	910	7 410

$$工资分配率 = \frac{4\ 500}{10} = 450（元/人）$$

某鸡群应负担工资费用 = 该鸡群所需人数 × 工资分配率

如果饲养人员固定某一鸡群的饲养工作，则根据某鸡群饲养人员的工资及福利费直接记入有关账户，不需要进行上述计算。本例中的会计分录为

借：农业生产成本——基本鸡群　　　　　　　　　　　　　　　　　　2 052
　　　　　　　　——幼鸡及育肥鸡　　　　　　　　　　　　　　　　1 539
　　　　　　　　——人工孵化鸡　　　　　　　　　　　　　　　　　1 539
　　制造费用　　　　　　　　　　　　　　　　　　　　　　　　　　1 140
　　管理费用　　　　　　　　　　　　　　　　　　　　　　　　　　1 140
　　贷：应付职工薪酬——工资　　　　　　　　　　　　　　　　　　6 500
　　　　　　　　　　——福利费　　　　　　　　　　　　　　　　　　910

【例5-3】开出转账支票支付外部防疫站鸡群药费和医疗费1 200元，其中基本鸡群300元，幼鸡及育肥鸡600元，人工孵化鸡300元。本例中的会计分录为

借：农业生产成本——基本鸡群　　　　　　　　　　　　　　　　　　　300
　　　　　　　　——幼鸡及育肥鸡　　　　　　　　　　　　　　　　　600
　　　　　　　　——人工孵化鸡　　　　　　　　　　　　　　　　　　300
　　贷：银行存款　　　　　　　　　　　　　　　　　　　　　　　　1 200

【例5-4】按规定计提种鸡折旧费600元（种鸡总成本为10 800元，分为1年半时间计提折旧）。种鸡专用鸡舍折旧1 000元，幼鸡及育肥鸡专用设备折旧600元，人工孵化专用设备折旧300元，生产车间房屋折旧5 000元。本例中的会计分录为

```
借：农业生产成本——基本鸡群                    1 600
              ——幼鸡及育肥鸡                    600
              ——人工孵化鸡                      300
    制造费用                                  5 000
  贷：累计折旧                                            6 900
      生产性生物资产累计折旧                              600
```

【例5-5】开出转账支票支付电费2 900元，其中基本鸡群700元，幼鸡及育肥鸡700元，人工孵化鸡500元，生产车间用电500元，管理部门用电费500元。本例中的会计分录为

```
借：农业生产成本——基本鸡群                      700
              ——幼鸡及育肥鸡                    700
              ——人工孵化鸡                      500
    制造费用                                    500
    管理费用                                    500
  贷：银行存款                                           2 900
```

【例5-6】月末汇总煤炭领用表，发出总共10吨，计3 500元，其中基本鸡群1 000元，幼鸡及育肥鸡1 500元，人工孵化鸡1 000元。本例中的会计分录为

```
借：农业生产成本——基本鸡群                    1 000
              ——幼鸡及育肥鸡                  1 500
              ——人工孵化鸡                    1 000
  贷：原材料——煤炭                                      3 500
```

【例5-7】月末分配制造费6 640元，按上述直接费用比例分别计入各鸡群生产费用，见表5-4。

表5-4 制造费用分配表

鸡群	直接成本/元	分配率	分配金额/元
基本鸡群	9 252	0.282 2	2 610.91
幼鸡及育肥鸡	8 839	0.282 2	2 494.37
人工孵化鸡	5 439	0.282 2	1 534.72
合计	23 530		6 640

本例中的会计分录为

```
借：农业生产成本——基本鸡群                   2 610.91
              ——幼鸡及育肥鸡                 2 494.37
              ——人工孵化鸡                   1 534.72
  贷：制造费用                                          6 640
```

【例5-8】以例5-7的数据为基础，月末按实际成本结转生产成本。本例中的会计分录为

```
借：农产品——种蛋                                    11 862.91
```

消耗性生物资产——育肥鸡	11 333.37
——鸡苗	6 973.72
贷：农业生产成本——基本鸡群	11 862.91
——幼鸡及育肥鸡	11 333.37
——人工孵化鸡	6 973.72

【例 5-9】以例 5-8 的数据为基础，本月已将育肥鸡全部实现销售，按实际成本结转销售成本。本例中的会计分录为

借：主营业务成本——育肥鸡	11 333.37
贷：消耗性生物资产——育肥鸡	11 333.37

三、养禽企业生产成本的计算

（一）分群核算制下的成本计算

为了进行养禽企业成本计算，应在"农业生产成本"账户下设置"基本禽群""幼禽及育肥禽""人工孵化"明细账。各明细账应分别鸡、鸭、鹅等禽类核算。基本禽群的主产品是禽蛋，副产品是禽粪、羽毛；幼禽及育肥禽的主产品是增重量，副产品是禽蛋、禽粪、羽毛；人工孵卵的主产品是孵出一昼夜的雏禽，副产品是废蛋。养禽企业要计算主产品成本、饲养日（月）成本。

1. 主产品成本计算

1）基本禽群主产品成本计算公式

$$禽蛋总成本 = 基本禽群饲养费用 - 副产品价值$$

$$禽蛋单位成本 = \frac{禽蛋总成本}{禽蛋总产量}$$

【例 5-10】某企业某月种蛋总产量是 9 100 枚，饲养费用为 11 862.91 元，副产品折价 500 元，试计算每枚种蛋成本。

$$每枚种蛋成本 = \frac{11\ 862.91 - 500}{9\ 100} = 1.25（元/枚）$$

2）幼禽及育肥禽主产品成本计算公式

由于幼禽及育肥禽数量大，增重称量比较麻烦，为了简化手续，一般只计算每只幼禽及育肥禽的成本或每只每日的成本。

$$幼禽及育肥禽总成本 = 期初存栏价值 + 购入、转入价值 + 本期饲养费用 - 副产品价值$$

$$每只幼禽或育肥禽成本 = \frac{幼禽或育肥禽总成本}{期末存栏只数 + 转群及出售只数}$$

3）人工孵化禽主产品成本计算公式

$$雏禽总成本 = 本期孵化费用合计 - 副产品价值$$

$$每只雏禽成本 = \frac{雏禽总成本}{一昼夜内雏禽成活只数}$$

2. 饲养日成本计算

$$某禽群饲养日成本 = \frac{该禽群本期全部饲养费用（不扣副产品价值）}{该禽群本期饲养只日数}$$

$$饲养只日数 = 本期饲养该禽群禽只数 \times 本期饲养日数$$

【例5-11】某企业20××年年初和年内发生的饲养费用之和为12 000元，年内累计饲养只日数为48 000只日，单位肉鸡饲养成本为多少？

$$单位肉鸡饲养成本 = \frac{12\ 000}{48\ 000} = 0.25（元/只日）$$

（二）混群核算制下的成本计算

养禽企业的混群核算是指不按禽群别而按其类别计算禽产品成本的一种方法。其特点如下。

（1）"幼畜及育肥畜"账户，将禽的饲养费用和禽的价值合在"农业生产成本"账户核算。

（2）"农业生产成本"账户只按禽种类（鸡、鸭、鹅等）设置明细账户，其期初、期末余额反映某种禽存栏的内部计价价值。

（3）禽的出生、死亡不在"农业生产成本"账户反映，只在"畜禽变动登记簿"中登记。

（4）销售禽按实际成本计价，产禽淘汰转为育肥禽时，按折余价值计价。

（5）销售的生产成本为

$$\frac{销售的}{生产成本} = 期初存栏价值 + 购入、调入禽价值 + 本期饲养费用 -（调出禽价值 + 期末存栏价值 + 副产品价值）$$

（6）内部种禽的调入调出，按内部价格计价。

【例5-12】某企业养鸡采用混群核算，期初结存成龄鸡、幼鸡等26 000元（内部价格计价），本期（42天时间幼鸡育成商品肉鸡）饲养费用总额为16 000元，期末存货价值18 000元。其他有关业务如下。

（1）从外单位购入幼鸡700元。会计分录为

借：农业生产成本——养鸡　　　　　　　　　　　　　　　700
　　贷：银行存款　　　　　　　　　　　　　　　　　　　　　　700

（2）处理禽粪，作价200元对外售出，收到现金。会计分录为

借：库存现金　　　　　　　　　　　　　　　　　　　　　200
　　贷：农业生产成本——养鸡　　　　　　　　　　　　　　　　200

（3）淘汰种母鸡300只，转为育肥鸡，其原值为2 400元，已计提折旧2 000元。会计

分录为

借：农业生产成本——鸡 400
　　生产性生物资产累计折旧 2 000
　　　贷：生产性生物资产——种鸡 2 400

（4）销售给外单位育肥鸡 33 000 元。

总成本为

（26 000＋700＋400＋16 000）－（18 000＋200）＝24 900（元）

会计分录为

借：银行存款 33 000
　　贷：主营业务收入 33 000
借：主营业务成本 24 900
　　贷：农业生产成本——养鸡 24 900

养禽企业的混群核算，优点是简化了成本核算工作，适用于规模小的养禽企业。但这种核算方法不能提供禽动态资料，不能提供饲养日成本、增重成本、活重成本，不利于考核养禽企业成本水平，不利于成本管理的科学化、规模化。因此，企业应尽量实行分群管理、分群核算的管理体制，保证成本的真实性与有用性。

实务训练

实训一　孵化中心苗鸡生产成本核算训练

1. 资料

某企业是一个大型养鸡企业集团，企业的生产机构主要有孵化中心、商品鸡养殖公司、种禽公司，这三个生产单位均实行独立核算，其中孵化中心分为两个孵化生产车间，每一个商品鸡养殖公司下设若干个养殖场，种禽公司下设几个区。有关成本核算资料见表5-5、表5-6。

表5-5　孵化中心苗鸡生产成本表（外调）

单位：孵化中心一车间

项目		单位	20××年11月			
类别	名称		单价*	耗量	金额	单位成本
原辅材料	种蛋	枚	2.05	2 648 156	5 435 544.10	2.659 8
	包装物	套	3.10	16 781.00	52 021.08	0.025 5
	小计				5 487 565.18	2.685 2
燃动费用	电	度			46 466.65	0.022 7
	煤	吨	442.16	36.62	16 193.27	0.007 9
	燃料	升	4.66	96.86	451.23	0.000 2
	小计				63 111.15	0.030 9

续表

项目		单位	20××年11月			
类别	名称		单价※	耗量	金额	单位成本
人工	工资	元			56 489.13	0.027 6
	福利费	人			2 958.13	0.001 4
	小计				59 447.26	0.029 1
制造费用	防疫药品	元			0.00	0.000 0
	消毒药品	元			17 538.21	0.008 6
	物料费	元			13 428.25	0.006 6
	维修费	元			871.74	0.000 4
	运杂费	元			4 584.38	0.002 2
	副品收入	元			?	?
	其他费	元			0.00	0.000 0
	小计				−50 809.01	−0.024 9
折旧费	折旧	月			26 624.23	0.013 0
	租赁费	月			0.00	0.000 0
	小计				26 624.23	0.013 0
公司管理费	工资	元			0.00	0.000 0
	福利费	元			0.00	0.000 0
	差旅费	元			24.22	0.000 0
	通信费	元			140.27	0.000 1
	招待费	元			146.26	0.000 1
	交通费	元			24.22	0.000 0
	办公费	元			0.00	0.000 0
	物料费	元			432.52	0.000 2
	维修费	元			0.00	0.000 0
	库损	元			0.00	0.000 0
	其他	元			143.07	0.000 1
	小计	元			910.55	0.000 4
生产成本合计		羽	产量	2 043 610	?	?
制造成本合计					?	?
入健率					?	

※ 单价小数位较多，数字显示时分以下部分已做四舍五入处理。

表 5-6 孵化中心苗鸡生产成本表（自产）

单位：孵化中心二车间

项目		单位	20××年11月			
类别	名称		单价※	耗量	金额	单位成本
原辅材料	种蛋	枚	1.23	1 915 628	2 356 222.44	1.723 9
	包装物	套	3.10	17 869.01	55 393.92	0.040 5
	小计				2 411 616.36	1.764 4
燃动费用	电	度			49 479.35	0.036 2
	煤	吨	442.16	39.00	17 243.18	0.012 6
	燃料	升	4.66	103.14	480.48	0.000 4
	小计				67 203.01	0.049 2
人工	工资	元			60 151.66	0.044 0
	福利费	人			3 149.92	0.002 3
	小计				63 301.58	0.046 3
制造费用	防疫药品	元			0.00	0.000 0
	消毒药品	元			18 675.32	0.013 7
	物料费	元			14 298.88	0.010 5
	维修费	元			928.26	0.000 7
	运杂费	元			4 881.62	0.003 6
	副品收入	元			?	?
	其他费	元			0.00	0.000 0
	小计				−54 103.25	−0.039 6
折旧费	折旧	月			28 350.44	0.020 7
	租赁费	月			0.00	0.000 0
	小计				28 350.44	0.020 7
公司管理费	工资	元			0.00	0.000 0
	福利费	元			0.00	0.000 0
	差旅费	元			25.79	0.000 0
	通信费	元			149.36	0.000 1
	招待费	元			155.74	0.000 1
	交通费	元			25.79	0.000 0
	办公费	元			0.00	0.000 0
	物料费	元			460.56	0.000 3
	维修费	元			0.00	0.000 0
	库损	元			0.00	0.000 0
	其他	元			152.35	0.000 1
	小计	元			969.59	0.000 7
生产成本合计		羽	产量	1 366 790	?	?
制造成本合计					?	?
	入健率				?	

※ 单价小数位较多，数字显示时以下部分已做四舍五入处理。

2. 要求

（1）成本项目有哪些？"公司管理费"与"制造费用"二者是什么关系？
（2）分别计算两个表中的"副品收入""生产成本合计""制造成本合计""入健率"。
（3）运用恰当的成本分析方法比较两个孵化车间生产成本的高低。

实训二　种鸡育成成本核算训练

1. 资料

某企业是一个大型养鸡企业集团，企业的生产机构主要有孵化中心、商品鸡养殖公司、种禽公司，这三个生产单位均实行独立核算。其中，种禽公司一区生产成本见表5-7。

表5-7　种禽一区（061121）育成成本汇总表

单位：汤阴种禽一区　　　　　　　　　　　　　　　　　　　　　　　　　　　　　　单位：元

序号	项目	单价	20××年				合计	单位成本
			2月	3月	4月	5月		
1	种雏计价套数	13.50		25 149.00	24 563.00	24 423.00		
2	种雏实际进舍数							
3	饲料/吨	1 900.00		29.95	90.09	31.60		0.006 029 64
4	电耗量/度							0
5	垫料/吨			2.60		4.83		0.000 295 44
6	煤耗量/吨			26.00		5.50		0.00
7	鸡苗							0.00
8	饲料			56 906.90	171 164.35	60 043.80		11.46
9	电费		8 048.35	6 719.00	8 000.00	3 750.81		1.05
10	燃料		1 630.00					0.06
11	煤耗			10 473.92		2 233.88		0.51
12	疫药费		79.51		53 592.27	898.51		2.17
13	药品消毒费			15 295.40				0.61
14	垫料			839.30		1 762.95		0.10
15	工资		18 100.00	18 100.00	18 100.00	6 033.33		2.40
16	福利费							0.00
17	易耗品摊销							0.00
18	物料消耗		1 411.32	12 930.71	4 360.00	1 694.31		0.81
19	修理费		3 155.68	466.60	4 099.49	882.67		0.34
20	管理费		3 146.27	4 304.90	3 293.76	2 006.42		0.51

续表

序号	项目	单价	20××年 2月	3月	4月	5月	合计	单位成本
21	副品收入		−2 912.09	−455.60	−3 236.94	−2 760.36		−0.37
22	递延资产摊销							0.00
23	劳保							0.00
24	运杂费			103.30	100.00	131.00		0.01
25	其他				303.30	−3 445.75		−0.12
26	折旧费		2 526.21	2 526.21	2 526.21	958.51		0.34
27	租赁费		6 388.90	15 555.44	12 777.80	2 129.63		1.47
28	合计							
29	淘汰残值重量/kg						0.00	
30	淘汰残值/元						0.00	
31	种鸡折旧实摊							

注：（1）育成期结束后，除大批量淘汰或本批全部淘汰冲减育成成本外，产蛋期的零星死亡淘汰直接冲减产蛋期成本。
（2）种鸡折旧实摊金额要与本批产蛋期成本汇总表中的种鸡折旧一项相符。
（3）如提前淘汰，未摊种鸡折旧要全部摊入淘汰当月。

2. 要求

（1）完成合计行的数字填列。
（2）单位成本是怎么计算出来的？

实训三　商品肉鸡成本核算训练

1. 资料

某企业是一个大型养鸡企业集团，企业的生产机构主要有孵化中心、商品鸡养殖公司、种禽公司，这三个生产单位均实行独立核算，其中，养殖一公司商品鸡养殖情况见表5-8。

表5-8　养殖一公司商品鸡场某年1—11月成绩排序

名次	场别	进鸡时间	进鸡数量	出栏时间	出栏数量	饲养日龄	总用料	体重	料肉比	成活率	出栏毛鸡重	成本	结算金额	千克成本	单只利润	清软分析	场长
1	北阳	12月12日	50 800	1月24日	45 741	43	185 200	2.02	2.00	90.04%	92 619	700 017	713 608	7.56		13 592	牛群
		2月19日	50 800	4月3日	49 269	43	201 720	2.20	1.86	96.99%	108 540.9	753 251	842 755	6.94		89 504	
		4月28日	47 800	6月8日	43 343	41	152 600	1.91	1.84	90.68%	82 809.9	672 624.1	632 982	8.12		−39 642	
		6月25日	48 800	8月8日	44 621	44	170 720	2.06	1.85	91.44%	92 100.1	689 564.1	718 189.8	7.49		28 626	
		8月22日	65 600	10月4日	61 622	43	235 720	2.08	1.84	93.94%	128 275	958 627	1 010 289	7.47		51 662	
			263 800		244 596		945 960	2.06	1.88	92.72%	504 345	3 774 084	3 917 825	7.48		143 741	

续表

名次	场别	进鸡时间	进鸡数量	出栏时间	出栏数量	饲养日龄	总用料	体重	料肉比	成活率	出栏毛鸡重	成本	结算金额	千克成本	单只利润	清软分析	场长
2	方寨	1月18日	52 500	2月27日	48 384	40	171 600	1.80	1.97	92.16%	87 224.6	693 700.5	674 428	7.95		−19 272	夏星
		3月20日	51 900	5月2日	46 954	43	180 600	1.94	1.98	90.47%	91 317	724 662	706 181	7.94		−18 480	
		5月22日	53 400	6月29日	50 865	38	161 200	1.65	1.92	95.25%	83 788.6	651 030.5	658 170	7.77		7 139	
		7月18日	47 800	8月30日	45 196	43	205 120	2.48	1.83	94.55%	112 140.7	790 114	880 921	7.05		90 807	
		9月18日	51 600	11月1日	49 423	44	226 000	2.40	1.90	95.78%	118 769	866 358	922 562	7.29		56 204	
			257 200		240 822		944 520	2.05	1.91	93.63%	493 240	3 725 864	3 842 261	7.55		116 397	
3	田营一	12月19日	77 200	1月30日	72 010	42	297 000	2.15	1.92	93.28%	154 556	1 134 858	1 199 918	7.34		65 060	牛长
		2月22日	74 600	4月6日	70 425	43	308 400	2.21	1.99	94.40%	155 288.1	1 148 602	1 236 486	7.40		87 884	
		4月24日	65 979	6月6日	57 543	43	212 560	1.74	2.12	87.21%	100 164.1	890 730.8	767 627	8.89		−123 104	
		6月27日	71 400	8月10日	62 604	44	245 880	1.92	2.05	87.68%	120 058	1 018 741	936 733	8.49		−82 008	
		8月27日	92 900	10月11日	88 267	45	361 840	2.24	1.83	95.01%	197 912	1 400 618	1 574 998	7.08		174 381	
			382 079		350 849		1 425 680	2.07	1.96	91.83%	727 979	5 593 549	5 715 763	7.68		122 213	
4	迁民二	12月28日	50 700	2月6日	46 660	40	158 840	1.74	1.95	92.03%	81 272.6	658 190.96	623 639	8.10		−34 552	杨方
		3月13日	50 700	4月22日	48 108	40	171 000	1.86	1.91	94.89%	89 585.3	673 061	694 629	7.51		21 568	
		5月17日	47 100	6月24日	42 136	38	144 000	1.81	1.89	89.46%	76 058.3	620 261	591 119	8.16		−29 143	
		7月9日	47 400	8月20日	46 058	42	181 880	2.17	1.82	97.17%	99 756.4	701 337	808 500	7.03		107 163	
		9月7日	52 200	10月19日	48 973	42	197 320	2.15	1.88	93.82%	105 110	802 738	816 167	7.64		13 429	
			248 100		231 935		853 040	1.95	1.89	93.48%	451 783	3 455 588	3 534 053	7.65		78 465	
5	闫村	11月25日	36 000	1月6日	31 931	42	139 440	2.14	2.04	88.70%	68 271.3	539 397	526 631	7.90		−12 766	吴美
		2月6日	35 600	3月18日	33 073	40	136 000	2.08	1.98	92.90%	68 725.4	520 797	532 514	7.58		11 717	
		4月9日	33 995	5月18日	32 330	39	134 000	2.04	2.03	95.10%	65 976.9	508 265	511 556	7.70		3 291	
		6月7日	30 300	7月19日	24 118	42	108 120	2.35	1.90	79.60	56 795.3	434 825.2	437 578.1	7.66		2 753	
		8月8日	31 100	9月20日	29 607	43	133 400	2.30	1.96	95.20%	68 052	506 857	528 467	7.45		21 610	
		10月11日	37 000	11月22日	33 693	42	141 360	2.12	1.98	91.06%	71 447.6	575 834	553 245	8.06		−22 589	
			203 995		184 752		792 320	2.16	1.98	90.57%	399 269	3 085 975	3 089 992	7.73		4 017	
6	王屯	12月14日	51 300	1月24日	46 011	41	164 360	1.85	1.93	89.69%	85 078	686 845	654 366	8.07		−32 479	崔艳
		2月20日	54 300	4月1日	52 378	40	185 200	1.82	1.94	96.46%	95 449	742 669	740 147	7.78		−2 522	
		4月28日	53 400	6月7日	48 547	40	153 280	1.65	1.92	90.91%	79 898.6	646 729.1	617 734	8.09		−28 995	
		6月23日	47 300	8月5日	45 328	43	181 120	2.12	1.89	95.83%	96 013.8	701 123.5	750 401	7.30		49 278	
		8月21日	50 400	10月2日	47 434	42	190 720	2.10	1.92	94.12%	99 438.6	759 580	775 139	7.64		15 559	
			256 700		239 698		874 680	1.90	1.92	93.38%	455 878	3 536 946	3 537 787	7.76		841	
7	靳庄	5月22日	47 600	6月30日	43 620	39	162 360	1.99	1.87	91.64%	86 725.9	667 648.4	669 684	7.70		2 036	郭峰
		1月13日	52 800	2月24日	46 616	42	189 000	1.96	2.07	88.29%	91 363	733 748	715 809	8.03		−17 939	
		3月23日	51 000	5月3日	47 839	41	185 840	1.99	1.95	93.80%	95 064.3	733 311	737 393	7.71		4 081	
		7月17日	49 300	8月26日	47 733	40	163 080	1.90	1.90	96.82%	85 851	664 685	690 426	7.74		25 741	
		9月12日	52 100	10月24日	46 929	42	194 800	2.14	1.94	90.07%	100 457	796 686	775 191	7.93		−21 495	
			252 800		232 737		895 080	1.97	1.95	92.06%	459 461	3 596 079	3 588 504	7.83		−7 575	

续表

名次	场别	进鸡时间	进鸡数量	出栏时间	出栏数量	饲养日龄	总用料	体重	料肉比	成活率	出栏毛鸡重	成本	结算金额	千克成本	单只利润	清软分析	场长
8	迁民一	12月29日	51 300	2月7日	44 123	40	170 000	1.88	2.05	86.01%	82 996.2	684 472	644 504	8.25		−39 968	李印
		3月12日	53 100	4月21日	50 069	40	179 720	1.79	2.00	94.29%	89 781.9	723 916.1	694 247	8.06		−29 669	
		5月16日	47 100	6月26日	42 078	41	151 580	1.85	1.95	89.34%	77 868	636 653	580 841	8.18		−55 813	
		7月10日	48 000	8月20日	45 949	41	174 800	2.03	1.87	95.73%	93 358.1	682 657	764 296	7.31		81 638	
		9月11日	56 400	10月20日	53 309	39	180 800	1.84	1.84	94.52%	98 194.6	768 773	797 078	7.83		28 305	
			255 900		235 528		856 900	1.88	1.94	92.04%	442 199	3 496 472	3 480 965	7.91		−15 506	
9	宋庄	12月21日	68 000	1月31日	64 141	41	251 840	2.02	1.95	94.33%	129 354	977 643	1 001 288	7.56		23 645	王善
		2月26日	65 600	4月11日	59 858	44	220 000	1.92	1.91	91.25%	114 950.4	922 495	839 104	8.03		−83 391	
		5月10日	63 900	6月18日	56 014	39	199 360	1.84	1.93	87.66%	103 048.8	851 998.9	808 122.6	8.27		−43 876	
		7月7日	61 700	8月18日	52 407	42	212 600	2.11	1.92	84.94%	110 568.4	859 382.1	883 010.1	7.77		23 628	
		9月6日	72 000	10月19日	67 575	43	296 800	2.18	2.01	93.85%	147 632	1 131 875	1 142 970	7.67		11 095	
			331 200		299 995		1 180 600	2.02	1.95	90.58%	605 553	4 743 395	4 674 495	7.83		−68 900	
10	卧羊湾	12月9日	72 000	1月19日	63 409	41	242 540	1.93	1.98	88.07%	122 685.1	996 823	945 829	8.13		−50 993	陈清
		2月12日	69 700	3月24日	61 519	40	227 000	1.95	1.89	88.26%	119 864.1	918 817.3	928 025	7.67		9 207	
		4月19日	66 594	5月30日	58 991	41	203 040	1.75	1.97	88.58%	103 301.7	876 440	816 192	8.48		−60 248	
		6月25日	63 300	8月1日	56 477	37	203 920	1.78	2.02	89.22%	100 771.3	833 246	782 656	8.27		−50 590	
		8月18日	65 600	9月29日	61 585	42	234 720	2.00	1.90	93.88%	123 243	934 352	987 061	7.58		52 709	
			337 194		301 981		1 111 220	1.89	1.95	89.56%	569 865	4 559 678	4 459 762	8.00		−99 916	
11	金穗	11月22日	77 800	1月5日	72 630	44	297 480	1.98	2.07	93.35%	143 618	1 105 911	1 101 246	7.70		−4 665	郭法
		2月5日	74 400	3月19日	67 009	42	249 000	1.77	2.10	90.07%	118 798	1 022 779	916 784	8.61		−105 994	
		4月13日	72 600	5月26日	67 219	43	248 600	1.82	2.04	92.59%	122 059.3	1 006 870	976 864	8.25		−30 005	
		6月19日	93 700	7月30日	84 516	41	347 800	2.08	1.98	90.20	175 590.3	1 363 041	1 386 971	7.76		23 931	
		8月16日	93 900	9月26日	90 090	41	301 240	1.77	1.89	95.94%	159 591.8	1 305 999	1 309 899	8.18		3 900	
		10月15日	93 200	11月27日	86 275	43	324 280	1.89	1.99	92.57%	162 657	1 391 603	1 280 876	8.56		−110 727	
			505 600		467 739		1 768 400	1.89	2.00	92.51%	882 315	7 196 202	6 972 641	8.16		−223 561	
12	罗元	1月15日	52 500	2月25日	46 530	41	189 000	1.72	2.36	88.63%	80 212	679 258	620 323	8.47		−58 935	申明
		3月28日	51 000	5月7日	42 453	40	147 200	1.67	2.08	83.24%	70 684.8	647 546	536 623	9.16		−110 923	
		5月25日	45 900	7月6日	38 443	42	137 680	1.82	1.97	83.75	69 780.3	603 343.4	538 935	8.65		−64 408	闫勇
		7月19日	48 000	9月2日	46 060	45	201 640	2.26	1.94	95.96%	103 944	739 348.1	825 665	7.11		86 317	
		9月19日	56 200	10月28日	52 106	39	167 960	1.70	1.90	92.72%	88 623.7	716 720	726 033	8.09		9 312	
			253 600		225 592		843 480	1.83	2.04	88.96%	413 245	3 386 216	3 247 579	8.19		−138 637	

续表

名次	场别	进鸡时间	进鸡数量	出栏时间	出栏数量	饲养日龄	总用料	体重	料肉比	成活率	出栏毛鸡重	成本	结算金额	千克成本	单只利润	清软分析	场长
13	后屯	1月20日	103 500	3月2日	91 279	41	330 800	1.71	2.11	88.19%	156 419.6	1 260 740	1 204 472	8.06		−56 268	刘海
		3月24日	85 600	5月5日	74 129	42	267 000	1.72	2.09	86.60%	127 656	1 068 488	979 129	8.37		−89 359	
		5月28日	41 700	7月7日	34 946	40	120 600	1.67	2.07	83.80	58 366.5	516 671	443 384	8.85		−73 287	杨根
		5月28日	41 400	7月7日	37 151	40	124 760	1.59	2.11	89.74	59 231	525 870.7	443 416	8.88		−82 455	崔河
		7月25日	46 500	9月10日	43 880	47	182 070	2.05	2.02	94.37%	89 992	710 913	719 912	7.90		8 999	王庆
		7月23日	48 600	9月10日	46 101	49	176 410	1.93	1.99	94.86%	88 838	707 228	692 805	7.96		−14 423	崔河
		9月24日	53 700	11月6日	51 430	43	191 000	1.81	2.05	95.77%	93 233	723 541	739 682	7.76		16 141	
		9月24日	52 600	11月9日	47 592	46	196 000	2.23	1.85	90.48%	106 067.5	820 985	825 391	7.74		4 406	王庆
			473 600		426 508		1 588 640	1.83	2.04	90.06%	779 804	6 334 436	6 048 190	8.12		−286 245	
14	南纸坊	6月30日	44 956	8月11日	43 625	42	171 520	2.07	1.90	97.04%	90 498	658 096	700 387	7.27		42 291	
		9月1日	53 400	10月12日	48 079	41	175 280	1.77	2.06	90.04%	84 985.4	770 082	664 423	9.06		−105 659	耿君
			98 356		91 704		346 800	1.91	1.98	93.24%	175 483	1 428 178	1 364 809	8.14		−63 369	
15	常屯	12月8日	36 600	1月19日	33 681	42	132 120	1.92	2.05	92.02%	64 561.1	502 561	496 872	7.78		−5 689	
		2月13日	33 600	3月27日	29 786	42	118 000	1.99	1.99	88.65%	59 373	470 091.8	460 401.9	7.92		−9 690	
		4月29日	48 998	6月11日	35 496	43	148 640	1.73	2.42	72.44%	61 452.9	627 409	473 509	10.21		−153 900	杨培
		6月27日	47 000	8月10日	44 006	44	167 880	1.97	1.94	93.63%	86 643	660 389.9	676 896.9	7.62		16 507	
		8月28日	51 300	10月9日	48 834	42	174 440	1.82	1.96	95.19%	89 090	703 071	720 112	7.89		17 041	
			217 498		191 803		741 080	1.88	2.05	88.19	361 120	2 963 523	2 827 792	8.21		−135 730	
16	小浮沱	12月4日	35 400	1月17日	33 698	44	145 040	2.16	1.99	95.19%	72 841.2	551 787.3	558 620	7.67		6 832	
		2月8日	34 300	3月21日	31 699	41	120 560	1.94	1.96	92.42%	61 599.4	486 829	478 183.18	7.90		−8 646	王峰
		4月16日	34 600	5月30日	24 914	44	93 600	1.72	2.18	72.01%	42 855	437 778	343 366	10.22		−94 412	
		6月16日	32 000	7月31日	24 386	45	98 840	1.89	2.14	76.21	46 135.2	429 058	353 476	9.30		−75 581	
		8月21日	33 500	10月1日	32 483	41	117 280	2.03	1.78	96.96%	66 055.1	484 056	525 472	7.33		41 416	宋清
			169 800		147 180		575 320	1.97	1.99	86.68	289 486	2 389 508	2 259 117	8.25		−130 391	
17	郝街	1月25日	70 100	3月5日	60 684	39	188 480	1.49	2.08	86.57%	90 571	790 618	678 189	8.73		−112 430	闫勇
		4月4日	51 600	5月16日	46 002	42	176 040	2.02	1.89	89.15%	93 150.4	710 991	722 921	7.63		11 930	
		6月2日	45 900	7月14日	42 482	42	151 000	1.84	1.93	92.55	78 038.4	587 623	592 059	7.53		4 435	
		6月2日	45 900	7月14日	41 422	42	143 760	1.81	1.92	90.24	74 803.3	605 436.2	620 126	8.09		14 690	
		8月1日	50 100	9月16日	47 413	46	218 080	2.42	1.90	94.64%	114 720.2	824 681.3	893 560	7.19		68 879	
		8月1日	50 100	9月16日	46 065	46	210 960	2.35	1.95	91.95%	108 257.8	1 044 178	842 290	9.65		−201 888	申明
		10月5日	55 000	11月16日	47 188	42	185 320	1.86	2.12	85.80%	87 575	768 166	691 249	8.77		−76 917	
		10月6日	52 000	11月18日	42 775	43	181 560	1.98	2.14	82.26%	84 650	753 541	656 057	8.90		−97 484	
			420 700		374 031		1 455 200	1.96	1.99	88.91%	731 767	6 085 235	5 696 450	8.32		−388 785	

续表

名次	场别	进鸡时间	进鸡数量	出栏时间	出栏数量	饲养日龄	总用料	体重	料肉比	成活率	出栏毛鸡重	成本	结算金额	千克成本	单只利润	清软分析	场长
18	礼合屯	12月12日	16 800	1月17日	14 521	36	48 000	1.51	2.19	86.43%	21 893	191 771	162 096.25	8.76		−29 675	王雨
		4月21日	19 000	5月30日	15 266	39	48 760	1.45	2.20	80.35%	22 202.6	220 648	172 816	9.94		−47 832	
		6月9日	49 600	7月14日	46 045	35	115 000	1.29	1.93	92.83	59 624.2	498 855	444 098	8.37		−54 757	
		7月30日	45 980	9月11日	39 777	43	152 720	1.83	2.10	86.51%	72 777.7	650 631	599 035	8.94		−51 596	
		9月28日	53 075	11月9日	50 315	42	208 120	2.07	2.00	94.80%	104 039.3	798 332	805 812	7.67		7 480	
			184 455		165 924		572 600	1.69	2.04	89.95%	280 537	2 360 237	2 183 858	8.41		−176 379	
19	河口	5月30日	93 000	7月9日	80 470	40	242 920	1.53	1.97	86.53	123 320.9	1 102 016	911 626.3	8.94		−190 390	刘海
		7月25日	94 300	9月12日	86 669	49	347 680	2.03	1.97	91.91%	176 112.1	1 401 184	1 400 592	7.96		−592	
		10月1日	106 800	11月16日	95 430	46	361 040	1.85	2.05	89.35%	176 353.9	1 556 393	1 440 436	8.83		−115 957	
			294 100		262 569		951 640	1.81	2.00	89.28%	475 787	4 059 593	3 752 654	8.53		−306 939	
20	迁民三	12月27日	67 600	2月5日	59 418	40	219 000	1.83	2.02	87.90%	108 596	890 194	859 772	8.20		−30 421	孙永、游国
		3月14日	71 600	4月23日	66 812	40	223 000	1.70	1.97	93.31%	113 376.3	909 940	872 496	8.03		−37 443	
		5月17日	106 200	6月26日	91 092	40	294 980	1.62	2.00	85.77%	147 308.5	1 317 195	1 121 727	8.94		−195 468	
		7月12日	45 600	8月21日	45 635	40	164 180	2.00	1.80	100.08%	91 207	664 948	726 343	7.29		61 394	
		7月12日	47 100	8月22日	45 229	41	157 200	1.86	1.87	96.03%	84 247.6	654 875	699 266	7.77		44 391	
		9月28日	53 700	11月11日	44 402	44	158 720	1.71	2.09	82.69%	75 947	692 216	621 390	9.11		−70 826	
		9月28日	52 100	11月11日	42 295	44	184 120	2.11	2.06	81.18%	89 367	774 422	690 484	8.67		−83 938	
			291 000		262 957		901 160	2.70	1.27	90.36%	710 049	5 903 789	5 591 479	8.31		−312 310	
21	三海	1月22日	51 300	3月4日	43 711	41	155 440	1.68	2.11	85.21%	73 582.7	660 450	560 192	8.98		−100 259	王庆
		4月3日	52 337	5月15日	43 865	42	172 200	1.89	2.08	83.81%	82 934	725 773	644 376	8.75		−81 397	
		6月5日	49 700	7月19日	40 153	44	140 640	1.66	2.11	80.79	66 725.3	626 002	516 866	9.38		−109 136	
		6月5日	45 200	7月19日	40 280	44	142 680	1.87	1.89	89.12	75 499.3	609 374	585 995	8.07		−23 379	韩林
		8月4日	48 200	9月15日	42 675	42	167 520	1.99	1.97	88.54%	85 096	692 581	687 689	8.14		−4 893	王峰
		8月4日	47 600	9月17日	43 155	44	167 520	1.98	1.96	90.66%	85 662.3	698 139	672 702	8.15		−25 437	韩林
		10月17日	51 400	11月27日	45 986	41	181 600	2.05	1.93	89.47%	94 320.9	749 669	729 603	7.95		−20 066	
		10月17日	55 700	11月29日	50 319	43	171 800	1.62	2.11	90.34%	81 416	732 558	665 291	9.00		−67 267	王峰
			401 437		350 144		1 299 400	1.84	2.01	87.22%	645 236	5 494 546	5 062 713	8.52		−431 833	
22	杨晋庄	4月20日	38 000	5月30日	35 862	40	112 640	1.48	2.12	94.37%	53 056.4	488 780	412 116.1	9.21		−76 664	王海
		6月18日	30 000	7月31日	27 551	43	108 060	1.88	2.09	91.84	51 680.4	438 192	409 141	8.48		−29 051	
		8月17日	33 100	9月28日	31 319	42	115 160	1.83	2.01	94.62%	57 210.1	480 721	469 380	8.40		−11 341	王青
			101 100		94 732		335 860	1.71	2.07	93.70%	161 947	1 407 694	1 290 638	8.69		−117 056	
23	草屯	6月26日	31 100	8月7日	29 341	42	1 477 400	1.81	2.13	94.34%	53 024.3	450 548	411 178	8.50		−38 621	赵林
		8月29日	48 500	10月13日	41 036	45	178 000	2.13	2.04	84.61%	87 270.6	731 972	670 724	8.39		−61 248	
			79 600		70 377		1 655 400	1.81	2.13	88.41%	140 295	1 182 520	1 082 651	8.50		−99 869	

续表

名次	场别	进鸡时间	进鸡数量	出栏时间	出栏数量	饲养日龄	总用料	体重	料肉比	成活率	出栏毛鸡重	成本	结算金额	千克成本	单只利润	清软分析	场长
24	座庄	2月14日	18 100	3月27日	17 052	41	71 640	2.15	1.95	94.21%	36 692	274 766.52	283 504	7.49		8 737	宋清
		4月9日	50 999	5月22日	42 665	43	149 000	1.70	2.06	83.66%	72 423	668 273	553 023	9.23		-115 249	
		6月7日	48 500	7月17日	34 200	40	104 080	1.49	2.05	70.52	50 851	514 509	378 182	10.12		-136 327	
		8月2日	46 500	9月17日	43 464	46	189 880	2.24	1.95	93.47%	97 472.3	741 101	758 513	7.60		17 413	王海
		10月10日	55 800	11月22日	50 663	43	185 440	1.78	2.05	90.79%	90 341	783 807	720 844	8.68		-62 964	
			219 899		188 044		700 040	1.85	2.01	85.51	347 779	2 982 456	2 694 066	8.58		-288 390	
25	大洼	12月26日	51 600	2月5日	46 829	41	175 000	1.78	2.09	90.75%	83 580	698 624	647 128	8.36		-51 496	赵林
		2月27日	50 600	4月13日	44 171	45	164 575	1.61	2.31	87.29%	71 261	669 083	533 118	9.39		-135 966	
		5月9日	51 000	6月20日	46 219	42	129 000	1.63	1.71	90.63%	75 377.65	691 209	584 421	9.17		-106 788	
		7月9日	45 000	8月20日	38 190	42	159 690	1.90	2.20	84.87%	72 588	663 125	584 437	9.14		-78 687	
		9月6日	57 000	10月17日	53 293	41	175 920	1.70	1.94	93.50%	90 605.7	751 936	752 177	8.30		242	常星
			255 200		228 702		804 185	1.72	2.04	89.62	393 412	3 473 977	3 101 281	8.83		-372 696	
26	史营	6月25日	16 600	8月6日	13 910	42	49 800	1.78	2.02	83.80%	24 692.8	216 770	194 081	8.78		-22 689	王青
27	北口	4月17日	32 995	5月26日	24 235	39	79 880	1.46	2.26	73.45%	35 399	389 147	261 075	10.99		-128 072	苏勇
		6月19日	45 300	7月31日	42 169	42	147 400	1.72	2.04	93.09	72 408.4	604 784	557 103	8.35		-47 681	
		8月30日	53 400	10月15日	45 952	46	196 800	2.08	2.06	86.05%	95 605	762 822	750 336	7.98		-12 487	
			131 695		112 356		424 080	1.81	2.08	85.32%	203 412	1 756 753	1 568 514	8.64		-188 239	

注:"清软"为一款软件。

2. 要求

(1) 各养殖场采用的基本成本计算方法是什么?
(2) 在成绩排序过程参考的主要指标是什么?
(3) "料肉比""成活率"的含义是什么?
(4) 请计算"单只利润"列的数字。

实训四 麦肯鸡成本核算训练

1. 资料

某企业麦肯鸡养殖成本资料见表 5-9。

表 5-9 麦肯鸡养殖户单位养殖收入、成本费用、利润测算表

规模	工人数	平均工资	工资总额	日龄/日	出栏平均体重/千克	类型
13 000	5	400	4 000	40	1.84	养殖场

		项目	单位	单价	消耗定额	金额	备注
1		每只鸡销售收入	元/只	5.300	1.840	9.752	
2	原料成本	1. 鸡苗	羽	1.800	0.950	1.895	
3		2. 饲料	千克	1.563	1.840	5.292	
7		3. 药品	元/只			0.500	
8	鸡场制造费用	1. 人工	元/只			0.240	0.307 69
9		2. 垫料	元/只			0.260	
10		3. 电费	元/只			0.116	
11		4. 煤费	元/只			0.166	
12		5. 维修费	元/只			0.030	
13		6. 租赁费	元/只			0.350	
17		10. 其他费用	元/只			0.065	
18		合计	元/只			1.227	
19		每只鸡成本合计	元/只			?	
20		每只鸡利润毛利	元/只			?	1.15
21		每批总毛利	元			?	含工资
22		每批鸡利润	元			?	

2. 要求

请计算并填列第 19、20、21、21 行中的"?"。

实训五 养殖企业管理费用核算训练

1. 资料

某企业 20××年 11 月种禽、孵化管理费资料见表 5-10。

表 5-10 20××年 11 月种禽、孵化管理费明细表　　　单位：元

项目	预算发生	实际发生	差异
员工人数/人	2		
差旅费	200.00	80.00	
通信费	550.00	586.12	
招待费	300.00	350.00	

续表

项目	预算发生	实际发生	差异
交通费	4 500.00	4 239.90	
办公费	100.00	68.47	
物料费	—	71.57	
工资	2 200.00	8 464.00	
福利费	—	462.00	
其他	1 000.00	673.82	
合计	8 850.00	14 995.88	
项目	年度总预算	实际发生累计	差异
员工人数/人	2		
差旅费	2 400.00		−1 024.53
通信费	6 600.00		−1 246.22
招待费	3 600.00		−1 207.50
交通费	54 000.00		−9 984.25
办公费	1 200.00		811.83
物料费	—		431.77
工资	26 400.00		60 986.00
福利费	—		7 140.00
其他	12 000.00		−5 126.76
合计	106 200.00		50 780.34

2. 要求

（1）请计算填列表中空白处的数字。

（2）年度差异率是多少？

实训六 养殖企业交通费、通信费、业务招待费核算训练

1. 资料

某养殖企业20××年11月交通费、通信费、业务招待费预算实际对比资料见表5-11。

表5-11 20××年11月畜禽口三项费用预算实际对比汇总 单位：元

单位	11月交通费对比			11月通信费对比			11月招待费对比			差异月合计
	定额费用	实际发生	差异	定额费用	实际发生	差异	定额费用	实际发生	差异	
饲料公司	1 000.00	1 570.00	570.00	1 300.00	1 551.09	251.09	100.00	944.00	844.00	

续表

单位	11月交通费对比			11月通信费对比			11月招待费对比			差异月合计
	定额费用	实际发生	差异	定额费用	实际发生	差异	定额费用	实际发生	差异	
放养公司	10 000.00	10 522.25	522.25	4 450.00	4 641.60	191.60	2 000.00	1 103.00	-897.00	
种禽公司	4 500.00	5 741.90	1 241.90	1 700.00	2 160.00	460.00	600.00	737.00	137.00	
养殖一公司	9 000.00	8 846.90	-153.10	650.00	993.00	343.00	400.00	202.00	-198.00	
养殖二公司	9 000.00	16 433.55	7 433.55	860.00	909.00	49.00	400.00	300.00	-100.00	
品管部	3 500.00	3 656.85	156.85	720.00	325.53	-394.47	500.00	351.00	-149.00	
采购部	2 000.00	4 620.00	2 620.00	2 700.00	2 601.99	-98.01	900.00	1 210.00	310.00	
畜禽部办公室	1 500.00	10.00	-1 490.00	500.00	36.20	-463.80	240.00	0	-240.00	
畜禽部总经理	3 000.00	4 441.50	1 441.50	300.00	286.20	-13.80	1 000.00	1 137.00	137.00	
畜禽副总经理	4 000.00	5 688.20	1 688.20	300.00	274.94	-25.06	500.00	671.30	171.30	
畜禽顾问	2 200.00	4 360.80	2 160.80	250.00	150.00	-100.00	400.00	1 828.00	1 428.00	
畜禽部开发办	0	9 553.10	9 553.10	0	1 164.65	1 164.65	0	3 044.00	3 044.00	
畜禽口合计	49 700.00	75 445.05	25 745.05	13 730.00	15 094.20	1 364.20	7 040.00	11 527.30	4 487.30	
单位	本年交通费对比			本年通信费对比			本年招待费对比			差异年累计
	预算费用	实际发生	差异	预算费用	实际发生	差异	预算费用	实际发生	差异	
饲料公司	11 000.00	21 535.10	10 535.10	8 300.00	13 222.33	4 922.33	1 400.00	10 665.40	9 265.40	
放养公司	110 000.00	155 061.30	45 061.30	48 950.00	64 391.30	15 441.30	22 000.00	18 671.60	-3 328.40	
种禽公司	40 500.00	48 616.85	8 116.85	10 000.00	14 638.04	4 638.04	3 900.00	4 092.50	192.50	
养殖一公司	132 000.00	223 224.45	91 224.45	13 070.00	13 190.32	120.32	8 000.00	10 947.00	2 947.00	
养殖二公司	18 000.00	32 244.50	14 244.50	1 720.00	3 789.97	2 069.97	800.00	953.00	153.00	
品管部	28 000.00	27 430.55	-569.45	5 760.00	4 807.42	-952.58	4 000.00	2 851.00	-1 149.00	
采购部	16 000.00	27 025.70	11 025.70	21 600.00	25 792.09	4 192.09	7 200.00	7 025.00	-175.00	
畜禽部办公室	12 000.00	34 798.55	22 798.55	4 000.00	4 215.12	215.12	1 920.00	8 843.00	6 923.00	
畜禽部总经理	24 000.00	43 020.88	19 020.88	2 400.00	2 202.90	-197.10	8 000.00	5 250.50	-2 749.50	
畜禽副总经理	32 000.00	25 429.50	-6 570.50	2 400.00	2 119.11	-280.89	4 000.00	2 652.30	-1 347.70	
畜禽顾问	17 600.00	16 772.05	-827.95	2 000.00	2 000.00	0	3 200.00	2 753.00	-447.00	
畜禽部开发办	0	9 553.10	9 553.10	0	1 164.65	1 164.65	0	3 044.00	3 044.00	
畜禽口合计	441 100.00	664 712.53	223 612.53	120 200.00	151 533.25	31 333.25	64 420.00	77 748.30	13 328.3	

2. 要求

（1）请计算"差异"月合计数。

（2）请计算"差异"年合计数。

（3）畜禽口三项费用指的是什么费用？它们是应该包括在期间费用里还是应该包括在生产成本中？为什么进行单列分析？

项目十五
养猪企业成本核算

养猪企业按规模分为大型养猪企业、中型养猪企业、小型养猪企业及散户养殖类型，以上四种类型里又都包含自繁自养型、仔猪育肥型和繁育仔猪型三种类型，其中以自繁自养型的养猪企业即种猪养殖企业最具代表性。下面就以种猪养殖企业为例学习养猪企业的成本核算。

一、种猪场成本核算的意义

产品成本核算是种猪场落实经济责任制、提高经济效益不可缺少的基础工作，是会计核算的重要内容。种猪场要进行种猪生产，必然要发生各种各样的耗费和支出，这些耗费和支出是否符合经济有效的原则，以耗费和支出总量的多少是无法回答的，而只有从产品单位耗费水平的高低才可以反映出来。一般来讲，一个种猪场的单位活重成本水平越低，其获利能力越强；反之，其获利能力就越差。及时正确地进行产品成本核算，可以反映和监督各项生产费用的发生和产品成本的形成过程，从而凭借实际成本资料与计划成本的差异，分析成本升降的原因，揭示成本管理中的薄弱环节，不断挖掘降低成本的潜力，做到按计划、定额使用人力、物力和财力，达到预期的成本目标。

产品成本是反映种猪场生产经营活动的一个综合性经济指标。种猪场在经营管理过程中各个方面的工作业绩，都可以直接或间接地在成本上反映出来。如种猪场种猪选育的好坏、产仔的多少、成活率的高低、劳动生产率的高低、饲料消耗节约与浪费、固定资产的利用情况、资金运用是否合理，以及供、产、销各个环节的工作衔接是否协调等，都可以通过成本直接或间接地反映出来。因此，成本水平的高低，在很大程度上反映了一个种猪场经营管理的工作质量。加强成本核算有助于考核种猪场生产经营活动的经济效益，促进其经济管理工作的不断改善。

产品成本是补偿生产耗费的尺度，为了保证种猪场再生产的不断进行，必须对生产耗费，即资金耗费进行补偿。种猪场是自负盈亏的商品生产者和经营者，其生产耗费是用自身的生产成果，即营业收入来补偿的。而成本就是衡量这一补偿额度大小的尺度。种猪场在取得营业收入后，必须把相当于成本的数额划分出来，用以补偿生产经营中的资金耗费。这样，才能维持资金周转按原有规模进行。如果种猪场不能按照成本来补偿生产耗费，资金就会短缺，再生产就不能按原有规模进行。

成本也是划分生产经营耗费和猪场纯收入的依据，在一定营业收入中，成本越低，纯收入就越多。可见成本作为补偿生产耗费尺度的作用，对经济发展有着重要的影响。

产品成本是制订产品价格的一项重要因素。产品价格是产品价值的货币表现，产品价格应大体上符合其价值。无论是国家还是企业，在制订产品价格时，都应遵循价值规律的基本要求。但现阶段，人们还不能直接计算产品的价值，而只能计算产品成本，通过成本间接、相对地掌握产品的价值。因此，成本就成了制订产品价格的重要因素。

产品的定价是一项复杂的工作，特别是在市场经济条件下，应考虑的因素很多，所以产品成本是制订产品价格的一项重要因素。

二、种猪场成本核算的要求

为了正确核算产品成本，使成本指标如实地反映产品实际水平，充分发挥成本的作用，种猪场在进行成本核算时，必须注意以下基本要求。

（一）正确划分各种费用界限

为了加强各种费用的控制，正确计算成本，应当严格划清以下费用界限。

1. 正确划分资本性支出和收益性支出的界限

凡支出的效益涉及多个会计年度的，应作为资本性支出，如固定资产的购置和无形资产的购入均属于资本性支出；凡支出的效益只涉及本年度的，应作为收益性支出，如生产过程中饲料及物品的消耗、直接工资、制造费用及期间费用均属于收益性支出。

构成种猪场资产的资本性支出，要在以后的使用过程中才能逐渐转入成本费用。收益性支出应计入产品成本，或者作为期间费用单独核算。收益性支出全部由当期营业收入来抵偿。

区分资本性支出和收益性支出的目的是正确计算资产的价值和正确计算各期的产品成本、期间费用及损益。如果把资本性支出列作收益性支出，其结果必然是少计了资产的价值，多计了当期费用；反之，则多计了资产的价值，少计了当期的费用。无论哪种情况都不利于正确计算种猪场的产品成本。

2. 正确划分应计入产品成本费用和不应计入产品成本费用的界限

种猪场在生产过程中的耗费是多种多样的,其用途也是多方面的,要正确核算成本费用，计算产品成本，必须按费用的用途确定哪些应由产品成本负担，哪些不应由产品成本负担。

要严格遵守成本费用开支范围的规定,坚决抵制乱摊成本和擅自扩大产品成本费用开支范围的非法行为，以保证种猪场产品成本计算的真实性。

3. 正确划分各个会计期间的费用界限

根据我国会计准则的规定,种猪场也应按月进行成本计算以便分析考核生产经营费用计划的执行情况和结果。因此,必须划分各个月的费用界限。本月实际发生的费用应当全部入账,而不能由以后月份负担。本月发生(支付)而应由本月及以后各月共同负担的费用,应当计作待摊费用,在各月间合理分配计入成本费用。本月虽未支付但应当由本月负担的费用,应当通过预提的方法,计作预提费用,预先分配计入本月成本费用,待到期支付时,再冲减预提费用。

4. 正确划分各种产品应负担的费用界限

为了保证按每个成本计算对象正确地归集应负担的费用,必须将发生的应由本期负担的生产费用,在各个种猪群之间进行分配。凡是能直接认定由某种猪群负担的费用,应直接归入该种猪群成本;不能直接确认而需要分配计入的费用,要选择合理的分配方法进行分配,计入各个种猪群成本。

(二)按种猪场生产特点和成本管理要求,合理确定成本核算的组织方式和具体的核算方法

由于各个种猪场生产规模、所有制形式不同,也就形成了不同的生产组织方式、生产工艺过程和管理要求,这样种猪场在进行成本核算时,必须从本场实际情况出发,正确确定成本核算体制、成本核算对象、成本计算期,成本中应包括的成本项目、归集和分配费用的方式,以及费用和成本的账簿设置等,从而使养猪场的成本核算工作能充分体现各自的生产特点和经营管理的要求。

(三)认真做好产品成本核算的基础工作,保证成本核算资料的真实性

1. 做好各项消耗定额的制订和修订工作

生产过程中的饲料、兽药、燃料、动力等项消耗定额,与产品成本计算的关系十分密切。制订先进而又可行的各项消耗定额,既是编制成本计划的依据,又是审核控制生产费用的重要依据。因此,为了加强生产管理和成本管理,种猪场必须建立、健全定额管理制度,并随着生产的发展、技术的进步、劳动生产率的提高,还要不断地修订定额,以充分发挥定额管理的作用。

2. 建立饲料、兽药、猪只等各项财产物质的收发、领退、转移、报废、清查盘点制度

成本费用以价值形式核算产品生产经营中的各项支出,但是价值形式的核算都是以实物计量为基础的。因此,为了正确计算成本费用,必须建立和健全各种实物收进和发出的计量制度及实物盘点制度,这样才能使成本核算的结果如实反映生产经营过程中的各种消耗和支出,做到账实相符。

3. 建立和健全原始记录工作

原始记录是反映生产经营活动的原始资料，是进行成本预测、编制成本计划、进行成本核算、分析消耗定额和成本计划执行情况的依据。种猪场对生产过程中饲料、兽药的消耗、低值易耗品等材料的领用、费用的开支、猪只的转群等，都要有真实的原始记录。

原始记录的组织方式和具体方法，要从各单位实际情况出发，既要符合成本核算和管理的要求，又要切实可行。

4. 严格计量制度，完善各种计量检测设施

成本核算必须以实物计量为基础，只有严格执行对各种财产物质的计量制度，才能准确计算产品成本。而要准确地进行实物计量，就必须具备一定的计量手段和检测设施，以保证各项实物计量的准确性。因此，应当按照生产管理和成本管理的需要，不断完善计量和检测设施。

三、种猪场成本核算的组织特点

（一）成本核算对象的确定

种猪场生产成本的核算，可以实行分群核算，也可以实行混群核算。实行分群核算是将整个猪群按不同猪龄，划分为若干群，分群别归集生产费用，分群别计算产品成本。混群核算是以整个猪群作为成本计算对象来归集生产费用。在实际工作中，为了加强对种猪场各阶段饲养成本的控制和管理，在组织猪场成本核算时，大都采用分群核算，即按不同的猪龄划分的群别作为成本核算对象。具体划分标准如下。

1. 基本猪群

基本猪群指各种成龄公、母猪（种猪，也称基础猪）和未断奶仔猪（不足1个月），包括配种舍、妊娠舍、产房猪群。

2. 幼猪群

幼猪群指断奶离群的仔猪（1~2个月），即断奶后转入育成猪群前的仔猪，包括育仔舍猪群。

3. 肥猪群

肥猪群指育成猪、育肥猪（超过2个月），包括育成舍、育肥舍猪群。

（二）成本项目的确定

种猪场的费用按其经济用途不同可分为生产费用（饲养成本）和期间费用两大类。生产费用在生产过程中有的直接用于产品生产，有的则用于管理与组织生产，因此需要按经济用途进一步划分为若干成本项目。

种猪场的生产费用按其经济用途可划分为下列成本项目。

1. 直接人工

直接人工指直接从事饲养工作人员的工资、奖金及津贴,以及提取的福利费等。

2. 直接材料

直接材料的费用包括饲料费和兽医兽药费等。饲料费指在饲养过程中,各猪群耗用的自产和外购的各种植物、矿物质、添加剂及全价料。兽医兽药费指各猪群在饲养过程中耗用的兽药、兽械和防疫品费及检测费。

3. 种猪价值摊销

种猪价值摊销指由仔猪负担的种猪价值的摊销费。规模化养猪采用流水式生产作业,种猪更新频繁。种猪价值比较高,而使用期一般仅为3年,其价值要分3年摊入产品成本。

4. 其他直接费用

其他直接费用包括能直接计入各猪群的猪舍和专用机械设备费,以及设备的折旧费;能直接计入各猪群的低值工具、器具和饲养人员的劳保用品的摊销等低值易耗品费用。

5. 制造费用

制造费用指猪场在生产过程中为组织和管理猪舍发生的各项间接费用及提供的劳务费,包括以下几项。

(1) 工资及福利费:指猪场管理及饲养人员以外的其他部门人员的工资、奖金及津贴,以及按工资总额14%提取的福利费。司机的出车补助、加班、安全奖也在此项反映。

(2) 燃料费:指猪场耗用的全部燃料,包括煤、汽油、柴油等。

(3) 水电费:指猪场耗用的全部水费、电费。

(4) 零配件及修理费:指猪场维修猪舍、设备及其他部门发生的劳务费及耗用的零配件费用(包括运输工具的维修费、保养费)。

(5) 周转材料摊销费:指不能直接计入各猪群及其他部门的低值工具、器具及舍外人员的劳保用品的摊销费。

(6) 固定资产折旧费:指除计入"生产成本"以外的办公楼、设施、设备、车辆等固定资产的折旧费。

(7) 办公费:指生产管理部门购置的办公用品等费用。

(8) 运输费:指车辆的养路费、保险费、停车过桥费等,以及租用货车费。

(9) 其他费用:不属于以上各项的间接费用。

以上成本项目可根据核算需要进行合并。

(三) 成本核算期的确定

规模化养猪场的生猪出栏时间一般为5~7个月,宰杀重量在90~110千克,大多采用分批饲养、分批出栏方式。在采用分批饲养方式的情况下，可用分批法进行成本计算，成本核算期与生产周期一致。

（四）成本核算凭证

为了正确组织种猪生产成本核算，必须建立和健全种猪生产凭证和手续，做好原始记录工作。种猪生产的核算凭证有：反映猪群变化的凭证、反映产品出售的凭证、反映饲养费用的凭证。

反映猪群变化的凭证，一般可设"猪群动态登记簿""猪群动态月报表"。猪群的增减变动应及时填到有关凭证上，并逐日记入"猪群动态登记簿"。月末应根据"猪群动态登记簿"，编制"猪群动态月报表"，报告给财务部门，作为猪群动态核算和成本核算的依据。"猪群动态月报表"的格式见表 5-12。

表 5-12 猪群动态月报表

场别：山东原种猪场　　　　　　　　20××年4月25日

项目		种猪		仔猪		幼猪		肥猪	
		头数/头	重量/千克	头数/头	重量/千克	头数/头	重量/千克	头数/头	重量/千克
期初存栏		856	188 320	1 046	3 661	1 315	17 095	3 269	212 485
出生				1 014	1 521				
外购									
转入		56	6 160			962	3 367	886	11 518
捐赠									
增加小计		56	6 160	1 014	1 521	962	3 367	886	11 518
转出				962	3 367	886	11 518	56	6 160
出售	种猪							200	1 783
	肥猪							410	41 085
	淘汰	44	7 980					60	2 709
死亡				166	581	70	910	37	2 405
自宰								6	600
捐赠									
减少小计		44	7 980	1 128	3 948	956	12 428	769	70 789
月末存栏		868	190 960	932	3 262	1 321	17 173	3 386	220 090
饲养日数			23 927		27 531		36 378		90 721

注：种猪月末单头均重220千克，仔猪月末单头均重3.5千克，幼猪月末单头均重13千克，肥猪月末单头均重65千克。

反映猪只出售的凭证，有出库单、出售发票，应随时报告财务部门，作为销售入账的原始凭证。

反映猪只饲养费用的凭证，有工资费用分配表、折旧费用计算表、饲料消耗汇总表及低值易耗品、兽药等其他材料消耗汇总表。这些凭证月终均作为财务核算的依据。

四、种猪场生产费用核算

（一）账户设置

1. "农业生产成本"账户

为了归集种猪生产费用并计算产品成本，应设置"农业生产成本"账户，在"农业生产成本"账户下，按照成本计算对象分别设置基本猪群、幼猪群、肥猪群三个明细账户。在明细账户中还应按规定的成本项目设置专栏。在分群核算下，该账户的借方登记发生的生产费用，贷方登记结转的成本，期末应无余额。

2. "制造费用"账户

为了核算在生产过程中，为组织和管理猪舍发生的各项间接费用及提供的劳务费，应设置"制造费用"账户，并按费用项目设置栏目来归集费用。该账户借方登记发生的各项间接费用及提供的劳务费；贷方登记分配转入"生产成本"账户的制造费用；期末无余额。

特别指出：在分群核算下，猪群价值的增减变化情况应在"消耗性生物资产——幼畜及育肥畜"账户下核算。该账户借方反映猪群价值的增加，贷方反映猪群价值的减少，期末余额为存栏猪群的价值。在该账户下设置"种猪、仔猪、幼猪、肥猪"四个明细账户，用以核算不同阶段猪群的价值增减变动情况和结存。

这里需要说明的是种猪（基础猪）为什么也列入"幼畜及育肥畜"账户核算。依据农业会计制度，仔猪、幼猪、肥猪均属于流动资产，而种猪则是产畜，属于固定资产性质。种猪不同于其他大牲畜，它生产周期短，更新比较频繁，加之种猪具有产畜和育畜并存的特点，为了统计猪群变化情况的完整性，在实际工作中它被作为流动资产来管理。这也是将种猪作为"幼畜及育肥畜"二级账户核算的理由。当然，大部分价值较高的种猪还是被列为生产性生物资产核算的。

（二）费用分配原则和方法

1. 制造费用的分配

制造费用是共同性的生产费用，每月要采用分配的方法计入各成本计算对象。月末应将本月发生的制造费用，按"生产成本"科目归集的直接饲养费用合计比例，分配计入各猪群生产成本。计算公式如下：

（1）分配率：

$$分配率 = \frac{制造费用总额}{直接饲养费用合计}$$

（2）各猪群分摊的制造费用：

$$基本猪群分摊的制造费用 = 基本猪群当月直接饲养费用 \times 分配率$$

幼猪群分摊的制造费用＝幼猪群当月直接饲养费用×分配率

肥猪群分摊的制造费用＝肥猪群当月直接饲养费用×分配率

在实际工作中，对制造费用的分配通常采用编制"制造费用分配表"的形式进行，其格式见表5－13。

表5－13 制造费用分配表

年　月

分配对象	直接饲养费用总额/元	分配率	应分摊的制造费用/元
基本猪群			
幼猪群			
肥猪群			
合计			

2. 原材料费用的分配

原材料是按饲料、兽药、低值易耗品、其他材料四大类和品种进行明细核算的。原材料在入库时是按实际成本计价的，原材料出库也按实际成本计价。根据四类原材料的特点，可采用不同的发出计价方法来确定领用原材料的金额。

1）饲料

（1）饲料主要是各猪群耗用，平时在出库时只进行各品种数量的登记，月末可采用加权平均法，确定每个品种出库的金额。

计算公式如下：

$$某种饲料加权平均单价 = \frac{月初结存金额 + 本月入库金额}{月初结存数量 + 本月入库数量}$$

某种饲料耗用的金额＝该种饲料领用数量×该种饲料加权平均单价

（2）分配原则：按饲料配方，将消耗的各种饲料分配到各猪群。

（3）各群别耗用饲料分配去向：配种料、公猪料、妊娠料、哺乳料记入"农业生产成本——基本猪群"明细科目；育仔料记入"农业生产成本——幼猪群"明细科目；中猪料、大猪料记入"农业生产成本——肥猪群"明细科目。

2）兽药、兽械

（1）兽药、兽械主要是各猪群耗用和各猪舍领用，可分别采用加权平均法和个别计价法来确定领用兽药、兽械的金额。

（2）分配原则：凡是能直接计入各群别的费用直接计入；共同使用或不能直接计入各群别的费用，按4:3:3比例分配计入各群别，即基本猪群40%、幼猪群30%、肥猪群30%。

3）周转材料

（1）除各舍耗用外，其他各部门也耗用。

（2）根据低值易耗品的特点，可采用个别计价法确定领用物品的金额。

（3）周转材料费的分配原则及方法：根据猪场周转材料的特点，采用一次摊销法核算，即领用时，将其价值一次性计入当期费用；生产领用的周转材料能分清舍别的直接计入各成本计算对象；共同使用的或不能直接计入各群别的可记入"制造费用"科目；场内其他部门领用的周转材料记入"制造费用"科目。

4）其他材料

场内耗用其他材料，采用加权平均法计价，记入"制造费用"科目。

3. 工资及福利费的分配

工资及福利费的分配原则是按人员工作部门分摊。具体分配对象如下。

（1）配种舍、妊娠舍、产房饲养人员的工资及福利费记入"农业生产成本——基本猪群"科目。

（2）育仔舍饲养人员的工资及福利费记入"农业生产成本——幼猪群"科目。

（3）育成舍、育肥舍饲养人员的工资及福利费记入"农业生产成本——肥猪群"科目。

（4）场内其他部门及管理人员的工资及福利费记入"制造费用"科目。

（5）内退人员的工资及福利费记入"管理费用"科目。

（6）直接发放给临时人员的工资、津贴和误餐费等，在发放时按领取人工作部门直接分别记入"农业生产成本""制造费用""管理费用"等科目。

4. 种猪价值摊销的计算

本期基本猪群应摊销的种猪价值，记入"生产成本——基本猪群"账户。

五、种猪场生产成本计算方法

（一）种猪场生产成本核算的一般程序

在分群核算下，成本核算的一般程序如下。

（1）对所发生的费用进行审核和控制，确定这些费用是否符合规定的开支范围，并在此基础上确定应计入产品成本的开支和应计入期间费用的开支。

（2）进行主副产品的分离，计算并结转各猪群本期增重成本。

（3）根据"猪群动态月报表"和"幼畜及育肥畜"明细账资料，从低龄到高龄，逐群计算结转转群、销售、期末存栏的活重成本。

（4）根据"猪群动态月报表"及有关资料，编制"猪群动态成本计算表"。

（5）根据"猪群动态成本计算表"和"生产成本"明细账，编制猪群"产品成本计算表"。

（二）种猪场成本指标的计算方法

实行分群核算，成本指标的计算包括以下项目。

1. 增重成本指标的计算

增重成本是反映猪场经济效益的一个重要指标。由于基本猪群的主要产品是母猪繁殖的仔猪，而幼猪、肥猪的主要产品是增重量，因此，应分别计算。

1）仔猪增重成本计算公式

$$仔猪增重单位成本 = \frac{基本猪群饲养费用合计 - 副产品价值}{仔猪增重量}$$

仔猪增重量 = 期末活重 + 本期离群活重 + 本期死亡重量 - 期初活重 - 本期出生重量

考核仔猪经济效益的另一个指标：

$$仔猪繁殖与增重单位成本 = \frac{基本猪群饲养费用合计 - 副产品价值}{仔猪出生活重量 + 仔猪增重量}$$

2）幼猪、肥猪增重成本计算公式

$$某猪群增重单位成本 = \frac{该猪群饲养费用合计 - 副产品价值}{该猪群增重量}$$

$$该猪群增重量 = \frac{期末活重 + 本期离群活重 + 本期死亡重量 -}{期初活重 - 本期购入、转入重量}$$

2. 活重成本指标的计算

$$某猪群活重单位成本 = \frac{该猪群活重总成本}{该猪群活重总量}$$

$$某猪群活重总成本 = \frac{该猪群饲养费用合计 + 期初活重总成本 +}{购入、转入总成本 - 副产品价值}$$

某猪群活重总量 = 该猪群期末存栏活重 + 本期离群活重（不包括死猪活重）

3. 饲养日成本指标的计算

饲养日成本是指一头猪饲养一日所花销的费用，它是考核、评价猪场饲养费用水平的一个重要指标。计算公式如下：

$$某猪群饲养日成本 = \frac{该猪群饲养费用合计}{该猪群饲养头日数}$$

饲养头日数是指累计的日饲养头数。一头猪饲养一天为一个头日数。要计算某猪群饲养头日数，将该猪群每天存栏数相加即可。

4. 料肉比指标的计算

料肉比是指某猪群增重一千克所消耗的饲料量。它是评价饲料报酬的一个重要指标，也是编制生产计划和财务计划的重要依据。

$$某猪群料肉比 = \frac{该猪群消耗饲料总量}{该猪群增重总量}$$

（三）全群核算指标与分群核算指标的关系

全群核算期初存栏头数（重量）等于各群期初存栏头数（重量）之和；

全群核算期内增加头数（重量）等于期内繁殖头数（重量）+幼猪群、肥猪群购入头数（重量）；

全群核算期内死亡头数（重量）等于各群死亡头数（重量）之和；

全群核算期内销售头数（重量）等于各群（幼猪群、肥猪群）外销头数（重量）之和；

全群核算期内转出头数（重量）等于肥猪群转入基本猪群的种猪头数（重量）；

全群核算期末存栏头数（重量）等于各群期末存栏头数（重量）之和；

全群核算本期猪群增重量等于各群增重量之和，也可按公式逻辑关系计算；

全群核算本期猪群活重总量，不等于各群活重总量之和，应按公式逻辑关系计算；

全群核算饲料消耗总量等于各群饲料消耗量之和；

全群核算料肉比，按公式逻辑关系计算；

全群核算饲养费用合计等于各群饲养费用合计之和；

全群核算生产总成本不等于各群生产总成本之和，应按公式逻辑关系计算；

全群核算单位增重成本、单位活重成本，按公式逻辑关系计算；

全群核算期末活重总成本等于各群期末活重成本之和（采用固定价情况下），否则按公式逻辑关系计算。

【例5-13】山东原种猪场20××年4月初各群猪存栏价值如下：仔猪20 920.00元；幼猪94 022.50元；肥猪1 062 425.00元。4月发生下列经济业务：

（1）以银行存款支付车辆修理费1 580.00元，加油费341.20元，合计1 921.20元。会计分录为

  借：制造费用——燃料费   341.20
      ——修理费及备件   1 580
    贷：银行存款   1 921.20

（2）银行托收水电费22 830.14元。会计分录为

  借：制造费用——水电费   22 830.14
    贷：银行存款   22 830.14

（3）摊销本月应摊销的在用周转材料费用7 755.55元。其中，煤火费4 525.55元，给水设备摊销费2 360.00元，除渣机备件870.00元。会计分录为

  借：制造费用——燃料费   4 525.55
      ——修理费   3 230
    贷：周转材料——在用煤火   4 525.55
        ——在用给水设备   2 360
        ——除渣机设备   870

（4）计提本月折旧费66 978.00元。其中，基本猪群21 230.10元，幼猪群7 076.70元，肥猪群18 871.20元，计入制造费用的折旧费19 800元。会计分录为

  借：农业生产成本——基本猪群   21 230.10
        ——幼猪群   7 076.70

　　　　　　——肥猪群　　　　　　　　　　　　　　　　　　　18 871.20
　　　制造费用——折旧费　　　　　　　　　　　　　　　　　　19 800
　　　　贷：累计折旧　　　　　　　　　　　　　　　　　　　　66 978
(5) 以银行存款支付猪舍维修费 2 073.98 元，会计分录为
　　　借：制造费用——修理费及备件　　　　　　　　　　　　 2 073.98
　　　　贷：银行存款　　　　　　　　　　　　　　　　　　　 2 073.98
(6) 摊销本月负担的种猪价值 40 420.32 元，会计分录为
　　　借：农业生产成本——基本猪群　　　　　　　　　　　　 40 420.32
　　　　贷：生产性生物资产累计折旧（种猪价值摊销）　　　　 40 420.32
(7) 银行托收本月养路费 1 188.00 元，会计分录为
　　　借：制造费用——养路费　　　　　　　　　　　　　　　 1 188
　　　　贷：银行存款　　　　　　　　　　　　　　　　　　　 1 188
(8) 以银行存款支付租车费 2 278.26 元，会计分录为
　　　借：制造费用——其他费用　　　　　　　　　　　　　　 2 278.26
　　　　贷：银行存款　　　　　　　　　　　　　　　　　　　 2 278.26
(9) 发放本月临时人员工资 7 794.37 元。其中，勤杂人员 4 206.62 元，产房、配种舍 1 964.04 元，育肥舍 1 498.01 元，幼猪舍 125.70 元，均以现金付讫。会计分录为
　　　借：农业生产成本——基本猪群　　　　　　　　　　　　 1 964.04
　　　　　　　　　　——幼猪群　　　　　　　　　　　　　　 125.70
　　　　　　　　　　——肥猪群　　　　　　　　　　　　　　 1 498.01
　　　制造费用——工资及福利费　　　　　　　　　　　　　　 4 206.62
　　　　贷：库存现金　　　　　　　　　　　　　　　　　　　 7 794.37
(10) 分配本月固定人员工资 20 249.80 元，编制"职工工资费用分配表"，见表 5-14。

表 5-14　职工工资费用分配表

20××年4月　　　　　　　　　　　　　　　　　　　　　　　　　单位：元

部门	应付工资	应借账户	备注
产房、配种舍、妊娠舍	6 512.30	农业生产成本——基本猪群	
幼猪舍	1 428.30	农业生产成本——幼猪群	
育成、育肥舍	398.50	农业生产成本——肥猪群	
猪舍管理人员、饲料间、维修人员	10 633.70	制造费用——工资及福利费	
管理部门	1 277.00	管理费用——工资及福利费	
合计	20 249.80		

根据应付工资分配表，编制会计分录为
　　　借：农业生产成本——基本猪群　　　　　　　　　　　　 6 512.30
　　　　　　　　　　——幼猪群　　　　　　　　　　　　　　 1 428.30
　　　　　　　　　　——肥猪群　　　　　　　　　　　　　　 398.50
　　　制造费用——工资及福利费　　　　　　　　　　　　　　 10 633.70

管理费用——工资及福利费 1 277.00
贷：应付职工薪酬——工资 20 249.80

（11）依据本月职工工资计提职工福利费，见表5-15。

表5-15 职工福利费计算分配表

20××年4月 单位：元

分配对象	应付工资总额	应计提的福利费（14%）	备注
农业生产成本——基本猪群	6 512.30	911.72	
农业生产成本——幼猪群	1 428.30	199.96	
农业生产成本——肥猪群	398.50	55.79	
制造费用	10 633.70	1 488.72	
管理费用	1 277.00	178.78	
合计	20 249.80	2 834.97	

根据福利费计算分配表，编制会计分录为

借：农业生产成本——基本猪群 911.72
————幼猪群 199.96
————肥猪群 55.79
制造费用——工资及福利费 1 488.72
管理费用——工资及福利费 178.78
贷：应付职工薪酬——福利费 2 834.97

（12）分配本月耗用饲料费用：基本猪群消耗数量68 100千克，金额106 064.06元；幼猪群消耗数量15 000千克，金额41 775.00元；肥猪群消耗数量173 920千克，金额276 877.36元。合计消耗数量257 020千克，金额424 716.42元。会计分录为

借：农业生产成本——基本猪群 106 064.06
————幼猪群 41 775.00
————肥猪群 276 877.36
贷：原材料——饲料 424 716.42

（13）编制本月兽药、一次性摊销的周转材料、其他材料耗用分配表，见表5-16。

表5-16 兽药、周转材料等费用分配表

20××年4月 单位：元

分配对象	兽药	周转材料	其他材料	合计
农业生产成本——基本猪群	2 628.08	1 356.13		3 984.21
农业生产成本——幼猪群	1 971.06	1 356.13		3 327.19
农业生产成本——肥猪群	1 971.06	1 356.14		3 327.20
制造费用		5 952.78	3 672.50	9 625.28
合计	6 570.20	10 021.18	3 672.50	20 263.88

根据上述分配表，编制会计分录为

借：农业生产成本——基本猪群　　　　　　　　　　　　　　　3 984.21
　　　　　　　　——幼猪群　　　　　　　　　　　　　　　　3 327.19
　　　　　　　　——肥猪群　　　　　　　　　　　　　　　　3 327.20
　　制造费用——周转材料　　　　　　　　　　　　　　　　　5 952.78
　　　　　　——其他　　　　　　　　　　　　　　　　　　　3 672.50
　　贷：原材料——兽药　　　　　　　　　　　　　　　　　　6 570.20
　　　　　　　——周转材料　　　　　　　　　　　　　　　　10 021.18
　　　　　　　——其他材料　　　　　　　　　　　　　　　　3 672.50

（14）按直接饲养费用比例分配制造费用，编制制造费用分配表，见表 5-17。

表 5-17　制造费用分配表

20××年4月

分配对象	直接饲养费用/元	分配率	应分配金额/元
基本猪群	181 086.75		28 289.41
幼猪群	53 932.85		8 425.40
肥猪群	301 028.06		47 026.66
合计	536 047.66	0.156 22	83 741.47

根据制造费用分配表，编制会计分录为

借：农业生产成本——基本猪群　　　　　　　　　　　　　　　28 289.41
　　　　　　　　——幼猪群　　　　　　　　　　　　　　　　8 425.40
　　　　　　　　——肥猪群　　　　　　　　　　　　　　　　47 026.66
　　贷：制造费用　　　　　　　　　　　　　　　　　　　　　83 741.27

（15）将上述经济业务记入下列有关"T"形账户（下列"幼畜及育肥畜"账户为"消耗性生物资产"明细账）：

农业生产成本——基本猪群		幼畜及育肥畜——仔猪	
（4）21 230.10	（15）209 376.16	期初余额：20 920.00	（16）211 656.16
（6）40 420.32		（15）209 376.16	
（9）1 964.04			
（10）6 512.30			
（11）911.72			
（12）106 064.06			
（13）3 984.21			
（14）28 289.41			
本期发生额：209 376.16	本期发生额：209 376.16	本期发生额：209 376.16	本期发生额：211 656.16
		期末余额：18 640.00	

农业生产成本——幼猪群	
（4）7 076.70	（15）62 358.25
（9）125.70	
（10）1 428.30	
（11）199.96	
（12）41 775.00	
（13）3 327.19	
（14）8 425.40	
本期发生额：62 358.25	本期发生额：62 358.25

幼畜及育肥畜——幼猪	
期初余额：94 022.50	
（15）62 358.25	（16）273 585.41
（16）211 656.16	
本期发生额：274 014.41	本期发生额：273 585.41
期末余额：94 451.50	

农业生产成本——肥猪群	
（4）18 871.20	（15）348 054.72
（9）1 498.01	
（10）398.50	
（11）55.79	
（12）276 877.36	
（13）3 327.20	
（14）47 026.66	
本期发生额：348 054.72	本期发生额：348 054.72

幼畜及育肥畜——肥猪	
期初余额：1 062 425.00	
（15）348 054.72	（16）583 615.13
（16）273 585.41	
本期发生额：621 640.13	本期发生额：583 615.13
期末余额：1 100 450.00	

期末根据"农业生产成本"各明细账提供的数据，编制结转增重成本会计分录为

借：消耗性生物资产——幼畜及育肥畜——仔猪　　　　209 376.16
　　　　　　　　　　　　　　　　　　——幼猪　　　　62 358.25
　　　　　　　　　　　　　　　　　　——肥猪　　　　348 054.72
　　贷：农业生产成本——基本猪群　　　　　　　　　209 376.16
　　　　　　　　　　——幼猪群　　　　　　　　　　62 358.25
　　　　　　　　　　——肥猪群　　　　　　　　　　348 054.72

（16）期末根据猪场统计人员提供的"猪群动态月报表"编制"猪群动态成本计算表"，见表5-18。根据该表有关数据，编制转群成本和出栏猪成本结转会计分录。

猪群转群成本的确认方法有两种：一种是按单位活重成本结转；另一种是采用固定期末成本，倒计转群成本，即倒计法。

本例采用倒计法结转转群成本和出栏猪成本。

仔猪转幼猪的成本 = 20 920 + 209 376.16 − 18 640 = 211 656.16

会计分录为

借：消耗性生物资产——幼畜及育肥畜——幼猪　　　　211 656.16
　　贷：消耗性生物资产——幼畜及育肥畜——仔猪　　211 656.16

幼猪转肥猪的成本 = 94 022.5 + 62 358.25 + 211 656.16 − 94 451.5 = 273 585.41

会计分录为

借：消耗性生物资产——幼畜及育肥畜——肥猪　　　　273 585.41
　　贷：消耗性生物资产——幼畜及育肥畜——幼猪　　　　273 585.41

肥猪出栏成本 = 1 062 425 + 348 054.72 + 273 585.41 − 1 100 450 = 583 615.13

会计分录为

借：主营业务成本——种猪（售出）　　　　　　　　　152 168.02
　　　　　　　　——肥猪　　　　　　　　　　　　　431 447.11
　　贷：消耗性生物资产——幼畜及育肥畜——肥猪　　　　583 615.13

表 5-18　猪群动态成本计算表

单位名称：山东原种猪场　　　　　　　20××年4月

项目	种猪（基础）				仔猪				幼猪				肥猪			
	头	重量	单价	金额	头	重量	单价	金额	头	重量	单价	金额	头	重量	单价	金额
月初数	856	188 320	2 000.00	1 712 000.00	1 046	3 661	20.00	20 920.00	1 315	17 095	5.5	94 022.50	3 269	212 485	5.00	1 062 425.00
增重						2 028		209 376.16		9 139		62 358.23		66 876		348 054.72
出生					1 014	1 521										
转入	56	6 160	2 000.00	112 000.00					962	3 367	62.86	211 656.16	886	11 518	23.76	273 585.41
捐赠																
购入																
增加小计	56	6 160	2 000.00	112 000.00	1 014	1 521		209 376.16	962	3 367		274 014.39	886	11 518		621 640.13
转出					962	3 367	62.86	211 656.16	886	11 518	23.75	273 585.41	56	6 160	8.53	52 751.79
出售种猪													200	17 830	8.53	15 168.02
出售肥猪													410	41 085	8.53	350 635.06
出售淘汰猪	44	7 980	2 000.00	88 000.00									60	2 709	8.53	23 119.63
死亡					166	581			70	910			37	2 405		
自宰													6	600		5 120.63
捐赠																
减少小计	44	7 980	2 000.00	88 000.00	1 128	3 948		211 656.16	956	12 428		273 585.41	769	70 789		583 615.13
月末数	868	190 960	2 000.00	1 736 000.00	932	3 262	20.00	18 640.00	1 321	17 173	5.50	94 451.48	3 386	220 090	5.00	1 100 450.00
饲养日数				23 927				27 531				36 378				90 721

注：仔猪期末固定价为20元/头，幼猪期末固定价为5.5元/千克，肥猪期末固定价为5元/千克；种猪（基础）月末单头均重220千克，仔猪月末单头均重3.5千克，幼猪月末单头均重13千克，肥猪月末单头均重65千克。

（17）根据上述经济业务、会计分录、猪群动态成本计算表编制种猪场"产品成本计算表"，见表5-19。

表 5-19 产品成本计算表

单位名称：山东原种猪场　　　　　　20××年4月

项目		行次	仔猪 本月数	仔猪 累计数	幼猪 本月数	幼猪 累计数	肥猪 本月数	肥猪 累计数	全群 本月数	全群 累计数
期初活重		1	3 661	2 373	17 095	15 275	212 485	18 317	233 241	200 818
期末活重		2	3 262	3 262	17 173	17 173	220 090	220 090	240 525	240 525
本期增加重量		3	1 521	7 071	3 367	13 083	11 518	42 406	1 521	7 721
本期离群重量		4	3 367	13 083	11 518	41 756	68 384	227 437	68 384	227 437
本期死亡重量		5	581	2 527	910	4 940	2 405	10 270	3 896	17 737
本期增重总量		6	2 028	9 428	9 139	35 511	66 876	232 221	78 043	277 360
本期活重总量		7	6 629	16 345	28 691	58 929	2 888 474	447 527	308 909	467 962
饲养日数		8	27 531	108 924	36 378	136 525	90 721	366 356	154 630	611 805
饲养费用	工资及福利费	9	9 386.06	33 980.79	1 753.96	5 960.00	1 952.30	10 711.51	13 094.32	50 652.30
	饲料费	10	106 064.06	417 464.50	41 775.00	189 396.20	276 877.36	1 153 962.18	424 716.42	1 760 822.88
	兽药、兽械费	11	2 628.08	16 247.72	1 971.06	12 185.79	1 971.06	12 185.79	6 570.20	40 619.30
	种猪价值摊销	12	40 420.32	162 909.00					40 420.32	162 909.00
	固定资产折旧	13	21 230.10	84 920.40	7 076.70	28 306.80	18 871.20	75 484.80	47 178.00	188 712.00
	低值易耗品	14	1 356.13	3 956.39	1 356.13	3 956.39	1 356.14	3 956.41	4 068.40	11 869.19
	制造费用	15	28 289.41	116 644.54	8 425.4	38 958.81	47 026.66	204 187.44	83 741.47	359 790.79
		16								
		17								
		18								
饲养费用合计		19	209 376.16	836 123.34	62 358.25	278 763.99	348 054.72	1 460 488.13	619 789.13	2 575 375.46
减：副产品价值		20								
增重成本		21	209 376.16	836 123.34	62 358.25	278 763.99	348 054.72	1 460 488.13	619 789.13	2 575 375.46
单位产品增重成本		22	103.24	88.69	6.82	7.85	5.20	6.29	7.94	9.29
加：购入、转入成本		23			211 656.16	831 043.50	273 585.41	1 099 853.30		485.00
加：期初活重总成本		24	20 920.00	13 560.00	94 022.50	84 012.50	1 062 425.00	915 850.00	1 177 367.50	1 013 422.50
主产品总成本		25	230 296.16	849 683.34	368 036.91	1 193 819.99	1 684 065.13	3 476 191.43	1 797 156.63	3 589 282.96
单位产品（kg）活重成本		26	34.74	51.98	12.83	20.26	5.84	7.77	5.82	7.67
饲养日成本		27	7.61	7.68	1.71	2.04	3.84	3.99	4.01	4.21

单位负责人：　　　　　　　　　　填表人：

注：6 行=2 行+4 行+5 行-1 行-3 行　　22 行=21 行/6 行　　2 行（累计数）=本期期末数　　7 行=2 行+4 行

全群数：按全群核算指标口径计算并填列。

26 行=25 行/7 行　　27 行=19 行/8 行　　1 行（累计数）=年初活重

实务训练

实训　猪场成本核算分析训练

1. 资料

以某猪场2017年的年终决算为例来说明如何进行规模化养猪场的成本核算与盈亏分析。

1）猪场生产情况

该猪场建于2007年，常年存栏基础母猪约500头，猪只常年存栏量为2 500~3 000头，每年可向市场提供育肥猪3 600头左右，仔猪4 400头左右。

2016年12月25日，猪场存栏量为2 813头，其中繁殖母猪492头，后备母猪56头，种公猪30头，育肥猪1 120头，哺乳仔猪585头，保育猪530头。

2017年全年出售育肥猪3 671头、仔猪4 280头、淘汰种猪98头，销售收入分别为245.89万元、103.72万元、10.15万元，合计销售收入为359.76万元。

2017年12月25日，猪场存栏量为2 731头，其中繁殖母猪501头，后备母猪50头，种公猪30头，育肥猪980头，哺乳仔猪560头，保育猪610头。

2）直接生产成本和间接生产成本

猪的生产成本分为直接生产成本和间接生产成本。

所谓直接生产成本是指直接用于猪生产的费用，主要包括饲料成本、防疫费、药费、饲养员工资等。

所谓间接生产成本是指间接用于猪生产的费用，主要包括管理人员工资、固定资产折旧费、贷款利息、供热费、电费、设备维修费、工具费、差旅费、招待费等。

计算仔猪与育肥猪的生产成本时，只计算其直接生产成本，间接生产成本年终一次性进入总的生产成本。

3）仔猪的成本核算及其毛利的计算

首先进行仔猪的成本核算。

（1）饲料成本：该猪场2017年用于种公猪、后备母猪、繁殖母猪、仔猪的饲料数量及金额总计分别为784.86吨和101.60万元。

（2）医药防疫费：猪场全年用于种公猪、后备母猪、繁殖母猪、仔猪的防疫费合计3.64万元，药费合计2.94万元。

（3）饲养员工资：饲养员工资实行分环节承包，共有饲养员11人，按转出仔猪的头数计算工资，全年支出工资总额为9.36万元。

2017年仔猪的直接生产成本合计117.54万元（101.60+3.64+2.94+9.36）。全年出售仔猪4 280头，转入育肥舍仔猪3 750头，合计8 030头，则平均每头仔猪的直接生产成本为146.38元。

然后进行仔猪毛利的计算。

2017年销售仔猪4 280头，共收入103.72万元。全年转入育肥舍仔猪3 750头，每头按200元（参考市场价格制订的猪场内部价格）转入育肥舍，共75万元，则仔猪的毛利为61.18万元（103.72+75-117.54），平均每头仔猪的毛利为76.19元。

4）育肥猪的成本核算及其毛利的计算

首先进行育肥猪的成本核算。

（1）饲料成本：该猪场2017年用于育肥猪的饲料数量及金额总计分别为943.80吨和116.29万元。

（2）医药防疫费：在仔猪阶段所有免疫程序已完成，育肥阶段不需要再注射疫苗，所以育肥猪不发生防疫费，全年药费为0.59万元。

（3）饲养员工资：饲养员工资实行承包制，按出栏头数计算工资，全年支出工资总额为2.20万元。

（4）仔猪成本：转入仔猪成本为75万元。

2017年育肥猪的直接生产成本合计为194.08万元（116.29+0.59+2.20+75）。全年出栏育肥猪3 671头，则平均每头育肥猪的直接生产成本为528.68元。

然后进行育肥猪毛利的计算。

全年出售育肥猪3 671头，收入为245.89万元，则育肥猪的毛利为51.81万元（245.89-194.08），平均每头育肥猪的毛利为141.13元。

5）盈亏分析

猪场全年的盈亏额等于仔猪与育肥猪的毛利及其他收入之和减去猪的间接生产成本。因养殖业没有税金，所以不考虑税金问题。

猪的间接生产成本包括以下内容。

（1）管理人员工资：猪场有场长、副场长、技术员、会计各1人，其他工作人员3人，全年支付的工资为7.70万元。

（2）固定资产折旧费：猪场固定资产原值为568.30万元，2011年末账面净值为454.70万元，全年提取固定资产折旧费28万元。（猪舍、办公室等建筑按20年折旧，舍内设备按10年折旧。）

（3）贷款利息：猪场全年还贷款利息8.70万元。

（4）其他间接生产成本：猪场全年的供热用煤费为4.60万元，电费为5.13万元；猪舍及设备的维修费用为0.83万元，买工具的费用为0.12万元；差旅费、招待费、办公用品及日用品费等为3.20万元。

2. 要求

（1）该猪场全年的合计毛利是多少？
（2）全年的间接生产成本是多少？
（3）全年盈利多少？

（答案：（1）合计毛利为123.14万元；（2）间接生产成本为58.28万元；（3）全年盈利64.86万元。）

项目十六
养牛企业成本核算

一、养牛企业成本核算概述

国有养牛企业和民营养牛企业的发展都很快。有的大型奶牛和肉牛养殖企业规模比较大,现代化程度比较高。从养牛企业的资产看,牛是有生命的重要的生物资产,决定了养牛场的效益。所以,搞好养牛企业生物资产的核算相当重要。

(一) 核算对象

养牛企业的生物资产主要包括奶牛和肉牛,另外还有使役牛、其他特殊牛等。这里讲解的养牛企业生物资产核算的牛的种类主要指奶牛和肉牛。

为便于管理和核算,要划分牛的群别。

(1) "基本牛群"包括产母牛和种公牛。

(2) "犊牛群"指出生后到6个月断乳的牛群,又称"6月以内犊牛"。

(3) "幼牛群"指6个月以上断乳的牛群,又称"6月以上幼牛",包括育肥牛等。

划分牛的群别要根据企业生产管理的需要。也可以按生产周期、批次划分牛的群别。

养牛企业生物资产核算的对象主要指牛的种类(奶牛和肉牛)和群别。养牛企业生产成本核算的对象主要指承担发生各项生产成本的牛奶、犊牛、幼牛等。

(二) 成本计算期的确定

养牛成本算至达到生产目的为止;为出售而饲养的牛成本算至其出售之前;自产留用的牛成本算至留用前。

在生产过程中,由于繁殖、购买、出售、死亡和屠宰等原因,牛的数量、增重、活重不断发生变化,企业可根据各种牛的具体生产情况确定成本计算方法。

常用的成本计算方法有两种,一种是按日历年度核算成本;另一种是按牛的批别核算成本,即在每批牛饲养结束的月份计算成本,平时只是归集成本。

（三）成本项目的确定

（1）直接材料：指在牛养殖生产过程中耗用的饲料、燃料、动力、畜牛医药费等。

（2）直接人工：指直接从事畜牧养殖业生产人员的工资、工资性津贴、奖金、福利费。

（3）其他直接费用：指除直接材料、直接人工以外的其他直接费用。

（4）产役牛价值摊销：一般按5年的期限摊销计入成本。

（5）制造费用：指应摊销、分配计入各群别的间接生产费用。

（四）成本计算参考公式

1. 混群核算的成本计算参考公式

某类畜本期生产总成本（元）＝期初存栏价值＋本期饲养费用＋本期购入畜价值＋本期无偿调入畜价值－期末存栏价值－本期无偿调出畜价值

$$某类畜主产品单位成本（元）= \frac{某类畜生产总成本-副产品价值}{该类畜主产品总产量}$$

2. 分群核算的成本计算参考公式

$$畜饲养日成本（元/头日）= \frac{该群本期饲养费用}{该群饲养头日数}$$

$$幼畜或育肥畜增重单位成本（元/千克）= \frac{该群本期饲养费用-副产品价值}{该群增重数}$$

某畜群增重量（千克）＝该群期末存栏活重＋本期离群活重（不包括死畜重量）－期初结转、期末购入和转入的活重

$$某群幼畜或育肥畜活重单位成本（元/千克）= \frac{期初活重总成本+本期增重总成本+购入、转入总成本-死畜残值}{期末存栏活重+期内离群活重}$$

$$主产品单位成本（元/千克）= \frac{该畜群累计全部饲养费用-副产品价值}{该畜群产品总产量}$$

（五）会计科目设置

为了核算养牛企业生产成本，应设置如下主要会计科目。

1. "生产性生物资产"科目

本科目核算养牛企业持有的生产性生物资产的原价，即"基本牛群"，包括产母牛和种公牛及待产的成龄牛的原价。

本科目可按"未成熟生产性生物资产——待产的成龄母牛群"和"成熟生产性生物资产——产母牛和种公牛群"，分别牛的生物资产的种类（奶牛和肉牛等）进行明细核算。也

可以根据责任制管理的要求，按所属责任单位（人）等进行明细核算。

2. "消耗性生物资产"科目

本科目核算养牛企业持有的消耗性生物资产的实际成本，即"犊牛群""幼牛群"的实际成本。

本科目可按牛的消耗性生物资产的种类（奶牛和肉牛等）和群别等进行明细核算。也可以根据责任制管理的要求，按所属责任单位（人）等进行明细核算。

3. "农业生产成本"科目

本科目核算养牛企业进行养牛生产发生的各项生产成本。主要包括如下内容。

（1）生产"牛奶"的产母牛和种公牛、待产的成龄母牛的饲养费用，由"牛奶"承担的各项生产成本。

（2）生产肉用"犊牛"的产母牛和种公牛、待产的成龄母牛的饲养费用，由肉用"犊牛"承担的各项生产成本。

（3）"幼牛群"的饲养费用，由"幼牛群"承担的各项生产成本。

本科目分别养牛企业确定成本核算对象和成本项目，进行费用的归集和分配。

其余的科目，如"幼畜及育肥畜""生产性生物资产累计折旧""成熟生产性生物资产减值准备"等与养禽、养猪企业相同。

二、按生产管理流程发生的业务的账务处理方法

下面以养奶牛为例，讲解按生产流程发生的正常典型业务的账务处理，归纳为七大类23项业务。非典型特殊会计业务事例和副产品等业务事例，这里不再叙述。23项业务里不包括房屋和设备等建设工程业务的核算。

（一）奶牛饲养准备阶段的核算

生物资产的初始入账价值，是指生物资产的取得成本，所涉及的问题是，当生物资产满足确认标准时，应以什么金额入账。生物资产的取得方式包括购买、自行营造、接受捐赠、接受投资、非货币性交易、债务重组等。取得的方式不同，其初始入账价值的确定也不相同。准备阶段的核算包括发生购买饲料、防疫药品、产母牛和种公牛、待产的成龄母牛等业务的核算。

采购的生物资产，按购买价格、运输费、保险费，以及其他可直接归属于购买生物资产的相关税费作为实际成本。其中，其他可直接归属于购买生物资产的相关税费包括场地整理费、装卸费、栽植费、专业人员服务费等。

【例5-14】用银行存款和现金支付购入饲料款，包括饲料的购买价款、相关税费、运输费、装卸费、保险费，以及其他可归属于饲料采购成本的费用。会计分录为

借：原材料——××饲料
　　贷：银行存款（库存现金）

【例5-15】现金支付药品款，包括药品购买价款和其他可归属于药品采购成本的费用。会计分录为

借：原材料——××药品
  贷：库存现金

【例5-16】银行和部分现金支付购入幼牛款，按应计入消耗性生物资产成本的金额，包括购买价款、相关税费、运输费、保险费，以及可直接归属于购买幼牛资产的其他支出。会计分录为

借：消耗性生物资产——幼牛群
  贷：银行存款（库存现金）

【例5-17】银行和部分现金支付购入产母牛和种公牛、待产的成龄母牛款，按应计入生产性生物资产成本的金额，包括购买价款、相关税费、运输费、保险费，以及可直接归属于购买产母牛和种公牛、待产的成龄母牛资产的其他支出。会计分录为

借：生产性生物资产——基本牛群
  贷：银行存款（库存现金）

企业基于产品价格等因素的考虑，可能以一笔款项购入多项没有单独标价的生物资产。如果这些生物资产均符合生物资产的定义，并满足生物资产的确认标准，则应将各项资产单独确认为生物资产，并按各项生物资产公允价值的比例对总成本进行分配，分别确定各项生物资产的入账价值。如果以一笔款项购入的多项资产中还包括生物资产以外的其他资产，则应按类似的方法予以处理。

【例5-18】为降低购买成本，20××年7月8日，某农业企业从市场上一次性购买了4头种牛、10头种猪和400头猪苗。企业为此共支付价款130 000元，发生的运输费为3 000元，保险费为2 000元，装卸费为1 000元，款项全部以银行存款支付。假设4头种牛、10头种猪、400头猪苗的公允价值分别为16 000元、14 000元、100 000元，假设不考虑其他相关税费，某农业企业计算确定4头种牛、10头种猪和400头猪苗的取得成本如下。

（1）确定应计入生物资产成本的金额，包括买价、运输费、保险费、装卸费等，即

$$130\,000 + 3\,000 + 2\,000 + 1\,000 = 136\,000（元）$$

（2）确定4头种牛、10头种猪和400头猪苗的价值分配比例。

4头种牛应分配的生物资产价值比例为

$$\frac{16\,000}{16\,000 + 14\,000 + 100\,000} = 12.31\%$$

10头种猪应分配的生物资产价值比例为

$$\frac{14\,000}{16\,000 + 14\,000 + 100\,000} = 10.77\%$$

400头猪苗应分配的生物资产价值比例为

$$\frac{100\,000}{16\,000 + 14\,000 + 100\,000} = 76.92\%$$

（3）确定4头种牛、10头种猪和400头猪苗各自的入账价值。

4头种牛的入账价值为

$$136\,000 \times 12.31\% = 16\,742(元)$$

10头种猪的入账价值为

$$136\,000 \times 10.77\% = 14\,647(元)$$

400头猪苗的入账价值为

$$136\,000 \times 76.92\% = 104\,611(元)$$

(二) 幼牛饲养的核算

幼牛饲养的核算包括直接使用的人工、直接消耗的饲料和直接消耗的药品等业务的核算。属于养牛共用的水、电（由于只有一个表计量）和有关共同用人工及其他共同开支，应在"农业生产成本——养牛共同费用"科目核算，借记"农业生产成本——养牛共同费用"科目，贷记"银行存款"等科目，而后分摊。属于公司管理方面的人工和有关费用，应在"管理费用"科目核算，借记"管理费用"科目，贷记"库存现金""银行存款"等科目。

【例 5–19】养幼牛直接使用的人工，按工资表分配数额计算。会计分录为

借：农业生产成本——幼牛群
　　贷：应付职工薪酬

【例 5–20】养幼牛直接消耗的饲料，按报表饲料投入数额或者按盘点饲料投入数额计算。会计分录为

借：农业生产成本——幼牛群
　　贷：原材料——××饲料

【例 5–21】养幼牛直接消耗的药品，按报表药品投入数额或者按盘点药品投入数额计算。会计分录为

借：农业生产成本——幼牛群
　　贷：原材料——××药品

(三) 牛转群的核算

成熟生产性生物资产转为其他资产（如将产畜或役畜转为育肥畜），按成熟生产性生物资产账面价值，借记"幼畜及育肥畜"等科目，按已计提的累计折旧，借记"生产性生物资产累计折旧"科目，按已计提的减值准备，借记"生产性生物资产减值准备"科目；按账面余额，贷记本科目。

牛的转群指牛群达到预定生产经营目的，进入又一正常生产期。其核算内容包括"犊牛群"成本的结转、"犊牛群"转为"幼牛群"、"幼牛群"转为"基本牛群"、淘汰的"基本牛群"转为"育肥牛（幼牛群）"的核算。

【例 5–22】"幼牛群"转为"基本牛群"，先结转"幼牛群"的全部成本，包括"幼牛群"转前发生的通过"农业生产成本——幼牛群"科目核算的饲料费、人工费和应分摊的间接费用等必要支出。会计分录为

借：消耗性生物资产——幼牛群
　　贷：农业生产成本——幼牛群

【例 5-23】 "幼牛群"转为"基本牛群",按"幼牛群"的账面价值结转,包括原全部购买价值和结转的饲养过程的全部成本。会计分录为

借:生产性生物资产——基本牛群
　　贷:消耗性生物资产——幼牛群

【例 5-24】 淘汰的产母牛(基本牛群)转为育肥牛,按淘汰的"基本牛群"的账面价值结转。会计分录为

借:消耗性生物资产——幼牛群(育肥牛)
　　贷:生产性生物资产——基本牛群

【例 5-25】 "犊牛群"转为"幼牛群",先结转"犊牛群"的全部成本,包括"犊牛群"转前发生的通过"农业生产成本——基本牛群"科目核算的饲料费、人工费和应分摊的间接费用等必要支出。会计分录为

借:消耗性生物资产——犊牛群
　　贷:农业生产成本——基本牛群

【例 5-26】 "犊牛群"转为"幼牛群",按"犊牛群"的账面价值结转。会计分录为

借:消耗性生物资产——幼牛群
　　贷:消耗性生物资产——犊牛群

(四)产母牛(基本牛群)饲养费用的核算

产母牛(基本牛群)饲养费用的核算包括产母牛和种公牛、待产的成龄母牛的全部饲养费用全部由牛奶和犊牛(联产品)承担、不再构成产母牛(基本牛群)自身价值的核算。牛奶产品成本应通过"农业生产成本——牛奶"科目核算。牛奶和牛犊的联产品成本按规定方法进行分配。

【例 5-27】 产母牛的饲养费用按实际消耗数额结转,会计分录为

借:农业生产成本——牛奶
　　贷:应付职工薪酬
　　　　原材料——××饲料
　　　　　　　——××药品
　　　　农业生产成本——共同费用

【例 5-28】 牛奶成品入库结转牛奶成本,会计分录为

借:库存商品(产品)——牛奶
　　贷:农业生产成本——牛奶

(五)牛(生物资产)和牛奶(产品)出售的核算

牛(生物资产)和牛奶(产品)出售的核算包括犊牛、幼牛出售及牛奶出售的核算和淘汰产母牛(基本牛群)出售的核算。幼牛出售前在账上作为消耗性生物资产,淘汰产母牛(基本牛群)出售前在账上作为生产性生物资产,这两种不同资产因出售交易而可视同产成品出售。

【例5-29】幼牛和育肥牛出售的核算，按银行实际收到的金额结算。会计分录为

借：银行存款
　　贷：主营业务收入——幼牛（育肥牛）

【例5-30】同时，按幼牛（育肥牛）账面价值结转成本。会计分录为

借：主营业务成本——幼牛（育肥牛）
　　贷：消耗性生物资产——幼牛（育肥牛）

【例5-31】牛奶出售的核算，按实际收到的银行存款和现金金额结算。会计分录为

借：银行存款
　　库存现金
　　贷：主营业务收入——牛奶

【例5-32】同时，按牛奶账面价值结转成本。会计分录为

借：主营业务成本——牛奶
　　贷：库存商品（农产品）——牛奶

【例5-33】淘汰产母牛（基本牛群）正常出售的核算，按银行实际收到的金额结算。会计分录为

借：银行存款
　　贷：主营业务收入——产母牛（基本牛群）

【例5-34】同时，按产母牛（基本牛群）账面价值结转成本。会计分录为

借：主营业务成本——产母牛（基本牛群）
　　贷：生产性生物资产——基本牛群

（六）将成熟生产性生物资产（奶牛）作价转让业务核算

将成熟生产性生物资产作价转让给家庭农场时，按成熟生产性生物资产账面价值，借记"固定资产清理"科目，按已计提的累计折旧，借记"生产性生物资产累计折旧"科目，按已计提的减值准备，借记"生产性生物资产减值准备"科目；按账面余额，贷记"生产性生物资产"科目。成熟生产性生物资产作价转让发生净收益的，借记"固定资产清理"科目，贷记"营业外收入——处置生产性生物资产净收益"科目；作价转让发生净损失的，借记"营业外支出——处置生产性生物资产净损失"科目，贷记"固定资产清理"科目。

【例5-35】某农业企业20××年7月5日将5头奶牛作价25 000元转让给李××家。这5头奶牛的账面原值为36 000元，已计提折旧15 000元，未计提减值准备。先收现款10 000元，年底结清。

（1）注销这5头奶牛的账面原值。会计分录为

借：固定资产清理　　　　　　　　　　　　　　　　　　　　　21 000
　　生产性生物资产累计折旧　　　　　　　　　　　　　　　　15 000
　　贷：生产性生物资产——奶牛　　　　　　　　　　　　　　　　　36 000

（2）作价收入的会计分录为

借：库存现金　　　　　　　　　　　　　　　　　　　　　　　10 000

其他应收款——李×× 15 000
　　贷：固定资产清理 25 000
(3) 计算清理净损益。会计分录为
借：固定资产清理 4 000
　　贷：营业外收入——处置生产性生物资产净收益 4 000

(七) 牛群盘亏业务的核算

盘亏的成熟生产性生物资产，按其账面价值，借记"待处理财产损溢"科目；按已计提的累计折旧，借记"生产性生物资产累计折旧"科目；按已计提的减值准备，借记"生产性生物资产减值准备"科目；按账面原价，贷记本科目。

【例 5-36】 某养牛企业丢失两头母牛，账面原值 1 500 元，计提折旧 600 元。注销原值的会计分录为
借：待处理财产损溢 900
　　生产性生物资产累计折旧 600
　　贷：生产性生物资产——母牛 1 500
处理结果为保卫人员赔偿 600 元，300 元作为管理费用。会计分录为
借：其他应收款——××× 600
　　管理费用 300
　　贷：待处理财产损溢 900

三、按设置的会计科目进行的账务处理方法

现在，仍以奶牛为例，根据《企业会计准则》和《企业会计准则——应用指南》的附录《会计科目和主要账务处理》涉及生物资产会计科目的账务处理讲解"生产性生物资产""消耗性生物资产"及养牛企业"农业生产成本"三个科目账务处理的方法。

(一) "生产性生物资产"科目的账务处理

养牛企业生产性生物资产的核算，主要是对"基本牛群"，包括产母牛和种公牛、待产的成龄母牛的原价进行核算。其主要业务核算的账务处理方法如下。

【例 5-37】 企业外购成龄产母牛，按应计入生产性生物资产成本的金额计算，包括购买价款、相关税费、运输费、保险费，以及可直接归属于购买该资产的其他支出，会计分录为
借：生产性生物资产——基本牛群
　　贷：银行存款（库存现金）

【例 5-38】 幼牛转为产母牛，应按其账面价值计算，会计分录如下。
借：生产性生物资产——基本牛群
　　贷：消耗性生物资产——幼牛群
已计提跌价准备的，还应同时结转跌价准备。

【例5-39】产母牛淘汰转为育肥牛,按转群时的账面价值计算,会计分录为
　　借:消耗性生物资产——幼牛群(育肥牛)
　　　　贷:生产性生物资产——基本牛群
已计提的累计折旧,借记"生产性生物资产累计折旧"科目;已计提减值准备的,还应同时结转减值准备。

【例5-40】待产的成龄牛,达到预定生产经营目的后发生的管护、饲养费用等后续支出,全部由牛奶(牛犊)产品承担,按实际消耗数额结转,在"农业生产成本——牛奶"科目核算,会计分录为
　　借:农业生产成本——牛奶
　　　　贷:应付职工薪酬
　　　　　　原材料——××饲料
　　　　　　原材料——××药品
　　　　　　农业生产成本——共同费用

【例5-41】处置生产性生物资产的产母牛(基本牛群),应按实际收到的金额计算,会计分录为
　　借:银行存款
　　　　营业外支出——处置非流动资产损失(负差额)
　　　　贷:生产性生物资产——基本牛群
或者
　　借:银行存款
　　　　贷:生产性生物资产——基本牛群
　　　　　　营业外收入——处置非流动资产利得(正差额)
按已计提的累计折旧,借记"生产性生物资产累计折旧"科目;已计提减值准备的,还应同时结转减值准备。

(二)"消耗性生物资产"科目的账务处理

养牛企业消耗性生物资产的核算,主要是对"幼牛群(育肥牛)"进行核算。其主要业务核算的账务处理方法如下。

【例5-42】外购的幼牛和育肥牛(消耗性生物资产),按应计入消耗性生物资产成本的金额计算,会计分录为
　　借:消耗性生物资产——幼牛群(育肥牛)
　　　　贷:银行存款、应付账款、应付票据等

【例5-43】自行繁殖的幼牛群(育肥牛),应按出售前发生的必要支出计算,会计分录为
　　借:消耗性生物资产——幼牛群(育肥牛)
　　　　贷:农业生产成本——幼牛群(育肥牛)

【例5-44】产母牛淘汰转为育肥牛,按转群时的账面价值计算,会计分录为
　　借:消耗性生物资产——幼牛群(育肥牛)
　　　　贷:生产性生物资产——基本牛群

已计提的累计折旧，借记"生产性生物资产累计折旧"科目；已计提减值准备的，还应同时结转减值准备。

【例5-45】育肥牛转为产母牛，应按其账面价值计算，会计分录为

借：生产性生物资产——基本牛群
　　贷：消耗性生物资产——幼牛群（育肥牛）

已计提跌价准备的，还应同时结转跌价准备。

【例5-46】在生产过程中发生的应归属于幼牛群（育肥牛）等的费用，按应分配的金额计算，会计分录为

借：消耗性生物资产——幼牛群（育肥牛）等
　　贷：农业生产成本——幼牛群（育肥牛）

【例5-47】出售育肥牛（消耗性生物资产），应按实际收到的金额计算，会计分录为

借：银行存款等
　　贷：主营业务收入——育肥牛

【例5-48】同时，按其账面余额计算，结转主营业务成本，会计分录为

借：主营业务成本——育肥牛
　　贷：消耗性生物资产——幼牛群（育肥牛）

已计提跌价准备的，还应同时结转跌价准备。

（三）养牛企业"农业生产成本"科目的账务处理

养牛企业"农业生产成本"科目的核算内容为饲养产母牛和待产成龄母牛等发生的各项生产成本，即牛奶和牛犊的生产成本，以及饲养幼牛和育肥牛发生的各项生产成本。应分别养牛企业确定的成本核算对象和成本项目进行费用的归集和分配。其主要业务核算的账务处理方法如下。

【例5-49】产母牛和待产成龄母牛（生产性生物资产）在产出产品过程中发生的各项费用，按实际消耗数额计算，会计分录为

借：农业生产成本——牛奶（基本牛群）
　　贷：库存现金、银行存款、原材料、应付职工薪酬等

【例5-50】在生产过程中发生的应由牛奶（产品）、幼牛和育肥牛（消耗性生物资产）、基本牛群（生产性生物资产）共同负担的费用，按实际消耗数额计算，会计分录为

借：农业生产成本——共同费用
　　贷：库存现金、银行存款、原材料、应付职工薪酬等

【例5-51】期（月）末，可按一定的分配标准对上述共同负担的费用进行分配，会计分录为

借：农业生产成本——牛奶（基本牛群）、幼牛群（育肥牛）
　　贷：农业生产成本——共同费用

【例5-52】产母牛（生产性生物资产）所生产（收获——准则语）的牛奶（产品）验收入库时，按其实际成本计算，会计分录为

借：农产品——牛奶

贷：农业生产成本——牛奶（产品）

四、养牛企业产品生产成本计算

由于养殖业既可以分群饲养，也可以混群饲养，因此其总成本和单位成本的计算方法是不同的。

养牛企业实行分群计算产品生产成本时，要按牛的不同群别作为成本计算对象，按群别设置"农业生产成本"明细账户，汇集生产费用，采用"分步法"计算各群别产品的生产总成本和单位成本。为了把幼牛和育肥牛本身的价值和饲养费用区别开来，除使用"农业生产成本"账户外，还要使用"消耗性生物资产"账户。各种畜所发生的饲养费用，先汇集于"农业生产成本"账户及所属按群别设置的明细账户；月末将幼牛及育肥牛的增重成本转入"消耗性生物资产"账户及所属按群别设置的明细账户；转群的幼牛及育肥牛，要按活重实际成本，在"消耗性生物资产"账户所属的各明细账户之间进行结转。

由于养牛企业分为养奶牛和养肉用牛等类型，所以产出的产品亦不同，产品成本的计算也不同。现以养奶牛为例说明养牛企业的产品成本计算方法。

奶牛的成本核算，需要在"生产性生物资产"账户下设置"基本牛群——母牛、种公牛"明细账户与"生产性生物资产累计折旧"账户共同反映母牛和种公牛的价值及其变化。在"农业生产成本"账户下按照划分的群别设置"基本牛群""6个月以内犊牛""6个月以上幼牛"三个明细账户，用于归集各群的饲养费用。在"消耗性生物资产"账户下相应设置"6个月以内犊牛"和"6个月以上幼牛"两个明细账户，用以反映和监督各畜群头数、重量、价值的增减变动。

基本牛群的主产品是牛奶和繁殖的牛犊，副产品是厩肥和脱落的牛毛。基本牛群的全部饲养费用减去副产品价值，即为主产品成本。因为基本牛群的主产品有牛奶和牛犊两种（一般称为联产品），所以还需要把主产品的全部成本在两种主产品之间进行分配。

分配的方法一般采用牛奶价值法。牛奶价值法是指将一头牛犊的价值折合为若干千克牛奶的价值。

根据测算，母牛在生产牛犊前100天内消耗在牛犊发育上的饲料，相当于母牛正常生长状况下生产100千克牛奶消耗的饲料，所以通常将一头牛犊折合为100千克牛奶，其单位成本的计算公式如下：

$$牛奶单位成本（元/千克）=\frac{基本牛群饲养费用-副产品价值}{奶牛总产量+出生牛犊头数 \times 100}$$

每头牛犊成本（元/头）= 100 × 每千克牛奶成本

牛奶总成本（元）= 牛奶总产量 × 每千克牛奶成本

牛犊总成本（元）= 出生牛犊头数 × 每头牛犊成本

【例5-53】某养牛场5月基本牛群饲养费用（饲料、养牛人员工资、福利费等）为369 000元，厩肥价值1 000元，期内共生产牛奶364 000千克，产牛犊40头。牛奶和牛犊的成本计算如下：

$$牛奶单位成本=\frac{369\,000-1\,000}{364\,000+40 \times 100}=1.00（元/千克）$$

每头牛犊成本 = 100 × 1.00 = 100（元/头）

牛奶总成本 = 364 000 × 1.00 = 364 000（元）

牛犊总成本 = 40 × 100 = 4 000（元）

根据以上计算结果，进行如下账务处理。

（1）结转牛奶的生产成本，会计分录为

借：主营业务成本——牛奶　　　　　　　　　　　　　　　　　364 000
　　贷：农业生产成本——基本牛群　　　　　　　　　　　　　　　　364 000

（2）转入牛犊群的出生成本，会计分录为

借：消耗性生物资产——幼畜及育肥畜——6个月以内牛犊　　　　4 000
　　贷：农业生产成本——基本牛群　　　　　　　　　　　　　　　　4 000

养牛企业成本和产业生物资产核算程序如图5-1所示。

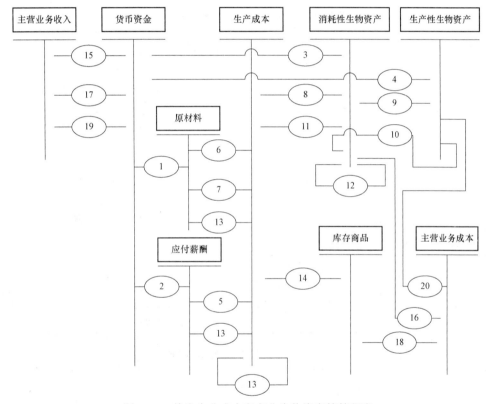

图 5-1　养牛企业成本和产业生物资产核算程序

按程序图顺序号说明核算业务内容：(1)购买原材料付出货币资金；(2)应付职工薪酬付出货币资金；(3)购买消耗性生物资产付出货币资金；(4)购买生产性生物资产付出货币资金；(5)应付职工薪酬结转入生产成本；(6)原材料结转入生产成本；(7)原材料结转入生产成本；(8)生产成本结转入消耗性生物资产；(9)消耗性生物资产转群入生产性生物资产；(10)生产性生物资产淘汰转群入消耗性生物资产；(11)生产成本结转入消耗性生物资产；(12)消耗性生物资产内部转群；(13)原材料、应付职工薪酬结转入生产成本，共同生产费用在生产成本内部结转；(14)生产成本结转入库存商品；(15)销售消耗性生物资产，主营业务和货币收入；(16)结转销售消耗性生物资产的主营业务成本；(17)销售库存商品（产成品），主营业务和货币收入；(18)结转销售库存商品（产成品）的主营业务成本；(19)生产性生物资产淘汰销售，主营业务和货币收入；(20)结转生产性生物资产淘汰销售的主营业务成本。

实务训练

实训 养牛企业成本核算训练

1. 资料

某企业是一个大型养牛企业集团,20××年1月有关成本核算资料见表5-20~表5-22,针对每一资料完成核算要求。

表5-20 20××年1月工资费用分配表 单位:元

项目 部门用途	应付工资	工会经费	教育经费	应付福利费	合计
行政部	20 125.00	402.50	301.87	2 817.50	23 646.87
财务部	2 300.00	46.00	34.50	322.00	2 702.50
综合服务部	5 550.00	111.00	83.25	777.00	6 521.25
泌乳牛	5 894.50	117.89	88.42	825.23	6 926.04
大孕牛	311.00	6.22	4.67	43.54	365.43
产后七天及临产牛	2 200.00	44.00	33.00	308.00	2 585.00
2月龄—孕前六个月育成牛	650.00	13.00	9.75	91.00	763.75
犊牛	1 300.00	26.00	19.50	182.00	1 527.50
生产、供应组	20 578.50	411.57	308.68	2 880.99	24 179.74
总计	58 909.00	1 178.18	883.64	8 247.26	69 218.08

表5-21 20××年1月制造费用分配表

指标 成本项目	饲养日数/日	分配率※	分配金额/元
泌乳牛	10 809	12.398 3	134 013.32
大孕牛	1 043	12.398 3	12 931.43
产后七天及临产牛	863	12.398 3	10 699.73
2月龄—孕前六个月育成牛	8 661	12.398 3	107 381.68
犊牛	1 552	12.398 3	19 242.79
合计	22 928	12.398 3	284 268.85

※ 分配率小数位较多,数字显示时小数点后四位以下部分已做四舍五入处理。

表 5-22　20××年1月饲料用量表

材料品种 \ 舍号及饲养天数		泌乳牛 10 890 天		大孕牛 1 043 天		产后七天及临产牛 863 天		2月龄~孕前6个月育成牛 8 661 天		犊牛 1 552 天		数量合计	金额合计
	单价 元	数量 kg	金额 元	数量 kg	金额 元	数量 kg	金额 元	数量 kg	金额 元	数量 kg	金额 元	数量 kg	金额 元
中心1号	1.610 8	55 840.00	89 947.07	—	—	1 440.00	2 319.55	—	—	—	—	57 280.00	92 266.62
中心2号	1.451 9	50 320.00	73 059.61	—	—	—	—	—	—	—	—	50 320.00	73 059.61
中心3号	1.666 5	—	—	4 068.00	6 779.32	3 852.00	6 419.36	—	—	—	—	7 920.00	13 198.68
中心4号	1.424 1	—	—	—	—	—	—	21 280.00	30 304.85	—	—	21 280.00	30 304.85
青贮	0.20	236 900	47 380.00	15 954.00	3 190.80	11 966.00	2 393.20	86 465.00	17 293.00			351 285.00	70 257.00
苜蓿	0.97	24 425.00	23 692.25	85.00	82.45	3 870.00	3 753.90	3 970.00	3 850.9			32 350.00	31 379.50
苜蓿粉	1.10	6 430.00	7 073.00	—	—	—	—	—	—			6 430.00	7 073.00
花生秧	0.22	32 370.00	7 121.40	170.00	37.40	220.00	48.40	24 000.00	5 280.00			56 760.00	12 487.20
麦麸	0.85	14 345.30	12 193.51	1 207.00	1 025.95	1 149.41	977.00	645.00	548.25			17 346.71	14 744.71
合计	—	—	260 466.84	—	11 115.92	—	15 911.41	—	57 277.00			—	344 771.17

（二）要求

（1）根据所列表格内容逐一写出会计分录。
（2）进行各牛群的成本核算。

本 篇 小 结

畜牧养殖企业包括养禽企业、养猪企业和养牛企业。

养禽企业成本核算对象的确定，应考虑成本核算是采用分群核算制，还是采用混群核算制。在分群核算制下，成本核算对象具体划分为基本禽群（成龄群）、幼群和育肥群、人工孵化群等。成本项目具体确定为直接材料、直接人工、其他直接费用（或燃料及动力）、制造费用等。

猪场生产成本的核算，可以实行分群核算，也可以实行混群核算。在组织猪场成本核算时，大都采用分群核算，即以按不同的猪龄划分的群别作为成本核算对象，具体划分为基本猪群、幼猪群、肥猪群等。猪场的生产费用按其经济用途可划分为下列成本项目：直接人工、直接材料（包括饲料费、兽医兽药费）、种猪价值摊销、制造费用。

养牛企业的生物资产主要包括奶牛和肉牛，还有使役牛、其他特殊牛等。为便于管理和核算，要划分养牛企业的群别：（1）"基本牛群"包括产母牛和种公牛；（2）"犊牛群"指出生后到6个月断乳的牛群，又称"6月以内犊牛"；（3）"幼牛群"指6个月以上断乳的牛群，又称"6月以上幼牛"，包括育肥牛等。养牛企业生物资产核算的对象主要指牛的种类（奶牛和肉牛）和群别。养牛企业生产成本核算的对象主要指承担发生各项生产成本的牛奶、犊牛、幼牛等。养牛企业的成本项目确定为：直接材料，指在牛养殖生产过程中耗用的饲料、燃料、动力、畜牛医药费等；直接人工，指直接从事畜牧养殖业生产人员的工资、工资性津贴、奖金、福利费；其他直接费用，指除直接材料、直接人工以外的其他直接费用；产役牛价值摊销；制造费用，指应摊销、分配计入各群别的间接生产费用。

为了核算农牧企业的生产成本，需要设置的有关账户包括："农业生产成本"账户、"农产品"账户、"消耗性生物资产"账户、"生产性生物资产"账户、"生物资产累计折旧"账户等。

理 念 训 练

一、单项选择题

1. 规模化养禽企业成本核算对象是（　　）。
   A. 禽的品种　　　　B. 禽群及其产品　　C. 禽生产步骤　　　D. 特定批别的禽
2. 种鸡计提折旧的期限一般是（　　）。
   A. 6个月　　　　　B. 12个月　　　　　C. 18个月　　　　　D. 24个月
3. 在通常情况下，奶牛生产一头牛犊的成本是按折合（　　）千克牛奶的成本进行计算的。
   A. 500　　　　　　B. 100　　　　　　C. 1 500　　　　　D. 2 000
4. 在确定养猪成本核算对象时，一般把未断奶仔猪列为（　　）群别。
   A. 基本猪群　　　　B. 幼猪群　　　　　C. 肥猪群　　　　　D. A 和 B 均可
5. 种猪计提折旧的期限一般是（　　）。
   A. 1年　　　　　　B. 2年　　　　　　C. 3年　　　　　　D. 4年
6. 基本禽群发生的饲养成本最终由（　　）负担。
   A. 孵化群　　　　　B. 禽蛋　　　　　　C. 雏禽　　　　　　D. 育肥禽
7. 规模化养猪场在采用分批法核算成本时，成本核算期一般为（　　）个月。
   A. 4～6　　　　　　B. 5～7　　　　　　C. 6～7　　　　　　D. 7～8
8. 奶牛计提折旧的期限一般是（　　）。
   A. 1年　　　　　　B. 4年　　　　　　C. 3年　　　　　　D. 5年
9. "料肉比"指标是评价养殖企业饲料报酬的一个重要指标，也是编制生产计划和财务计划的重要依据。该指标对养猪企业来讲是指某猪群增重（　　）千克所消耗的饲料量。
   A. 1　　　　　　　B. 5　　　　　　　C. 10　　　　　　　D. 100
10. 企业外购成龄产母牛，按发生的实际购买成本记入的账户是（　　）。
    A. "库存商品"　　　　　　　　　　B. "生产性生物资产"
    C. "固定资产"　　　　　　　　　　D. "消耗性生物资产"

二、多项选择题

1. 实行分群核算的养禽企业群别划分一般有（　　）。
   A. 基本禽群　　　B. 禽蛋　　　C. 幼群及育肥群　　　D. 人工孵化群
2. 养禽企业成本核算期的确定情况可能有（　　）。
   A. 按日历年度计算成本
   B. 可随时计算成本
   C. 按禽的批别核算成本时，要在每批禽饲养结束的月份计算成本，平时只是归集成本
   D. 定期在月末计算成本
3. 养殖企业开设的成本项目有（　　）。
   A. 直接材料　　　B. 直接人工　　　C. 其他直接费用　　　D. 制造费用
4. "犊牛群"转为"幼牛群"时，正确的会计分录有（　　）。
   A. 借：消耗性生物资产——犊牛群
      　贷：消耗性生物资产——幼牛群
   B. 借：消耗性生物资产——幼牛群
      　贷：消耗性生物资产——犊牛群
   C. 借：消耗性生物资产——犊牛群
      　贷：农业生产成本——基本牛群
   D. 借：消耗性生物资产——基本牛群
      　贷：农业生产成本——犊牛群
5. 为了加强对种猪场各阶段成本的控制和管理，在组织猪场成本核算时，大都采用分群核算，即以按不同的猪龄划分的群别作为成本核算对象，具体划分的群别有（　　）。
   A. 基础猪群　　　B. 断奶仔猪群　　　C. 幼猪群　　　D. 肥猪群
6. "增重成本指标"是反映种猪场经济效益的一个重要指标，具体计算的增重成本指标包括（　　）。
   A. 仔猪增重成本　　B. 幼猪增重成本　　C. 肥猪增重成本　　D. 基础猪增重成本
7. 奶牛养殖企业成本项目可划分为（　　）。
   A. 直接材料　　　B. 直接人工　　　C. 产役牛价值摊销　　D. 制造费用
8. 育肥牛在出售时所用到的损益类会计科目有（　　）。
   A. 消耗性生物资产　　　　　　　B. 应收账款
   C. 主营业务收入　　　　　　　　D. 主营业务成本
9. 将成熟生产用奶牛转让处理时所用到的会计科目一般有（　　）。
   A. 固定资产清理　　　　　　　　B. 生产性生物资产累计折旧
   C. 生产性生物资产　　　　　　　D. 营业外支出
10. 奶牛养殖企业牛奶单位成本的计算应考虑的影响因素有（　　）。
    A. 基本牛群的饲养费用　　　　　B. 基本牛群的副产品价值
    C. 主产品牛奶总产量　　　　　　D. 出生牛犊头数

三、判断题

1. 养禽企业成本核算对象的确定，应考虑成本核算是采用分群核算制，还是采用混群核算制。（ ）
2. 养殖企业的基本群别包括的都是成龄禽畜。（ ）
3. 种鸡养殖企业生产出的种蛋可作为原材料核算，也可作为农产品核算。（ ）
4. 养殖企业的成本核算方法与工业企业的成本核算方法没有联系。（ ）
5. 某猪群饲养日成本 = $\dfrac{该猪群饲养费用合计}{全部猪群饲养头日数}$。（ ）
6. 养猪企业全群核算期初存栏头数（重量）= 各群期初存栏头数（重量）之和。（ ）
7. 养猪企业全群核算饲料消耗总量 = 各群饲料消耗量之和。（ ）
8. 奶牛养殖企业的基本牛群的主产品是牛奶和牛犊两种，这两种主产品可称为联产品。（ ）
9. 养牛企业生产性生物资产的核算，主要是对产母牛和种公牛、待产的成龄母牛的核算。（ ）
10. 养牛企业消耗性生物资产的核算，主要是对"幼牛群"进行的核算。（ ）

四、简答题

1. 养禽企业如何进行成本核算对象的确定？
2. 衡量畜牧养殖企业成本效益的指标有哪些？
3. 养鸡企业的入健率指标如何计算？
4. 奶牛养殖企业如何进行成本核算对象的确定？
5. 种猪养殖企业设置的成本项目有哪些？
6. 奶牛养殖企业各牛群在转群时如何书写会计分录？
7. "生产性生物资产累计折旧"账户与"累计折旧"账户核算内容有何异同？

第六篇

农业种植企业成本核算

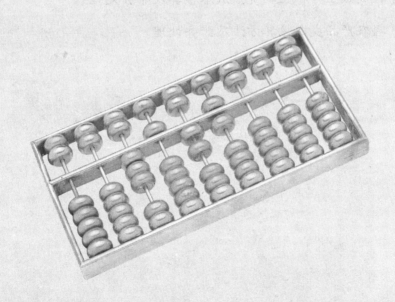

【知识目标】

1. 了解农业种植企业的生产特点。
2. 熟悉生物资产与农产品的关系。
3. 掌握农业企业的成本核算组织特点。
4. 掌握进行农业企业成本核算的账户设置及账户内容。

【能力目标】

1. 能够掌握消耗性生物资产成本核算流程及账务处理。
2. 能够掌握未成熟生产性生物资产成本核算流程及账务处理。
3. 能够掌握成熟生产性生物资产成本核算及账务处理。
4. 能够掌握农产品成本核算方法及账务处理。

项目十七
农业种植企业成本核算概述

一、农业种植企业的概念

广义的农业企业包括从事农、林、牧、副、渔各业生产的企业。狭义的农业企业指的是从事粮食作物、经济作物、饲料作物、蔬菜栽培等生产的种植企业。

本项目所讲的农业企业成本核算是针对狭义的农业企业而言的，即农业种植企业。

二、生物资产与农产品的含义

生物资产是指有生命的动物或植物。一切动植物停止其生命活动就不再是生物资产，这一界限对生物资产和农产品进行了本质的区分。农业企业的生产对象是有生命的植物。农业生产最根本的特点是将植物的自然再生产过程和人类的经济再生产过程结合在一起，生产出人类赖以生存的粮食、油料、蔬菜等基本生活资料。农产品与生物资产关系密切：在农产品收获之前，它附着于生物资产；从农产品收获时开始，它就离开了生物资产这一母体。因此，农业生产的成本核算与生物资产的核算密切相关。

生物资产分为消耗性生物资产、生产性生物资产和公益性生物资产，而与农产品相关的生物资产包括消耗性生物资产和生产性生物资产。

消耗性生物资产通常是一次性产出农产品，在收获农产品后该资产就不复存在，包括生长中的大田作物、蔬菜、用材林，以及存栏待售的牲畜等。理解消耗性生物资产定义的关键是持有该资产的目的是出售或在将来收获为农产品。消耗性生物资产类似于企业的存货。如农田中的小麦作物可以收获为农产品小麦，农田中的蔬菜可用于出售，存栏待售的牲畜可以屠宰。消耗性生物资产与企业一般存货的不同之处在于它们是有生命的资产。

生产性生物资产能够在生产经营中长期、反复使用，在产出农产品后该资产仍然保留，可以在未来期间继续产出农产品。

生产性生物资产具备自我生长性，属于有生命的劳动手段，类似于企业的固定资产。例如，果树可生产果品，产畜能生产仔畜，役畜可供人使用进行田间和运输作业。生产性生物资产通常需要生长到一定阶段才开始具备生产的能力。

根据其是否具备生产能力，可以将生产性生物资产划分为未成熟和成熟两类。前者是指尚未达到预定生产经营目的、还不能够多年连续产出农产品的生产性生物资产。后者是指已经达到预定生产经营目的、能够多年连续产出农产品的生产性生物资产。

不同种类的生物资产，其成本核算会存在差异。

三、农业企业生产的成本核算组织

1. 成本计算对象

农业企业生产的主要作物以每种作物为成本计算对象，单独计算其成本。农业企业生产的次要作物可以以每类作物为成本计算对象，先计算出各类作物的总成本，再按一定标准确定每类中各种作物的成本。对不同收获期的同一种作物必须分别核算。

农业企业生产的主要作物一般确定为小麦、水稻、大豆、玉米、棉花、糖料、烟叶等。需要补充主要农作物目录的，由企业确定。

2. 成本计算期

农作物的生产周期较长，收获期比较集中，在年度中各项费用的发生不均匀。为适应这些特点，农业企业一般一年计算一次成本。

3. 成本项目

农作物的成本按其经济用途可以划分为如下成本项目。

（1）直接材料：指农业生产中直接耗用的自产或外购的种子、种苗、肥料、农药等。

（2）直接人工：指直接从事农业生产人员的薪酬费用，包括工资及按规定计提的职工福利费等其他薪酬费用。

（3）其他直接费用：指除直接材料、直接人工以外的其他直接支出，包括机械作业费、灌溉费、田间运输费等。

（4）间接费用：指分配计入农产品成本的间接费用，包括为组织和管理生产所发生的生产单位的管理人员工资及福利费、折旧费、水电费、办公费等。

4. 农作物的费用界限

农作物收获的具体情况不同，其成本的费用终止点的确定也不同。计入各种农作物成本的费用界限如下。

（1）粮豆的成本，算至入仓、入库或能够销售为止。从仓囤出库到市场上销售发生的包装费、运杂费等作销售费用处理。

（2）不入库、入窖鲜活产品的成本，算至销售为止；入库、入窖的鲜活产品的成本，算至入库、入窖为止。

（3）棉花的成本，算至加工成皮棉为止。打包上交过程中发生的包装费、运杂费等作销售费用处理。

（4）纤维作物、香料作物、人参、啤酒花等的成本，算至纤维等初级产品加工完成为止。

5. 农作物成本核算的账户设置

为了核算农业种植企业生产成本，需要设置如下账户："农产品"账户（会计科目代码1246）、"农业生产成本"账户（会计科目代码4102）、"消耗性生物资产"账户、"生产性生物资产"账户（会计科目代码1504）、"生产性生物资产累计折旧"账户等。

实务训练

实训一　农业种植企业成本核算对象、成本项目确定训练

1. 资料

庆丰农场主要从事多年生作物甘蔗的生产和当年生作物水稻的生产。甘蔗属于生产性生物资产，而水稻属于消耗性生物资产，两种作物的成本核算方法差别很大。农场分别甘蔗和水稻两种作物进行成本计算。

甘蔗在未提供产品前发生的整地、种植、田间管理等费用，应予以资本化，并在其提供农产品的预计年限中计提折旧；在提供产品当年发生的各项生产费用将计入当年收获的甘蔗成本中。

水稻当年发生的整地、种植、田间管理等费用都将计入当年收获的水稻成本中。

2. 要求

根据该农场的相关情况讨论确定以下问题：

（1）在甘蔗和水稻的成本核算中，确定的成本计算对象是什么？应设置哪些主要会计科目？

（2）甘蔗和水稻的产品成本项目各是什么？有什么不同之处？

实训二　农业种植企业费用核算期间确定训练

1. 资料

宝景农业科技有限公司主要从事小麦、玉米、大豆三种粮食作物的生产及销售，20××年为生产上述三种农作物发生如下经济业务：

（1）当年6月播种50公顷黄豆和100公顷玉米。共播种黄豆种子8 000千克，每千克价格4元；共播种玉米种子3 600千克，每千克价格40元。

（2）使用一台拖拉机翻耕玉米及大豆种植地，拖拉机原值90 600元，预计净残值600元，按工作量法计提折旧，预计可翻耕土地8 000公顷。租用黄豆播种机的租金为500元，租用玉米播种机的租金为600元。

（3）为播种黄豆的工人支付工资 1 000 元，为播种玉米的工人支付工资 2 000 元。

（4）种植 50 公顷黄豆共用肥料农药 3 000 元，种植 100 公顷玉米共用肥料农药 5 000 元。

（5）当年 9 月收获玉米入仓发生机收及人工费用 4 000 元，收获大豆入仓发生机收及人工费用 3 000 元。

（6）当年 10 月将收获的玉米全部销售发生装卸费、运杂费等 1 500 元，将收获的一半大豆销售发生装卸费、运杂费等 1 000 元。

（7）10 月末将小麦、玉米收获后空出的土地共 150 公顷全部种植小麦，共发生种子费用 8 000 元、肥料费用 4 000 元、人工费用 1 000 元、机械费用 800 元。

2. 要求

根据该公司当年发生的上述经济业务确定以下问题：

（1）在当年 12 月末进行成本计算时，大豆、玉米农作物的生产费用计算期间各是什么？

（2）当年小麦农作物发生的生产费用是多少？

（3）当年大豆、玉米农作物负担的生产费用各是多少？

项目十八

农作物生物资产成本核算

一、消耗性生物资产成本计算

（一）消耗性生物资产的农作物成本归集和分配

消耗性生物资产的农作物成本，应在"消耗性生物资产"科目中进行归集和分配，并按照成本计算对象设置明细账户，在明细账户中还应按规定的成本项目设置专栏。

为属于消耗性生物资产的农作物生产所发生的材料、人工、机械等一切费用都在"消耗性生物资产"科目的借方归集。

（1）农作物耗用的直接材料、直接人工等直接成本，借记"消耗性生物资产"科目，贷记"原材料""应付职工薪酬""库存现金""银行存款"等科目。

（2）由于机械作业所发生的机械折旧费用，可按一定标准在各种消耗性生物资产中分配，借记"消耗性生物资产——××作物"科目，贷记"累计折旧"科目。

消耗性生物资产在一次性产出农产品后就不复存在，因此，收获的农产品成本直接从"消耗性生物资产"科目的贷方转入"农产品"科目的借方，无须借助"农业生产成本"科目。

【例6-1】20××年5月，某农业企业播种60公顷黄豆和40公顷玉米，共播种黄豆种子6 000千克，每千克价格4元；共播种玉米种子1 200千克，每千克价格50元；使用一台拖拉机翻耕土地，拖拉机原值80 500元，预计净残值500元，按工作量法计提折旧，预计可翻耕土地8 000公顷；租用黄豆播种机的租金为300元，租用玉米播种机的租金为360元；为播种黄豆的工人支付工资800元，为播种玉米的工人支付工资600元。

当年9月收获黄豆时"消耗性生物资产——黄豆"科目的借方金额为35 500元，获得的副产品——豆秸的价值为4 500元。

当年5月编制的相关会计分录如下。

（1）种子。

$$黄豆种子金额 = 4 \times 6\ 000 = 24\ 000（元）$$
$$玉米种子金额 = 5 \times 1\ 200 = 60\ 000（元）$$

会计分录为

借：消耗性生物资产——黄豆　　　　　　　　　　　　　　　24 000
　　贷：原材料　　　　　　　　　　　　　　　　　　　　　　24 000
借：消耗性生产物资——玉米　　　　　　　　　　　　　　　60 000
　　贷：原材料　　　　　　　　　　　　　　　　　　　　　　60 000

（2）折旧。

$$\text{翻耕1公顷土地的拖拉机折旧额} = \frac{80\,500 - 500}{8\,000} = 10\text{（元）}$$

$$\text{黄豆分摊的拖拉机折旧额} = 10 \times 60 = 600\text{（元）}$$

$$\text{玉米分摊的拖拉机折旧额} = 10 \times 40 = 400\text{（元）}$$

会计分录为

借：消耗性生物资产——黄豆　　　　　　　　　　　　　　　　　600
　　消耗性生物资产——玉米　　　　　　　　　　　　　　　　　400
　　贷：累计折旧　　　　　　　　　　　　　　　　　　　　　1 000

（3）租金。

$$\text{支付黄豆播种机和玉米播种机的租金} = 300 + 360 = 660$$

会计分录为

借：消耗性生物资产——黄豆　　　　　　　　　　　　　　　　　300
　　消耗性生物资产——玉米　　　　　　　　　　　　　　　　　360
　　贷：银行存款　　　　　　　　　　　　　　　　　　　　　　660

（4）工资。

$$\text{支付工人工资} = 800 + 600 = 1\,400\text{（元）}$$

会计分录为

借：消耗性生物资产——黄豆　　　　　　　　　　　　　　　　　800
　　消耗性生物资产——玉米　　　　　　　　　　　　　　　　　600
　　贷：应付职工薪酬　　　　　　　　　　　　　　　　　　　1 400

（5）其他费用处理业务略。

当年9月编制的相关会计分录为

借：农产品——黄豆　　　　　　　　　　　　　　　　　　　31 000
　　农产品——豆秸　　　　　　　　　　　　　　　　　　　　4 500
　　贷：消耗性生物资产——黄豆　　　　　　　　　　　　　35 500

（二）属于消耗性生物资产的农产品成本计算

1. 当年生大田作物的农产品成本计算

当年生大田作物是指作物生长期不超过一年的农作物，一般是当年播种、当年收获，少部分作物也有跨年度收获的。它属于消耗性生物资产。当年生大田作物的主产品单位成本的计算公式为

$$某作物的主产品单位成本 = \frac{某作物生产费用总额 - 副产品价值}{某作物的主产品产量}$$

式中,"某作物生产费用总额"是从"消耗性生物资产"科目贷方转入"农产品"科目借方的成本金额。

农作物在完成生产过程时,一般可以产出主产品和副产品。主产品是生产的主要目的,如种植小麦、水稻等,主产品为小麦、水稻。副产品不是生产的主要目的,而是在生产过程中附带获得的产品,如麦秸、稻草等。因为主产品和副产品是同一生产过程的结果,所以它们的各种费用是联系在一起的。因此,必须将生产费用在主产品和副产品之间进行分配,以分别确定其成本。

消耗性生物资产主产品与副产品成本分配方法常用的有以下两种。

(1) 估价法:对副产品按市场价格进行估价,以此作为副产品成本。从生产费用总额中减去副产品价值就得到主产品成本。

(2) 比率法:先求出生产费用实际额与计划额之比,再分别以主产品和副产品的计划成本乘以这一比率就可计算出主产品和副产品的成本。

【例 6-2】 以例 6-1 中的农业企业的数据为基础,当年 9 月收获小麦 25 000 千克,麦秸 30 000 千克;当年实际生产费用总额 35 500 元;麦秸的市场价格为每千克 0.15 元。计算小麦的单位成本。

$$每千克小麦的成本 = \frac{35\,500 - 0.15 \times 30\,000}{25\,000} = 1.24(元)$$

2. 一次性收获的多年生作物的农产品成本计算

多年生作物是指人参、甘蔗、剑麻、胡椒等生长期限长的经济作物。多年生作物培育年限和提供产品的年限比较长,具体有两种情况:一种是连续培育几年,一次性收获产品,如人参;一种是连续培育几年,多次收获产品,如甘蔗、剑麻、胡椒等。前者属于消耗性生物资产,后者属于生产性生物资产。

作物收获次数不同,其成本计算方法也不同。

一次性收获的多年生作物,应按各年累计的生产费用计算成本。其主产品单位成本的计算公式为

$$\frac{一次性收获的多年生作物}{主产品单位产量成本} = \frac{往年费用 + 本年累计生产费用 - 副产品价值}{主产品总产量}$$

【例 6-3】 某农业企业 20××年种植 10 亩人参,四年后人参成熟,收获鲜参 8 000 千克。种子成本 90 000 元;每亩地每年租金 6 000 元;第一年人工成本 20 000 元,第二年和第三年每年人工成本 15 000 元,第四年人工成本 22 000 元;第一年其他生产费用 2 800 元,第二年和第三年每年其他生产费用 1 500 元,第四年其他生产费用 2 200 元。计算人参的单位成本。

每千克人参的成本=

$$\frac{90\,000 + 6\,000 \times 10 \times 4 + (20\,000 + 15\,000 + 15\,000 + 22\,000) + (2\,800 + 1\,500 + 1\,500 + 2\,200)}{8\,000}$$

$$= 51.25(元)$$

3. 蔬菜的成本计算

蔬菜的栽培一般分为露地蔬菜栽培和保护地蔬菜栽培。

1）露地蔬菜栽培成本计算

露地蔬菜栽培就是在露天陆地上栽种蔬菜，这是栽培蔬菜的主要方式。在大面积栽培大宗主要的蔬菜时，可分别计算各种蔬菜的成本。

计算的方法是：按照蔬菜的品种和规定的成本项目归集生产费用，计算各种蔬菜的总成本；分别用各种蔬菜的总成本除以各该蔬菜的实际产量，得到各种蔬菜的单位成本。露地蔬菜的成本计算方法，与大田作物农产品的成本计算方法基本相同。

对于栽培面积不大的或次要的蔬菜，可以分类合并计算，即按蔬菜类别设置明细账，分类归集生产费用，采用计划成本比率法分别计算各种蔬菜的单位成本，其计算公式为

$$计划成本分配率 = \frac{该类蔬菜实际总成本}{该类蔬菜计划总成本} \times 100\%$$

该类蔬菜中某种蔬菜的成本 = 该种蔬菜的计划成本 × 计划成本分配率

【例6-4】某农业企业20××年收获下列各种蔬菜：茄子10 000千克，每千克计划成本0.72元；白菜20 000千克，每千克计划成本0.6元；胡萝卜18 000千克，每千克计划成本0.25元。当年三种蔬菜的实际生产费用总额为22 041元。用计划成本分配率计算茄子、白菜和胡萝卜的实际单位成本为

茄子的计划成本 = 0.72 × 10 000 = 7 200（元）

白菜的计划成本 = 0.6 × 20 000 = 12 000（元）

胡萝卜的计划成本 = 0.25 × 18 000 = 4 500（元）

计划成本总额 = 7 200 + 12 000 + 4 500 = 23 700（元）

$$计划成本分配率 = \frac{22\ 041}{23\ 700} \times 100\% = 93\%$$

$$每千克茄子的实际成本 = \frac{7\ 200 \times 93\%}{10\ 000} = 0.67（元）$$

$$每千克白菜的实际成本 = \frac{12\ 000 \times 93\%}{20\ 000} = 0.56（元）$$

$$每千克胡萝卜的实际成本 = \frac{4\ 500 \times 93\%}{18\ 000} = 0.23（元）$$

2）保护地蔬菜栽培成本计算

保护地蔬菜栽培就是利用温床和温室等防寒设备进行育苗和种植蔬菜。其成本指标，除蔬菜每千克成本以外，还有温床格日（一个温床格用一天为一个温床格日）成本和温室平方米日（温室中一平方米面积占用一天为一个温室平方米日）成本。

在温床或温室栽培蔬菜时，所发生的费用，如能明确区分是某种蔬菜费用的，可直接计入某种蔬菜的成本。若干种蔬菜的共同性费用，如保温用的材料、燃料、辅助材料等，应按温床格日数或温室平方米日数进行分配。采用这种分配标准是由于温床或温室蔬菜的成本高

低与蔬菜所占用的种植面积和生产期长短密切相关。

计算公式如下:

$$\text{某种温床蔬菜应分配的某项共同性费用} = \frac{\text{该项共同性费用总额}}{\text{温床全年实际使用的温床格日数}} \times \text{该种蔬菜占温床格日数}$$

$$\text{某种温室蔬菜应分配的某项共同性费用} = \frac{\text{该项共同性费用总额}}{\text{温室全年实际使用的平方米日数}} \times \text{该种蔬菜占温室平方米日数}$$

利用温床或温室栽培各种蔬菜所发生的生产费用,当合并核算时,可按每温床格日成本或每温室平方米日成本来计算各种温床或温室蔬菜的成本。

计算公式如下:

$$\text{每温床格日成本} = \frac{\text{温床生产费用总额}}{\text{各种温床蔬菜生长期间占用的温床格日数总和}}$$

$$\text{每温室平方米日成本} = \frac{\text{温室生产费用总额}}{\text{各种温室蔬菜生长期间占用的温室平方米日数总和}}$$

【例6-5】某农业企业温室栽培西红柿和水萝卜两种蔬菜。西红柿占地200平方米,生长期40天,收获10 000千克;水萝卜占地300平方米,生长期50天,收获50 000千克;生产费用总额为23 000元。计算西红柿和水萝卜的单位成本。

$$\text{每温室平方米日成本} = \frac{23\,000}{200 \times 40 + 300 \times 50} = 1\,(\text{元})$$

$$\text{每千克西红柿成本} = \frac{1 \times 200 \times 40}{10\,000} = 0.8\,(\text{元})$$

$$\text{每千克水萝卜成本} = \frac{1 \times 300 \times 50}{50\,000} = 0.3\,(\text{元})$$

二、生产性生物资产的农作物成本核算

(一)生产性生物资产的农作物成本归集和分配

属于生产性生物资产的农作物也就是多次收获的多年生作物。这类作物在达到预定的生产经营目的、能够连续产生农产品之前所发生的成本应在"未成熟生产性生物资产"二级科目中进行归集,并按照成本计算对象设置明细账户,在明细账户中还应按规定的成本项目设置专栏。

当这类作物达到预定的生产经营目的、能够连续产生农产品时,其成本从"未成熟生产性生物资产"科目的贷方转入"成熟生产性生物资产"科目的借方。生产性生物资产会多次收获农产品,在较长时期内反复使用,因此成熟的生产性生物资产类似于固定资产,在存续期内需要计提折旧。每年计提的折旧借记"农业生产成本"科目,贷记"生产性生物资产累计折旧"科目。

在成熟生产性生物资产连续产生农产品期间,为了该农作物生存生产而发生的生产费

用,借记"农业生产成本"科目,贷记"原材料""应付职工薪酬""库存现金""银行存款"等科目。

在农产品收获过程中发生的费用,借记"农业生产成本"科目,贷记"应付职工薪酬""银行存款"等科目。

属于生产性生物资产的农作物每次收获的农产品实际成本从"农业生产成本"科目的贷方转入"农产品"科目的借方。

【例6-6】某企业种植苹果树,第一年发生苹果苗成本5 000元,化肥、农药成本1 600元,人工成本54 000元,用银行存款支付灌溉等费用800元;第二年发生化肥、农药成本1 600元,人工成本48 000元,用银行存款支付灌溉等费用600元;第三年发生化肥、农药成本1 800元,人工成本48 000元,用银行存款支付灌溉等费用600元;第四年发生化肥、农药成本1 800元,人工成本48 000元,用银行存款支付灌溉等费用600元;第五年苹果树成熟,开始结果,预计可以结果30年,预计净残值为900元,采用直线法折旧;第五年发生化肥、农药成本2 600元,人工成本72 000元,用银行存款支付灌溉等费用1 000元。

(1) 第一年编制的相关会计分录为

借:生产性生物资产——未成熟生产性生物资产　　　5 000
　　贷:原材料——树苗　　　　　　　　　　　　　　5 000
借:生产性生物资产——未成熟生产性生物资产　　　1 600
　　贷:原材料——化肥农药　　　　　　　　　　　　1 600
借:生产性生物资产——成熟生产性生物资产　　　　54 000
　　贷:应付职工薪酬　　　　　　　　　　　　　　　54 000
借:生产性生物资产——未成熟生产性生物资产　　　800
　　贷:银行存款　　　　　　　　　　　　　　　　　800

(2) 第二年编制的相关会计分录为

借:生产性生物资产——未成熟生产性生物资产　　　1 600
　　贷:原材料　　　　　　　　　　　　　　　　　　1 600
借:生产性生物资产——未成熟生产性生物资产　　　48 000
　　贷:应付职工薪酬　　　　　　　　　　　　　　　48 000
借:生产性生物资产——未成熟生产性生物资产　　　600
　　贷:银行存款　　　　　　　　　　　　　　　　　600

(3) 第三年编制的相关会计分录为

借:生产性生物资产——未成熟生产性生物资产　　　1 800
　　贷:原材料　　　　　　　　　　　　　　　　　　1 800
借:生产性生物资产——未成熟生产性生物资产　　　48 000
　　贷:应付职工薪酬　　　　　　　　　　　　　　　48 000
借:生产性生物资产——未成熟生产性生物资产　　　600
　　贷:银行存款　　　　　　　　　　　　　　　　　600

(4) 第四年编制的相关会计分录为

借:生产性生物资产——未成熟生产性生物资产　　　1 800

```
    贷：原材料                                                      1 800
  借：生产性生物资产——未成熟生产性生物资产                      48 000
    贷：应付职工薪酬                                              48 000
  借：生产性生物资产——未成熟生产性生物资产                         600
    贷：银行存款                                                     600
```

(5) 第五年编制的相关会计分录。

① 前四年共发生成本为 212 400 元，会计分录为

```
  借：生产性生物资产——成熟生产性生物资产                        212 400
    贷：生产性生物资产——未成熟生产性生物资产                    212 400
```

② 每年的折旧金额 $=\dfrac{212\,400-900}{30}=7\,050$（元），会计分录为

```
  借：农业生产成本                                               7 050
    贷：生产性生物资产累计折旧                                    7 050
  借：农业生产成本                                               2 600
    贷：原材料                                                   2 600
  借：农业生产成本                                              72 000
    贷：应付职工薪酬                                            72 000
  借：农业生产成本                                               1 000
    贷：银行存款                                                 1 000
```

③ 第五年当年发生农业生产成本 75 600 元，加上摊销的往年费用 7 050 元，共计 82 650 元，会计分录为

```
  借：农产品                                                    82 650
    贷：农业生产成本                                            82 650
```

（二）生产性生物资产的农产品成本计算

多次收获的多年生作物，在提供农产品以前的费用，作为"生产性生物资产"处理，投产后按一定方法计提折旧，计入投产后各年产出农产品的成本。

本年产出农产品的成本包括生产性生物资产在本年计提的折旧费用和投产后本年发生的全部生产费用。其主产品单位成本的计算公式为

$$\dfrac{\text{多次收获的多年生作物}}{\text{主产品单位产量成本}}=\dfrac{\text{往年费用本年摊销额}+\text{本年累计生产费用}-\text{副产品价值}}{\text{本年主产品产量}}$$

式中，"往年费用本年摊销额"即为生产性生物资产本年折旧金额。

【例 6-7】在例 6-6 中，如果第五年结苹果 8 000 千克，计算苹果的单位成本。计算过程为

$$\text{每千克苹果的成本}=\dfrac{7\,050+75\,600}{8\,000}=10.33（元）$$

实务训练

实训一 消耗性生物资产成本核算训练

1. 资料

某农业企业在 2017 年 6 月外购了 8 头未成年种牛,价款 15 000 元,发生运费、装卸费 1 000 元,上述款项均以银行存款支付完毕,则该外购的种牛初始计量成本为 16 000 元。其账务处理为

借:生产性生物资产——未成熟生产性生物资产(种牛)　　　　16 000
　　贷:银行存款　　　　　　　　　　　　　　　　　　　　　　　　16 000

假设上述企业购买的不是种牛,而是用于大田生产的玉米种子,初始成本也为 16 000 元,全部发出用于当年种植玉米,假设该农业企业种植玉米的目的是对外销售,种植后,经过栽培、田间管理、收割等生产过程至 2017 年 9 月 30 日玉米全部入库,入库前共发生机械作业费、农药、肥料、灌溉、生产人员工资、场头晒种、精选加工、包装等费用 84 000 元,加上购入的玉米种子成本 16 000 元,这样玉米收获时即入库前,发生的必要支出共计 100 000 元。请完成以下要求。

2. 要求

(1) 编制玉米种子入库时的账务处理会计分录。
(2) 编制玉米种子出库用于种植时的账务处理会计分录。
(3) 编制玉米收获入库时的账务处理会计分录。

提示:由"原材料"到"消耗性生物资产"再到"农产品"账户。

实训二 生产性生物资产成本核算训练

1. 资料

某农业企业从 2011 年开始自行营造 200 公顷橡胶树,当年发生种苗费为 403 000 元;平整土地和定植所使用机械的折旧费为 116 000 元;当年发生肥料及农药费为 375 000 元;人员工资为 830 000 元。橡胶树在 2011 年至 2016 年 6 年间共发生管护费用 4 688 000 元,以银行存款等形式支付。2017 年橡胶树进入正常生产期。橡胶树预计净残值为 412 000 元,在 25 年内按直线法计提折旧。2017 年在养护和收获过程中发生肥料及农药费 289 000 元,人员工资 420 000 元,以银行存款支付其他生产费用 174 500 元。

2. 要求

为该企业编制相关会计分录。

本篇小结

本篇主要学习了农业种植企业的成本计算内容。农业种植企业指的是从事粮食作物、经济作物、饲料作物、蔬菜栽培等生产的种植企业。

生物资产是有生命的动物或植物,一切动植物停止其生命活动就不再是生物资产,这一界限对生物资产和农产品进行了本质的区分。生物资产又分为消耗性生物资产、生产性生物资产和公益性生物资产。

消耗性生物资产是指为出售而持有的,或在将来收获为农产品的生物资产;生产性生物资产能够在生产经营中长期、反复使用,在产出农产品后该资产仍然保留,可以在未来期间继续产出农产品。生产性生物资产具备自我生长性,属于有生命的劳动手段,类似于企业的固定资产。

消耗性生物资产的农作物成本归集和分配是通过"消耗性生物资产"科目进行的,并按照成本计算对象设置明细账户,在明细账户中还应按规定的成本项目设置专栏。

生产性生物资产的农作物成本归集和分配需要通过"未成熟生产性生物资产"和"成熟生产性生物资产"二级科目进行归集,并按照成本计算对象设置明细账户,在明细账户中还应按规定的成本项目设置专栏。成熟生产性生物资产类似于固定资产,在存续期内需要计提折旧。每年计提的折旧借记"农业生产成本"科目,贷记"生产性生物资产累计折旧"科目。

在成熟生产性生物资产连续产生农产品期间,为了该农作物而发生的生产费用,记入"农业生产成本"科目;在农产品收获过程中发生的费用,记入"农业生产成本"科目,属于生产性生物资产的农作物每次收获的农产品实际成本从"农业生产成本"科目转入"农产品"科目。

理念训练

一、单项选择题

1. 农作物的生产周期较长,收获期比较集中,在年度中各项费用的发生不均匀。为适应这些特点,农业企业一般(　　)计算一次成本。
   A. 1个月　　　　B. 一年　　　　C. 6个月　　　　D. 3个月
2. 以下经济作物是消耗性生物资产的是(　　)。
   A. 人参　　　　B. 甘蔗　　　　C. 剑麻　　　　D. 胡椒
3. 当年生大田作物的主产品单位成本计算公式正确的是(　　)。
   A. 某作物的主产品单位成本 = $\dfrac{某作物生产费用总额 - 副产品价值}{某作物的主产品产量}$

B. 某作物的主产品单位成本 = $\dfrac{\text{某作物生产费用总额}}{\text{某作物的主产品产量}}$

C. 某作物的主产品单位成本 = $\dfrac{\text{某作物生产费用总额} + \text{副产品价值}}{\text{某作物的主产品产量}}$

D. 某作物的主产品单位成本 = $\dfrac{\text{某作物生产费用总额} + \text{副产品价值}}{\text{某作物的主副产品产量之和}}$

4. 在成熟生产性生物资产连续产生农产品期间，为了该农作物生存生产而发生的生产费用应借记（　　）科目。

　　A. 管理费用　　　　　　　　B. 农业生产成本
　　C. 生产性生物资产　　　　　D. A、B、C均可

5. 多次收获的多年生作物主产品单位产量成本计算公式正确的是（　　）。

A. $\dfrac{\text{多次收获的多年生作物}}{\text{主产品单位产量成本}} = \dfrac{\text{往年费用本年摊销额} + \text{本年累计生产费用} - \text{副产品价值}}{\text{本年主产品产量}}$

B. $\dfrac{\text{多次收获的多年生作物}}{\text{主产品单位产量成本}} = \dfrac{\text{本年累计生产费用} - \text{副产品价值}}{\text{本年主产品产量}}$

C. $\dfrac{\text{多次收获的多年生作物}}{\text{主产品单位产量成本}} = \dfrac{\text{往年费用本年摊销额} + \text{本年累计生产费用}}{\text{本年主产品产量}}$

D. $\dfrac{\text{多次收获的多年生作物}}{\text{主产品单位产量成本}} = \dfrac{\text{本年累计生产费用}}{\text{本年主产品产量}}$

6. 属于生产性生物资产的农作物每次收获的农产品实际成本从"农业生产成本"科目的贷方转（　　）科目的借方。

　　A. 周转材料　　B. 农产品　　C. 库存商品　　D. 消耗性生物资产

7. 玉米种植企业外购的玉米种子，按发生的实际购买成本记入（　　）账户的借方。

　　A. 库存商品　　B. 原材料　　C. 农业生产成本　　D. 消耗性生物资产

8. 农产品收获过程中发生的费用应记入（　　）账户的借方。

　　A. 农业生产成本　　B. 消耗性生物资产　　C. 农产品　　D. 原材料

二、多项选择题

1. 农业企业的生物资产可分为（　　）。

　　A. 消耗性生物资产　　B. 生产性生物资产　　C. 公益性生物资产　　D. 农产品

2. 农作物收获的具体情况不同，其成本的费用终止点的确定也不同。以下计入各种农作物成本的费用界限划分正确的有（　　）。

　　A. 粮豆的成本，算至入仓、入库或能够销售为止。从仓囤出库到市场上销售发生的包装费、运杂费等作销售费用处理

　　B. 不入库、入窖的鲜活产品的成本，算至销售为止；入库、入窖的鲜活产品的成本，算至入库、入窖为止

　　C. 棉花的成本，算至加工成皮棉为止。打包上交过程中发生的包装费、运杂费等作销售费用处理

D. 纤维作物、香料作物、人参、啤酒花等的成本，算至纤维等初级产品加工完成为止
3. 农业企业开设的成本项目有（　　）。
　　A. 直接材料　　　　B. 直接人工　　　　C. 其他直接费用　　D. 间接费用
4. 在进行农作物成本核算时需设置的账户一般有（　　）。
　　A. "农产品"账户　　　　　　　　　　B. "农业生产成本"账户
　　C. "消耗性生物资产"账户　　　　　　D. "生产性生物资产"账户
5. 消耗性生物资产主产品与副产品成本分配方法常用的有（　　）。
　　A. 估价法　　　　B. 比率法　　　　C. 系数法　　　　D. 平均分配法
6. 成熟的生产性生物资产在存续期内需要计提折旧，每年计提折旧时用到的账户是借记"农业生产成本"科目，贷记"生产性生物资产累计折旧"科目、（　　）。
　　A. "管理费用"账户　　　　　　　　　B. "农业生产成本"账户
　　C. "制造费用"账户　　　　　　　　　D. "生产性生物资产累计折旧"账户
7. 生产性生物资产根据是否达到预定的生产经营目的可分为（　　）。
　　A. 消耗性生物资产　　　　　　　　　B. 未成熟生产性生物资产
　　C. 成熟生产性生物资产　　　　　　　D. 农产品
8. 在进行保护地蔬菜栽培成本计算时，经常用到的成本指标有（　　）。
　　A. 每千克成本　　　　　　　　　　　B. 温床格日成本
　　C. 温室平方米日成本　　　　　　　　D. ABC 都是

三、判断题

1. 在进行成本核算时，生物资产和农产品没有本质的区分。（　　）
2. 农业种植企业的消耗性生物资产通常是一次性产出农产品，在收获农产品后该资产就不复存在。（　　）
3. 农业种植企业的消耗性生物资产与工业企业的一般存货性质是相同的。（　　）
4. 生产性生物资产具备自我生长性，属于有生命的劳动手段，等同于工业企业的固定资产。（　　）
5. 属于消耗性生物资产的农作物生产所发生的材料、人工、机械等一切费用都在"消耗性生物资产"科目的借方归集。（　　）
6. 当年生大田作物是指作物生长期不超过一年的农作物，一般属于消耗性生物资产。（　　）
7. 一次性收获的多年生农作物应按各年累计的生产费用计算成本。（　　）
8. 属于生产性生物资产的农作物每次收获的农产品实际成本从"农业生产成本"科目的贷方转入"农产品"科目的借方。（　　）
9. 多次收获的多年生作物，在提供农产品以前发生的费用，应作为"生产性生物资产"处理。（　　）
10. 属于生产性生物资产的农作物每次收获的农产品实际成本应从"农业生产成本"科目的借方转入"农产品"科目的贷方。（　　）

四、简答题

1. 生物资产与农产品有何关系？
2. 如何确定农业生产的成本计算对象？
3. 属于消耗性生物资产和生产性生物资产的农作物，其成本的归集和分配有何区别？
4. 露地蔬菜栽培与保护地蔬菜栽培，其产品成本计算方法有什么不同？
5. 多年生作物的产品成本如何计算？

第七篇

成本报表编制与分析

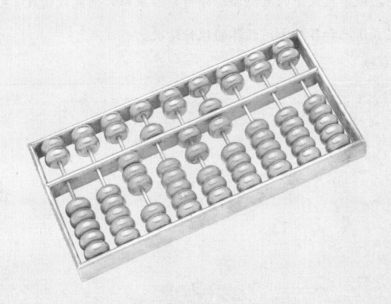

【知识目标】

1. 了解成本报表的特点和作用及成本报表分析的意义和内容。
2. 熟悉成本报表的种类及编制要求。
3. 掌握各种成本报表的结构、内容和编制方法。
4. 掌握各种成本报表分析的具体方法。

【能力目标】

1. 能够熟练编制产品生产成本表、主要产品单位成本表、制造费用明细表等成本类报表。
2. 能够利用成本报表中的数据合理分析产品成本计划完成情况、主要产品单位成本计划完成情况和各种费用预算的执行情况。

项目十九
成本报表编制

一、成本报表概述

（一）成本报表的含义及作用

成本报表是企业根据日常成本、费用核算资料及其他相关资料编制的用来反映企业一定时期产品成本和期间费用水平及其构成情况的书面报告文件。编制成本报表是成本会计工作的一项重要内容。

成本报表是企业为满足自身管理需要而编制的内部会计报表。它是企业成本信息的主要载体，主要目的是向企业管理层、内部各管理职能部门和员工提供成本信息，以加强成本管理，提高经济效益。

其具体作用概括起来有以下几个方面。

（1）企业各级管理部门利用和分析成本报表，可以了解企业一定时期内的产品成本水平及费用支出情况，以及企业执行成本计划的情况。

（2）根据成本报表，可以考核和分析企业成本计划的执行情况。

（3）根据成本报表提供的信息，可以定期评价和考核各有关部门和人员执行成本计划或预算的成绩和责任，保证企业降低成本任务的完成。

（4）成本报表可以为企业编制下一期成本计划提供参考依据。

（5）成本报表提供的实际产品成本和费用支出的资料，可以满足企业、车间和部门加强日常成本、费用管理的需要，也是企业进行成本预测和决策、编制产品成本计划和各项费用计划、制订产品价格的重要依据。

（二）成本报表的分类

成本报表可以按不同的标准进行分类。

1. 按报表反映的内容分类

1)反映企业产品成本水平及其构成情况的报表

反映企业产品成本水平及其构成情况的报表主要有"产品生产成本表"和"主要产品单位成本表"。通过这些报表可分析成本计划的执行情况,分析成本项目的构成情况。

2)反映企业费用水平及其构成情况的报表

反映企业费用水平及其构成情况的报表主要有"制造费用明细表""管理费用明细表""销售费用明细表""财务费用明细表"。通过这些报表可以反映企业一定时期内费用支出的总额及其构成情况,了解费用支出的合理程度和变动趋势,分析各项指标消耗完成情况,为企业制订下期的费用预算提供依据。

3)反映成本管理专题的报表

反映成本管理专题的报表可以根据企业的生产特点和管理需要灵活设置,如设置"责任成本报表""质量成本报表""生产情况表""材料耗用表""材料差异分析表"等。这类报表属于专题报表,主要反映在生产中影响产品生产成本的某些特定的重要问题,一般依据实际需要灵活设置。

2. 按报表编制的时间分类

1)定期报表

定期报表是指按规定期限报送的成本报表。按报送期限长短,定期报表可分为年报、季报、月报、旬报、周报和日报。其中,旬报、周报和日报是为了及时反馈某些重要的成本信息,以便管理部门采取相应对策而编制的。在通常情况下,"产品生产成本表""主要产品单位成本表""制造费用明细表"等都是定期报表。

2)不定期报表

不定期报表是指针对成本费用管理中出现的某些问题或急需解决的问题而随时按要求编制的有关成本报表。不定期报表可以及时反映和反馈成本信息,揭示存在的问题,促使有关部门和人员及时采取措施,改进工作,提高效率,控制费用的发生,达到降低成本、节约费用支出的目的。如在成本管理工作中出现金额较大的内部故障成本,应编制质量成本报表反馈到有关部门,及时解决问题。

(三)成本报表的特点

与财务会计报表相比,成本报表属于内部报表,具有如下特点。

1. 成本报表是为企业内部经营管理的需要而编制的

企业对外提供的会计报表包括资产负债表、利润表、现金流量表、所有者权益（或股东权益）变动表及附注，其服务对象主要是投资者、债权人等外部使用者。

在市场经济条件下，激烈的商业竞争使得企业的产品成本和期间费用水平及其构成情况成为商业秘密，不便于对外公开。成本报表作为内部报表，其主要作用是为企业内部经营管理服务，满足企业内部管理层和各部门、车间对成本信息的需求。

2. 成本报表的种类、格式和内容由企业自行决定

企业对外提供的会计报表，其种类、格式、内容及报送对象等均由国家统一规定，企业不能随意改动。

而成本报表作为内部报表，其报表的种类、格式、内容等都由企业根据需要自行设计和决定，并且随着生产条件的变化和管理要求的提高，可以随时修改和调整，因而具有较大的灵活性和多样性。

3. 成本报表更注重时效性

对外报表一般都是定期编制和报送的，而作为对内报表的成本报表，除了为满足定期考核、分析成本计划的完成情况，定期编报一些报表外，为了及时反映和反馈成本信息，揭示在成本管理工作中存在的问题，还可以采用日报、周报或旬报的形式，定期或不定期地向管理层和有关部门、人员编报成本报表，尽可能使报表提供的信息与报表反映的内容在时间上保持一致，以发挥成本报表及时指导企业成本管理工作的作用。

（四）成本报表的编制要求

1. 数字准确

数字准确是企业编制成本报表的基本要求。成本报表作为提供企业一定时期成本资料的主要载体，数字必须真实和准确，如果数据失真、不准确，就无法发挥成本报表的作用，直接影响企业管理层正确地进行成本分析和成本决策。因此，企业在编制成本报表前，应将所有的经济业务登记入账，应核对各种账簿之间的记录，做到账账相符；认真清查财产物资，做到账实相符；报表编制完毕，要核对账表资料，做到账表相符，表表相符。

2. 内容完整

成本报表内容完整包括两方面的含义：一方面，成本报表作为一个报表体系，其完整性主要体现为有关报表之间存在内在联系；另一方面，每一张具体的成本报表，表内各项目之间也存在一定的内在联系。因此，在编制成本报表时，应编制的各种成本报表必须齐全；应填列的指标和文字说明必须全面；表内项目和表外补充资料不论是根据账簿资料直接填列，还是分析计算的结果填列，都应当准确无误，不得随意取舍。

3. 编报及时

成本报表有些是定期编制的，有些是不定期编制的。无论是定期编制还是不定期编制，都要求会计部门及时编制成本报表，及时报送相关管理部门和领导，以发挥成本控制和考核的作用。成本报表编报拖延，可能失去其相关性或有用性，影响使用者的决策。在通常情况下，对于月报、季报、年报的时间，企业可根据需要明确规定。

4. 符合重要性原则

企业成本费用复杂多样，成本报表披露的成本信息应符合重要性原则，在报表种类和项目设计上应简明扼要、突出重点，反映主要的成本费用的耗费和构成情况。对于重要的项目（如重要的成本、费用项目），在成本报表中应单独列示，以显示其重要性；对于次要的项目，可以合并反映。

二、编制成本报表

（一）产品生产成本表的编制

产品生产成本表是反映企业报告期内生产的全部产品总成本和各种主要产品单位成本和总成本的报表。

（1）编制产品生产成本表的作用：可以了解企业产品成本发生的全貌及其变动趋势，考核各种产品成本计划的执行情况；利用产品生产成本表，可以分析各成本项目的构成及其变化情况，揭示成本差异，挖掘潜力，降低产品成本；利用产品生产成本表提供的成本信息资料可预测企业未来产品生产成本水平并确定合理的目标成本。

（2）编制产品生产成本表的依据：上年和本年产品成本计算单（或生产成本明细账）；在产品和自制半成品等期末存货盘存资料；有关产量统计资料；产品的计划和定额成本资料及有关经济技术资料等。

企业根据管理的需要可以编制按产品种类（分可比产品和不可比产品）反映的产品生产成本表，也可以编制按成本项目反映的产品生产成本表，还可以编制按成本性态反映的产品生产成本表及按主要产品和非主要产品反映的全部产品的产品生产成本表。

1. 按产品种类反映的产品生产成本表的编制

按产品种类反映的产品生产成本表是按照产品类别汇总反映企业报告期内生产的全部产品的单位成本和总成本的报表。

1）按产品种类反映的产品生产成本表的结构

按产品种类反映的产品生产成本表分为基本报表和补充资料两部分。

（1）基本报表。基本报表部分将企业的全部产品分为可比产品和不可比产品两大类，并分别反映各种产品的实际产量、单位成本、本月总成本和累计总成本四项内容。

可比产品是指以前年度或上年度曾经正式生产过，具有较完整的成本资料可进行比较的产品。不可比产品是指以前年度或上年度未正式生产过，没有较完整的成本资料可进行比较的产品。对可比产品来说，因需要同上年度实际成本进行比较，所以表中不仅要列示本期的计划成本和实际成本，还要列示按上年实际平均单位成本计算的总成本。对不可比产品来说，由于没有上年的实际单位成本可比，所以只列示计划成本和本期实际成本。

（2）补充资料。补充资料部分包括可比产品成本降低额和可比产品成本降低率，列示在基本报表的下端。

2）按产品种类反映的产品生产成本表的编制方法

（1）基本报表。基本报表部分的编制方法如下。

① "产品名称"按企业所生产的各种可比产品和不可比产品的名称填列。

② "实际产量"中的"本月"和"本年累计"，分别根据产品成本计算单的本月和从年初起至本月末止各种产品的实际产量填列，也可以根据"库存商品明细账"中有关完工入库产品数量资料填列。

③ "单位成本"中的"上年实际平均"根据上年本表年末的"本年累计实际平均"填列；"本年计划"根据企业成本计划填列；"本月实际"和"本年累计实际平均"分别根据各种产品成本计算单的本月和从年初起至本月末止各种产品的总成本计算并填列。

$$某产品本月实际单位成本 = \frac{该产品本月实际总成本}{该产品本月实际产量}$$

$$某产品本年累计实际平均单位成本 = \frac{该产品本年累计实际总成本}{该产品本年累计实际产量}$$

④ "本月总成本"按各种产品本月实际产量分别乘以上年实际平均单位成本、本年计划单位成本和本月实际单位成本计算并填列。

⑤ "本年累计总成本"按各种产品本年累计实际产量分别乘以上年实际平均单位成本、本年计划单位成本和本年累计实际平均单位成本计算并填列。在实际工作中，各月的各种产品的总成本可以从产品成本计算单中取得，而"本年累计实际"总成本可以根据上个月该表本栏数据加上"本月实际"总成本之和填列。

（2）补充资料。补充资料部分的各项目分别按照下列公式计算并填列。

$$可比产品成本降低额 = 可比产品按上年实际平均单位成本计算的本年累计总成本 - 可比产品本年累计实际总成本$$

$$可比产品成本降低率 = \frac{可比产品成本降低额}{可比产品按上年实际平均单位成本计算的本年累计总成本} \times 100\%$$

如果本年可比产品成本比上年不是降低而是升高，上列成本的降低额和降低率应用负数填列。

【例7-1】正大公司有一个基本生产车间，20××年生产甲、乙、丙三种产品，其中甲、乙产品为可比产品，丙产品本年新投入生产，为不可比产品，相关资料见表7-1。

表7-1 产品产量及单位成本表

产品名称	产量/件		单位成本/元		总成本/元	
	12月	本年累计实际	上年实际	本年计划	12月实际	本年累计实际
甲产品	270	3 250	800	780	207 900	2 567 500
乙产品	240	2 880	700	690	163 200	1 972 800
丙产品	100	1 100		500	51 000	563 200

根据表7-1编制的正大公司的产品生产成本表见表7-2。

表7-2 产品生产成本表(按产品种类反映)

编制单位：正大公司　　　　　20××年12月　　　　　　　　　　单位：元

产品名称	计量单位	实际产量		单位成本				本月总成本			本年累计总成本		
		本月	本年累计	上年实际平均	本年计划	本月实际	本年累计实际平均	按上年实际平均单位成本计算	按本年计划单位成本计算	本月实际	按上年实际平均单位成本计算	按本年计划单位成本计算	本年累计实际
		①	②	③	④	⑤=⑨/①	⑥=⑫/②	⑦=①×③	⑧=①×④	⑨	⑩=②×③	⑪=②×④	⑫
可比产品合计								384 000	376 200	371 100	4 616 000	4 522 200	4 540 300
其中：甲产品	件	270	3 250	800	780	770	790	216 000	210 600	207 900	2 600 000	2 535 000	2 567 500
乙产品	件	240	2 880	700	690	680	685	168 000	165 600	163 200	2 016 000	1 987 200	1 972 800
不可比产品合计									50 000	51 000		550 000	563 200
其中：丙产品	件	100	1 100		500	510	512		50 000	51 000		550 000	563 200
全部产品成本									426 200	422 100		5 072 200	5 103 500

补充资料：可比产品成本降低额=4 616 000-4 540 300=75 700（元）

$$\text{可比产品成本降低率} = \frac{75\,700}{4\,616\,000} \times 100\% = 1.64\%$$

2. 按成本项目反映的产品生产成本表的编制

按成本项目反映的产品生产成本表是按成本项目汇总反映企业在报告期内发生的全部生产费用及全部产品生产成本合计数的报表。

1）按成本项目反映的产品生产成本表的结构

按成本项目反映的产品生产成本表，其基本结构由生产费用和产品生产成本两部分组成。

（1）生产费用部分按照成本项目反映报告期内发生的各种生产费用及其合计数。

（2）产品生产成本是在本期发生的生产费用基础上加上在产品和自制半成品的期初余额，再减去在产品和自制半成品的期末余额计算出来的。

按成本项目反映的产品生产成本表的生产费用部分和产品生产成本部分分别按照上年实际、本年计划、本月实际和本年累计实际进行反映。

2）按成本项目反映的产品生产成本表的编制方法

（1）"上年实际"根据上年 12 月本表的本年累计实际数填列。

（2）"本年计划"根据年初本年成本项目计划有关资料填列。

（3）"本月实际"根据各种产品成本计算单（或基本生产成本明细账）中本月生产费用合计数，按照成本项目分别汇总填列。

（4）"本年累计实际"根据本月实际数加上上月本表的本年累计实际数计算并填列。

（5）期初、期末在产品和自制半成品余额，根据各种产品成本计算单（或基本生产成本明细账）的期初、期末在产品成本和各种自制半成品明细账的期初、期末余额，分别汇总填列。

（6）"产品生产成本合计"根据表中的生产费用合计数，加、减在产品、自制半成品期初、期末余额计算求得。

【例 7-2】正大公司 20××年 12 月按成本项目编制的产品生产成本表见表 7-3。

表 7-3　产品生产成本表（按成本项目反映）

编制单位：正大公司　　　　　　　　20××年 12 月　　　　　　　　单位：元

项目	上年实际	本年计划	本月实际	本年累计实际
直接材料	2 235 000	2 537 100	213 600	2 568 260
直接人工	1 465 140	1 620 420	148 900	1 618 420
制造费用	956 360	948 000	105 800	946 820
生产费用合计	4 656 500	5 105 520	468 300	5 133 500
加：在产品、自制半成品期初余额	40 500	78 540	66 550	78 900
减：在产品、自制半成品期末余额	81 000	111 860	112 750	108 900
产品生产成本合计	4 616 000	5 072 200	422 100	5 103 500

（二）主要产品单位成本表的编制

主要产品单位成本表是反映企业报告期内生产的各种主要产品单位成本水平及其构成情况的报表。它是企业生产成本中某些主要产品成本的进一步反映，是对全部产品生产成本表的补充说明。

（1）主要产品单位成本表的作用：可以按照成本项目考核主要产品单位成本计划的执行结果，分析各项单位成本节约或超支的原因；可以按照成本项目将本月实际单位成本和本年累计实际平均单位成本与上年实际平均单位成本和历史先进单位成本进行对比，了解产品单位成本变化、发展趋势；可以考核和分析主要产品的主要技术经济指标的执行情况。

（2）主要产品单位成本表的编制依据：有关产品成本计算单、库存商品明细账资料、成本计划、历年有关成本资料、上年度本表有关资料及产品产量、原材料和生产工时的消耗量等资料。

1. 主要产品单位成本表的结构

主要产品单位成本表应按主要产品分别编制，该表分为上下两部分。

（1）上半部分按成本项目来反映历史先进水平、上年实际平均、本年计划、本月实际和本年累计实际平均的单位成本。

（2）下半部分按主要技术经济指标来反映历史先进水平、上年实际平均、本年计划、本月实际和本年累计实际平均的单位用量。

2. 主要产品单位成本表的编制方法

1）上半部分

（1）"本月计划产量"和"本年累计计划产量"分别根据本月和本年产品产量计划填列。

（2）"本月实际产量"根据"库存商品明细账"或"产品成本汇总表"填列。

（3）"本年累计实际产量"根据上月本表的本年累计实际产量加上本月实际产量计算并填列。

（4）"产品销售单价"根据产品定价表填列。

2）下半部分

主要技术经济指标反映单位产品所耗用的各种原材料的数量和生产工时等，应按照企业自己确定的或企业主管部门规定的指标名称和填列方法填列。

（1）"成本项目"按照财政部门和企业主管部门的规定填列。

（2）"历史先进水平"反映本企业历史上该种产品成本最低年度的实际平均单位成本和实际单位耗用量，应根据企业成本和实际单位耗用量最低年度相关资料填列。

（3）"上年实际平均"反映上年各成本项目的实际平均单位成本和单位耗用量，应根据企业上年度本表的本年累计实际平均单位成本和实际单位耗用量的资料进行填列。

（4）"本年计划"反映成本计划规定的各成本项目的单位成本和单位耗用量，应根据企业本年计划资料进行填列。

（5）"本月实际"反映本月各成本项目的单位成本和单位耗用量，应根据本月产品成本计算单或产品成本汇总表等资料进行填列。

（6）"本年累计实际平均"反映本年年初至本月月末该种产品的实际平均单位成本和单位耗用量，应根据本年年初至本月月末已完工入库产品的总成本除以本年累计实际产量计算并填列。

表中所列产品如为不可比产品，则不填列上述"历史先进水平"和"上年实际平均"的单位成本和单位耗用量。

表中按成本项目反映的"上年实际平均""本年计划""本年累计实际平均"的单位成本合计，应与产品生产成本表中的该产品各单位成本金额分别相等。

【例 7-3】 现以正大公司 20××年 12 月甲产品为例编制主要产品单位成本表，见表 7-4。

表 7-4 主要产品单位成本表

产品名称：甲产品　　　　　　　　本月计划产量：265 件　　　　　　　本月实际产量：270 件
产品规格：　　　　　　　　　　　本年累计计划产量：3 240 件　　　　　本年累计实际产量：3 250 件
产品销售单价：2 000 元　　　　　　　　　　　　　　　　　　　　　　　　　　　　　单位：元

成本项目		历史先进水平	上年实际平均	本年计划	本月实际	本年累计实际平均
直接材料		379	376	368	362	380
直接人工		257	264	260	261	262
制造费用		158	160	152	147	148
产品单位成本		794	800	780	770	790
主要技术经济指标	计量单位	耗用量	耗用量	耗用量	耗用量	耗用量
材料 A	千克	61	65	62	56	56
材料 B	千克	60	62	65	64	64
工时	时	9	11	10	8	8

（三）费用明细表的编制

费用明细表包括制造费用明细表和管理费用明细表、销售费用明细表、财务费用明细表。后三者又被称为期间费用明细表。

1. 制造费用明细表

制造费用明细表是反映企业生产车间在报告期内发生的全部制造费用及其构成情况的报表。利用制造费用明细表可以了解报告期内制造费用的实际支出水平，考核制造费用预算的执行结果，分析制造费用的构成和增减变动情况，以便进一步采取有效措施，加强对制造费用的管理和控制，从而降低产品生产成本。

1）制造费用明细表的结构和内容

制造费用明细表按照制造费用各明细项目分别反映各项目的本年计划、上年实际、本月实际、本年累计实际。

制造费用明细表只反映基本生产车间制造费用，不包括辅助生产车间制造费用。企业为了反映各基本生产车间一定期间内制造费用预算的完成情况，通常分车间按月编制制造费用明细表，在某些季节性生产企业也可按年编制。

2）制造费用明细表的编制方法

（1）为保持各报告期之间相关数据的可比性，制造费用明细表中的费用明细项目可参照财政部门有关制度的规定,也可根据企业自身的实际情况增减,但不宜经常变动。如果制造费用明细表中所列费用项目与上年度的费用项目在名称和内容上不一致,应对上年度的各项数字按本年度表内的项目进行调整。

(2)"本年计划"根据本年制造费用预算填列。

(3)"上年实际"根据上年度12月本表的"本年累计实际"有关数据填列。

(4)"本月实际"根据基本生产车间制造费用明细账中各费用项目的本月发生额填列。

(5)"本年累计实际"根据基本生产车间制造费用明细账中各费用项目本年累计发生额填列,也可以将上月本年累计实际加上本月实际数计算并填列。

【例7-4】正大公司20××年12月基本生产车间制造费用明细表,见表7-5。

表7-5 制造费用明细表

编制单位:正大公司　　　　　　　　　20××年12月　　　　　　　　　单位:元

项目	本年计划	上年实际	本月实际	本年累计实际
职工薪酬	268 900	269 700	22 400	268 700
折旧费	324 500	323 600	27 000	324 700
办公费	83 740	83 900	6 950	83 520
水电费	95 630	95 100	7 910	95 740
机物料消耗	52 310	52 400	4 360	52 310
差旅费	18 760	18 800	1 500	18 250
保险费	12 000	11 500	1 000	12 000
劳动保护费	25 300	25 360	2 100	25 350
租赁费	8 000	7 000	650	7 960
运输费	16 500	16 600	1 380	16 580
其他	5 700	5 800	480	5 650
合计	911 340	909 760	75 730	910 760

2. 管理费用明细表

管理费用明细表是反映企业在报告期内发生的全部管理费用及其构成情况的报表。利用管理费用明细表可以了解报告期内企业管理费用的实际支出水平,据以考核管理费用预算的执行结果,分析评价管理费用的构成情况和变化趋势,加强管理费用的管理和控制。

1)管理费用明细表的结构和内容

管理费用明细表按照管理费用各明细项目分别反映各项目的本年计划、上年实际、本月实际、本年累计实际。

管理费用明细表一般按月编制,在某些季节性生产企业也可按年编制。

2)管理费用明细表的编制方法

(1)"本年计划"根据本年度管理费用预算或计划资料填列。

(2)"上年实际"根据上年度12月本表的"本年累计实际"有关数据填列。如果表内费用项目在名称和内容上与上年度的不一致,应对上年度的各项数字按本年度表内的项目进行调整。

(3)"本月实际"根据管理费用明细账中各费用项目的本月发生额填列。

(4)"本年累计实际"根据管理费用明细账中各费用项目本年累计发生额填列,也可以将上月本年累计实际加上本月实际数计算并填列。

【例7-5】正大公司20××年12月管理费用明细表,见表7-6。

表7-6 管理费用明细表

编制单位:正大公司　　　　　　　20××年12月　　　　　　　单位:元

项目	本年计划	上年实际	本月实际	本年累计实际
职工薪酬	323 600	323 510	26 900	323 690
折旧费	187 530	187 530	15 620	187 520
办公费	21 450	21 360	1 800	21 400
水电费	13 760	13 650	1 150	13 700
机物料消耗	6 480	6 500	540	6 470
周转材料摊销	3 680	3 600	310	3 650
差旅费	96 750	96 800	8 000	96 600
保险费	8 880	8 880	740	8 880
劳动保护费	17 600	17 800	1 470	17 530
租赁费	0	0	0	0
运输费	57 600	57 530	4 800	57 620
修理费	13 590	13 500	1 140	13 490
业务招待费	35 700	35 790	3 000	35 610
无形资产摊销	21 000	21 100	1 750	21 000
存货盘亏、毁损	300	280	50	260
研究开发费	43 600	43 530	3 600	43 500
技术转让费	0	0	0	0
咨询费	0	0	0	0
诉讼费	0	0	0	0
排污费	7 800	7 730	680	7 810
税金	36 420	36 480	3 000	36 400
其他	6 570	6 500	550	6 590
合计	902 310	902 070	75 100	901 720

3. 销售费用明细表

销售费用明细表是反映企业在报告期内发生的全部产品销售费用及其构成情况的报表。利用销售费用明细表可以了解报告期内企业销售费用的实际支出水平,据以考核销售费用预算的执行结果,分析评价销售费用的构成情况和变化趋势,加强销售费用的管理和控制。

1）销售费用明细表的结构和内容

销售费用明细表按照销售费用各明细项目分别反映各项目的本年计划、上年实际、本月实际、本年累计实际。

销售费用明细表一般按月编制，在某些季节性生产企业也可按年编制。

2）销售费用明细表的编制方法

(1)"本年计划"根据本年度销售费用预算或计划资料填列。

(2)"上年实际"根据上年度12月本表的"本年累计实际"有关数据填列。如果表内费用项目在名称和内容上与上年度的不一致，应对上年度的各项数字按本年度表内的项目进行调整。

(3)"本月实际"根据销售费用明细账中各费用项目的本月发生额填列。

(4)"本年累计实际"根据销售费用明细账中各费用项目本年累计发生额填列，也可以将上月本年累计实际加上本月实际数计算并填列。

【例7-6】正大公司20××年12月销售费用明细表，见表7-7。

表7-7 销售费用明细表

编制单位：正大公司　　　　　　　　20××年12月　　　　　　　　单位：元

项目	本年计划	上年实际	本月实际	本年累计实际
职工薪酬	176 950	176 990	14 700	176 900
折旧费	96 260	96 300	8 000	96 200
办公费	15 870	15 960	1 330	15 800
水电费	9 580	9 500	790	9 600
租赁费	7 300	7 400	610	7 300
周转材料摊销	8 920	8 970	750	8 900
差旅费	14 300	14 390	1 200	14 380
保险费	5 630	5 630	450	5 700
修理费	3 490	3 500	290	3 430
包装费	16 570	16 640	1 390	16 510
运输费	18 950	19 050	1 580	19 090
装卸费	5 750	5 800	480	5 840
广告费	11 360	11 400	950	11 300
展览费	6 680	6 570	550	6 750
其他	1 540	1 590	127	1 520
合计	399 150	399 690	33 197	399 220

4. 财务费用明细表

财务费用明细表是反映企业在报告期内发生的全部财务费用及其构成情况的报表。利用财务费用明细表可以了解报告期内企业财务费用的实际支出水平，据以考核财务费用预算的执行结果，分析评价财务费用的构成情况和变化趋势，加强财务费用的管理和控制。

1) 财务费用明细表的结构和内容

财务费用明细表按照财务费用各明细项目分别反映各项目的本年计划、上年实际、本月实际、本年累计实际。

财务费用明细表一般按月编制,在某些季节性生产企业也可按年编制。

2) 财务费用明细表的编制方法

(1) "本年计划"根据本年度财务费用预算或计划资料填列。

(2) "上年实际"根据上年度12月本表的"本年累计实际"有关数据填列。如果表内费用项目在名称和内容上与上年度的不一致,应对上年度的各项数字按本年度表内的项目进行调整。

(3) "本月实际"根据财务费用明细账中各费用项目的本月发生额填列。

(4) "本年累计实际"根据财务费用明细账中各费用项目本年累计发生额填列,也可以将上月本年累计实际加上本月实际数计算并填列。

【例7-7】正大公司20××年12月财务费用明细表,见表7-8。

表7-8 财务费用明细表

编制单位:正大公司　　　　　　　　20××年12月　　　　　　　　　　单位:元

项目	本年计划	上年实际	本月实际	本年累计实际
利息支出(减利息收入)	3 690	3 700	300	3 620
汇兑损失(减汇兑收益)	2 750	2 700	220	2 760
金融机构手续费	960	970	80	953
现金折扣	600	550	60	580
其他	1 300	1 270	100	1 260
合计	9 300	9 190	760	9 173

实务训练

实训一　成本报表编制训练

1. 资料

永丰公司20××年生产甲、乙、丙三种产品,其中丙产品为不可比产品,有关资料见表7-9。

表 7–9　产品生产成本表（按产品种类反映）

编制单位：永丰公司　　　　　　　　　　　20××年12月

产品名称	计量单位	实际产量	单位成本/元			本年总成本/元		
			上年实际	本年计划	本年实际	按上年实际单位成本计算	按本年计划单位成本计算	本年累计实际
可比产品								
其中：甲产品	件	900	800	780	760			
乙产品	件	500	500	480	470			
不可比产品								
其中：丙产品	件	7 800		1 480	1 485			
全部产品成本								

2. 要求

计算并填列产品生产成本表的有关数据，完善产品生产成本表的编制。

实训二　成本指标计算训练

1. 资料

新华公司20××年12月产品生产成本表中列示全部可比产品的本年累计实际总成本为347 000元，按本年计划单位成本计算的本年累计总成本为349 600元，按上年实际平均单位成本计算的本年累计总成本为351 200元。

2. 要求

计算该公司20××年可比产品的实际成本降低额和实际成本降低率。

项目二十
成本报表分析

一、成本报表分析概述

（一）成本报表分析的意义

成本报表分析是企业根据成本报表和其他相关资料，运用一系列专门方法，对成本费用水平及其构成情况进行分析和评价，查明成本费用升降的具体原因，寻找降低成本费用途径的一项管理活动。

成本报表分析是成本核算工作的继续，是成本会计内容的重要组成部分。成本报表分析属于事后分析，可以了解企业成本费用计划的完成情况，分析成本费用计划或定额是否符合现实核算的要求；便于分析成本费用计划完成或未完成的原因，找出主要影响因素，寻求进一步降低成本费用的有效途径和措施；便于对成本控制和管理的各环节、部门进行考核和评价，发现问题，不断挖掘潜力、降低成本，提高企业经济效益。

（二）成本报表分析的内容

（1）全部产品成本计划完成情况分析。
（2）可比产品成本降低计划完成情况分析。
（3）主要产品单位成本计划完成情况分析和主要产品单位成本项目分析。
（4）制造费用预算执行情况分析。
（5）期间费用预算执行情况分析。

（三）成本报表分析的方法

成本报表分析的方法很多，具体选用哪种方法，取决于企业成本分析的目的、成本管理的要求、成本费用形成的特点，以及成本分析所依据的资料等。常用的成本报表分析方法有比较分析法、比率分析法和因素分析法。

1. 比较分析法

比较分析法又叫对比分析法，它是一种将本期实际指标与不同时期的指标进行对比来揭示数量差异，以便于进一步分析差异产生原因的分析方法。

比较分析法是一种绝对数的对比分析法，只适用于同质指标的数量对比。进行对比分析时，应注意相比指标的可比性。可比的共同基础包括经济内容、计算方法、计算期和影响指标形成的客观条件等。若指标不可比，应先按可比的口径进行调整，然后再进行对比。比较分析法有以下几种对比形式。

（1）本期实际指标与计划指标对比：本期实际指标与计划指标对比，可揭示实际成本与计划成本的差异，分析成本计划的完成情况。

（2）本期实际指标与前期实际指标对比：前期实际指标可以是上期实际、上年同期实际或历史最好水平。通过本期实际指标与前期实际指标对比，可以反映成本费用变动的趋势，了解企业经济业务的发展变化情况和生产经营工作的改进情况。在有关成本费用的计划资料不全或质量不高时，这种比较尤为重要。

（3）本期实际指标与同行业指标对比：本期实际指标与同行业实际平均指标、本行业先进水平指标横向对比，可以在更大的范围内找出本企业的差距，确定企业成本管理水平在同行业、同类企业中的位置。

2. 比率分析法

比率分析法是一种通过计算和对比各项指标之间的相对数即比率来考察企业经济活动相对效益的分析方法。采用这一方法，首先要把对比的数值变成相对数，求出比率，然后再进行对比分析。

比率分析法主要有相关比率分析法、构成比率分析法和动态比率分析法。

1）相关比率分析法

相关比率分析法是将两个性质不同但又相关的指标进行对比求出比率，然后再以实际数与计划（或前期实际）数进行对比分析来反映企业效益的好坏，以便从经济活动的客观联系中，更深入地认识企业的生产经营状况的一种方法。计算的相关比率有产值成本率、销售成本率和成本利润率。

计算公式如下：

$$产值成本率 = \frac{产品成本}{产品产值} \times 100\%$$

$$销售成本率 = \frac{产品成本}{产品销售收入} \times 100\%$$

$$成本利润率 = \frac{产品销售利润}{产品成本} \times 100\%$$

由上述计算公式可知，产值成本率和销售成本率高的企业经济效益差；反之，则企业经济效益好。成本利润率则相反，成本利润率高的企业经济效益好；反之，则企业经济效益差。

进行分析时，还应将各种比率的本期实际数与计划数或前期实际数进行对比来揭示其变动的差异,为进一步进行差异分析指明方向。

2)构成比率分析法

构成比率分析法又称结构比率分析法或比重分析法,是通过计算某项指标的各个组成部分占总体的比重,即部分与全部的比率来进行数量分析的一种方法。构成比率包括将构成产品成本的各个成本项目与产品成本总额相比计算出的产品成本的构成比率、管理费用占期间费用的比率、制造费用各费用项目占制造费用总额的比率等。通过计算这些比率并将不同时期的成本、费用构成比率进行对比,可以反映企业产品成本或费用总额的构成是否合理,构成内容发生了怎样的变化。

计算公式如下:

$$产品成本构成比率 = \frac{直接材料(或直接人工或制造费用)}{产品成本总额} \times 100\%$$

$$制造费用构成比率 = \frac{某费用项目数额}{制造费用总额} \times 100\%$$

$$期间费用构成比率 = \frac{管理费用(或销售费用或财务费用)}{期间费用总额} \times 100\%$$

3)动态比率分析法

动态比率分析法又称趋势比率分析法,是将不同时期同类指标的数值进行对比以反映、分析对象的增减速度和变动趋势,从中发现企业在生产经营方面的问题和不足的一种分析方法。动态比率分为定基比率和环比比率两种形式。

计算公式如下:

$$定基比率 = \frac{分析期数额}{固定期数额} \times 100\%$$

$$环比比率 = \frac{分析期数额}{前一期数额} \times 100\%$$

3. 因素分析法

因素分析法是将某一综合指标分解为若干相互联系的因素,并分别计算、分析各因素变动对该项综合指标影响程度的一种分析方法。

采用比较分析法和比率分析法可以揭示实际数与基数之间的差异,但不能揭示产生差异的因素和各因素的影响程度,而采用因素分析法就可以解决这一问题,从而找出主要矛盾,明确进一步调查研究的主要方向。因素分析法主要有连环替代法和差额分析法。

1)连环替代法

连环替代法是根据因素之间的内在依存关系,依次测定各因素变动对综合指标差异影响的一种分析方法。采用连环替代法的前提条件是综合指标与它的构成因素之间必须有因果关系并能够构成一种代数式。

连环替代法的一般计算程序如下。

(1) 分解指标因素并确定各因素的排列顺序。将综合指标进行分解,找出与该指标有因果关系的构成因素,然后按各构成因素的内在逻辑关系确定排列顺序。采用连环替代法,构成因素的排列顺序不同,其计算结果就会不同。顺序排列确定的原则:先数量因素,后质量因素;先实物量和劳动量因素,后价值量因素;先主要因素,后次要因素。

(2) 确定分析对象。

(3) 确定比较的标准数据。比较的标准数据多以本期计划数或前期实际数来确定。只有标准数据确定了,才便于后面各项因素的基数替换计算。

(4) 按照顺序依次逐项进行基数替换,确定影响程度。按顺序将前面一项因素的基数替换为实际数,将再次替换以后的计算结果与前一次替换以后的计算结果进行对比,顺序计算每项因素的影响程度,有几项因素就替换几次。

(5) 汇总并验算影响结果。将各项因素单独变动对差额的影响数汇总相加以后,与"实际期—基期"的差额,即指标变动的总差异额进行核对,两数应该相符。

【例7-8】正大公司20××年12月生产甲产品耗用B材料的有关资料见表7-8。

表7-10 正大公司B材料耗用表

20××年12月

项目	单位	计划数	实际数	差异
产品产量	件	265	270	+5
单位产品材料耗用量	千克	65	64	-1
材料单价	元	2.8	2.7	-0.1
材料费用总额	元	48 230	46 656	-1 574

根据上述资料,采用连环替代法分析各个因素对B材料费用总额的影响。

(1) 分解指标因素,确定各因素的排列顺序。

材料费用总额=产品产量×单位产品材料耗用量×材料单价

(2) 确定分析对象。

材料成本差异=46 656-48 230=-1 574(元)

(3) 确定标准数据。

计划材料费用总额=265×65×2.8=48 230(元)

(4) 依次逐项进行基数替换,确定影响程度。

第一次替换:以甲产品的实际产量替换计划产量。

270×65×2.8=49 140(元)

产量变动对材料费用总额的影响:

49 140-48 230=910(元)

第二次替换:以甲产品的实际单位产品材料耗用量替换计划单位产品材料耗用量。

270×64×2.8=48 384(元)

单位产品材料耗用量变动对材料费用总额的影响:

$$48\,384 - 49\,140 = -756（元）$$

第三次替换：以甲产品的实际材料单价替换计划材料单价。
$$270 \times 64 \times 2.7 = 46\,656（元）$$

材料单价变动对材料费用总额的影响：
$$46\,656 - 48\,384 = -1\,728（元）$$

（5）汇总并验算影响结果。
$$910 + (-756) + (-1\,728) = -1\,574（元）$$

此结果正好与材料费用总额差异相等。由以上计算结果可以看出，本月甲产品耗用 B 材料共节约 1 574 元，主要是由于材料单价降低，使成本减少 1 728 元；单位产品材料耗用量降低，使成本减少 756 元，说明生产车间对成本的控制和管理比较好；产量增加 5 件，使成本增加 910 元，由于产量增加而引起的材料超额领用属于正常情况。

2）差额分析法

差额分析法又称差额计算法，是连环替代法的一种简化形式，它是根据各因素的本期实际数据与标准数据之间的差额，直接计算各因素变动对综合指标影响程度的一种分析方法。该方法与连环替代法的要求相同，计算结果也完全相同，只是简化了一些。

【例 7-9】根据例 7-8 的相关资料，采用差额分析法分析各因素对 B 材料费用总额的影响。
（1）分解指标因素，确定各因素的排列顺序。

$$材料费用总额 = 产品产量 \times 单位产品材料耗用量 \times 材料单价$$

（2）确定分析对象。
材料成本差异：
$$46\,656 - 48\,230 = -1\,574（元）$$

（3）计算各因素变动对材料费用总额的影响。
① 产量变动对材料费用总额的影响：
$$(270 - 265) \times 65 \times 2.8 = 910（元）$$
② 单位产品材料耗用量变动对材料费用总额的影响：
$$270 \times (64 - 65) \times 2.8 = -756（元）$$
③ 材料单价变动对材料费用总额的影响：
$$270 \times 64 \times (2.7 - 2.8) = -1\,728（元）$$

（4）汇总并验算影响结果。
$$910 + (-756) + (-1\,728) = -1\,574（元）$$

由以上计算结果可以看出，差额分析法与连环替代法的计算分析结果完全相同。

二、分析成本报表

（一）产品生产成本表的分析

产品生产成本表的分析主要包括全部产品生产成本计划完成情况分析和可比产品成本

降低目标完成情况分析。

1. 全部产品生产成本计划完成情况分析

全部产品生产成本计划完成情况分析主要是分析成本计划的完成情况,确定本期全部产品的实际成本与计划成本相比较的差异额和差异率,即计算其成本降低额和成本降低率,初步了解企业成本计划完成情况。全部产品生产成本计划完成情况分析可分别按产品种类、成本项目进行分析。

1)按产品种类分析产品生产成本计划完成情况

按产品种类分析全部产品生产成本计划完成情况,需要根据产品生产成本表和按产品种类编制的全部产品生产成本计划等资料,通过编制产品生产成本计划完成情况分析表,计算并确定全部产品的成本降低额和成本降低率。

计算公式如下:

$$成本降低额 = 实际总成本 - 计划总成本$$
$$= 实际产量 \times (实际单位成本 - 计划单位成本)$$

$$成本降低率 = \frac{成本降低额}{实际产量 \times 计划单位成本} \times 100\%$$

【例7-10】正大公司20××年生产甲、乙、丙三种产品,其中甲、乙产品为可比产品,丙产品本年刚投入生产,为不可比产品。该企业20××年全部产品生产成本计划完成情况分析表(按产品种类),见表7-11。

表7-11 全部产品生产成本计划完成情况分析表(按产品种类)

编制单位:正大公司　　　　　　20××年12月31日　　　　　　单位:元

产品名称		计划总成本	实际总成本	成本降低额	成本降低率/%
可比产品	甲产品	2 535 000	2 567 500	32 500	1.28
	乙产品	1 987 200	1 972 800	-14 400	-0.72
	小计	4 522 200	4 540 300	18 100	0.4
不可比产品	丙产品	550 000	563 200	13 200	2.4
合计		5 072 200	5 103 500	31 300	0.62

从表7-11的计算结果来看,该企业本年累计实际总成本超出计划31 300元,升高了0.62%。其中:可比产品成本实际比计划超支18 100元,主要是甲产品超支32 500元,成本超支率1.28%,而乙产品成本则是降低的;不可比产品成本实际比计划超支13 200元。甲、丙两种产品均超支,需要进一步分析超支的原因,尤其是甲产品成本超支的原因。

2)按成本项目分析产品生产成本计划完成情况

按成本项目分析产品生产成本计划完成情况,是将全部产品总成本按成本项目逐一汇总,并与按实际产量调整后的计划总成本对比,确定每个成本项目的降低额和降低率,分析总成本变动的原因。

【例7-11】正大公司20××年全部产品生产成本计划完成情况分析表（按成本项目），见表7-12。

表7-12 全部产品生产成本计划完成情况分析表（按成本项目）

编制单位：正大公司　　　　　　　20××年12月31日　　　　　　　　　　　　单位：元

成本项目	计划总成本	实际总成本	成本降低额	成本降低率/%
直接材料	2 537 100	2 568 260	31 160	1.23
直接人工	1 620 420	1 618 420	-2 000	-0.12
制造费用	948 000	946 820	-1 180	-0.12
生产费用合计	5 105 520	5 133 500	27 980	0.55
加：在产品期初余额	78 540	78 900	360	0.46
减：在产品期末余额	111 860	108 900	-2 960	-2.65
产品生产成本合计	5 072 200	5 103 500	31 300	0.62

从表7-12的计算结果来看，该企业本年实际总成本超出计划31 300元，升高了0.62%。其中：直接材料项目超支31 160元，超支率1.23%；期初在产品成本增加360元，超支率0.46%；而直接人工项目减少2 000元，节约率0.12%；制造费用项目减少1 180元，节约率0.12%；在产品期末余额减少2 960元，节约率2.65%。对直接材料项目和期初在产品成本超支，应进一步分析查找超支的具体原因，尤其是材料项目超支的原因。

2. 可比产品成本降低目标完成情况分析

可比产品成本降低目标完成情况分析包括可比产品成本降低计划完成情况分析和可比产品成本降低计划完成情况因素分析。

1）可比产品成本降低计划完成情况分析

可比产品成本降低计划完成情况分析，主要是通过计算可比产品计划成本降低额和降低率、实际成本降低额和降低率指标来考核评价企业可比产品成本降低任务的完成情况，为进一步分析确定各因素的影响程度、挖掘企业潜力、降低成本指明方向。

计算公式如下：

$$可比产品计划成本降低额 = \sum[计划产量 \times (上年实际单位成本 - 本年计划单位成本)]$$

$$可比产品计划成本降低率 = \frac{可比产品计划成本降低额}{\sum(计划产量 \times 上年实际单位成本)} \times 100\%$$

$$可比产品实际成本降低额 = \sum[实际产量 \times (上年实际单位成本 - 本年实际单位成本)]$$

$$可比产品实际成本降低率 = \frac{可比产品实际成本降低额}{\sum(计划产量 \times 上年实际单位成本)} \times 100\%$$

【例7-12】正大公司20××年甲、乙两种可比产品计划成本降低任务完成情况分析表，见表7-13、表7-14。

表 7-13 可比产品计划成本降低任务完成情况分析表

编制单位：正大公司　　　　20××年12月31日　　　　　　　　　　　　单位：元

产品名称	计划产量	单位成本		总成本		计划成本降低指标	
		上年实际	本年计划	按上年实际单位成本计算	按本年计划单位成本计算	降低额	降低率/%
	①	②	③	④=①×②	⑤=①×③	⑥=④-⑤	⑦=⑥÷④
甲产品	3 240	800	780	2 592 000	2 527 200	64 800	2.5
乙产品	2 882	700	690	2 017 400	1 988 580	28 820	1.428 6
合计				4 609 400	4 515 780	93 620	2.031 1

表 7-14 可比产品实际成本降低任务完成情况分析表

编制单位：正大公司　　　　20××年12月31日　　　　　　　　　　　　单位：元

产品名称	实际产量	单位成本		总成本		实际成本降低指标	
		上年实际	本年实际	按上年实际单位成本计算	按本年实际单位成本计算	降低额	降低率/%
	①	②	③	④=①×②	⑤=①×③	⑥=④-⑤	⑦=⑥÷④
甲产品	3 250	800	790	2 600 000	2 567 500	32 500	1.25
乙产品	2 880	700	685	2 016 000	1 972 800	43 200	2.142 9
合计				4 616 000	4 540 300	75 700	1.64

从表 7-13、表 7-14 的计算结果来看，该企业本年全部可比产品计划成本降低额 93 620 元，实际成本降低额 75 700 元，未完成任务 17 920 元；计划成本降低率 2.031 1%，实际成本降低率 1.64%，未完成 0.391 1%。成本降低额和成本降低率两项指标均未完成任务，但各产品完成情况不均衡。其中：乙产品计划成本降低额 28 820 元，计划成本降低率 1.428 6%；实际成本降低额 43 200 元，实际成本降低率 2.142 9%，超额完成了任务。甲产品未完成任务，应进一步分析查找具体原因。

2）可比产品成本降低计划完成情况因素分析

影响可比产品计划完成情况的因素主要有三种，即产品产量、产品品种结构和产品单位成本。

产品产量只影响降低额，不影响降低率；而产品品种结构和产品单位成本都会同时影响降低额和降低率。采用因素分析法分别计算以上三个因素变动对成本降低计划完成情况的影响。

（1）产品产量变动因素的影响：

$$\text{产品产量变动对成本降低额的影响} = \sum \left(\text{实际产量} - \text{计划产量} \right) \times \text{上年实际单位成本} \times \text{总计划成本降低率}$$

（2）产品品种结构变动因素的影响：

$$\begin{aligned}\text{产品品种结构变动对}\\\text{成本降低额的影响}\end{aligned} = \sum\left[\text{实际}\atop\text{产量}\times\left({\text{上年实际}\atop\text{单位成本}}-{\text{本年计划}\atop\text{单位成本}}\right)\right] - \sum\left[{\text{实际}\atop\text{产量}}\times{\text{上年实际}\atop\text{单位成本}}\times{\text{总计划成}\atop\text{本降低率}}\right]$$

$$\begin{aligned}\text{产品品种结构变动对}\\\text{成本降低率的影响}\end{aligned} = \frac{\text{产品品种结构变动对成本降低额的影响}}{\sum(\text{实际产量}\times\text{上年实际单位成本})}\times 100\%$$

（3）产品单位成本变动因素的影响：

$$\begin{aligned}\text{产品单位成本变动对}\\\text{成本降低额的影响}\end{aligned} = \sum[\text{实际产量}\times(\text{计划单位成本}-\text{本年实际单位成本})]$$

$$\begin{aligned}\text{产品单位成本变动对}\\\text{成本降低率的影响}\end{aligned} = \frac{\text{产品单位成本变动对成本降低额的影响}}{\sum(\text{实际产量}\times\text{上年实际单位成本})}\times 100\%$$

【例 7-13】根据例 7-12 的相关资料及计算结果，采用因素分析法计算分析各因素变动对成本降低计划完成情况的影响。

（1）产品产量变动因素的影响：

产品产量变动对成本降低额的影响 =（3 250 - 3 240）× 800 × 2.031 1% +
　　　　　　　　　　　　　　　　（2 880 - 2 882）× 700 × 2.031 1%
　　　　　　　　　　　　　　　= 134.05（元）

（2）产品品种结构变动因素的影响：

产品品种结构变动对成本降低额的影响 = [3 250 ×（800 - 780）+ 2 880 ×（700 - 690）] -
　　　　　　　　　　　　　　　　　　[3 250 × 800 × 2.031 1% + 2 880 × 700 ×
　　　　　　　　　　　　　　　　　　2.031 1%]
　　　　　　　　　　　　　　　　 = 44.42（元）

$$\text{产品品种结构变动对成本降低率的影响} = \frac{44.42}{3\,250\times 800 + 2\,880\times 700}\times 100\% = 0.001\%$$

（3）产品单位成本变动因素的影响：

产品单位成本变动对成本降低额的影响 = 3 250 ×（780 - 790）+ 2 880 ×（690 - 685）
　　　　　　　　　　　　　　　　　 = -18 100（元）

$$\text{产品单位成本变动对成本降低率的影响} = \frac{-18\,100}{3\,250\times 800 + 2\,880\times 700}\times 100\% = -0.392\,1\%$$

综合上述各种因素对可比产品成本降低计划完成情况的影响程度，见表 7-15。

表 7-15　各种因素对可比产品成本降低计划完成情况的影响程度汇总表

编制单位：正大公司　　　　　　　　　20××年 12 月 31 日

因素	影响程度	
	降低额/元	降低率/%
产品产量	134.05	
产品品种结构	44.42	0.001
产品单位成本	-18 100	-0.392 1
成本降低计划完成情况	-17 921.53	-0.391 1

（二）主要产品单位成本表的分析

主要产品单位成本表的分析包括主要产品单位成本计划完成情况分析和主要产品单位成本项目分析。

1. 主要产品单位成本计划完成情况分析

主要产品单位成本计划完成情况分析是将分析对象的各成本项目的本期实际数与上期实际数、本期计划数分别进行对比，计算出差异额和差异率，以便了解单位成本、直接材料、直接人工和制造费用的升降，进一步分析各成本项目变动对产品单位成本计划的影响程度，查明造成产品单位成本升降的具体原因。

【例 7-14】正大公司 20××年 12 月甲产品主要产品单位成本计划完成情况分析表，见表 7-16。

表 7-16 主要产品单位成本计划完成情况分析表

产品名称：甲产品　　　　　　20××年 12 月 31 日　　　　　　单位：元

成本项目	单位成本			与上年实际对比		与本年计划对比	
	上年实际	本年计划	本年实际	降低额	降低率/%	降低额	降低率/%
	①	②	③	④=①-③	⑤=④÷①	⑥=②-③	⑦=⑥÷②
直接材料	376	368	380	-4	-1.06	-12	-3.26
直接人工	264	260	262	2	0.76	-2	-0.77
制造费用	160	152	148	12	7.5	4	2.63
合计	800	780	790	10	1.25	-10	-1.28

从表 7-16 可以看出，甲产品实际单位成本比计划单位成本超支 10 元，主要是直接材料超支 12 元，直接人工超支 2 元，影响了单位成本计划的完成。应对直接材料和直接人工做进一步的分析。

2. 主要产品单位成本项目分析

主要产品单位成本项目分析主要包括直接材料项目分析、直接人工项目分析和制造费用项目分析。

1）直接材料项目分析

单位产品直接材料费用的变动主要受材料耗用量和材料单价两个因素的影响。其计算公式如下：

材料耗用量变动的影响 = $\sum$（实际单位耗用量 - 计划单位耗用量）× 计划材料单价

材料单价变动的影响 = $\sum$（实际材料单价 - 计划材料单价）× 实际单位耗用量

【例 7-15】正大公司 20××年甲产品单位产品直接材料费用分析表，见表 7-17。

表7-17 甲产品单位产品直接材料费用分析表　　　　　　　单位：元

材料名称	单位耗用量/千克		单价		直接材料费用		差异
	计划	实际	计划	实际	计划	实际	
A材料	62	56	3	3.7	186	207.2	21.2
B材料	65	64	2.8	2.7	182	172.8	-9.2
合计					368	380	12

由表7-17可以看出，甲产品直接材料费用实际比计划超支12元。

材料耗用量变动的影响 = (56-62)×3 + (64-65)×2.8 = -20.8（元）

材料单价变动的影响 = 56×(3.7-3) + 64×(2.7-2.8) = 32.8（元）

材料耗用量和材料单价两个因素的综合影响额 = -20.8 + 32.8 = 12（元）

从上述计算结果可以看出，由于材料耗用量的减少（A材料由62千克降为56千克；B材料由65千克降为64千克）使材料成本降低了20.8元；由于A材料单价的提高（由3元提高为3.7元）和B材料单价的降低（由2.8元降为2.7元），使材料成本超支32.8元。两者相抵，净超支12元。

由此可见，甲产品材料消耗的节约掩盖了材料价格提高所引起的材料成本的超支。材料消耗的节约只要不是偷工减料的结果，一般都是生产车间改革生产工艺、加强成本管理的成绩。A材料价格的提高，则要看是由于市场价格上涨等客观原因引起的，还是由于在材料采购过程中人为主观因素致使采购费用增加引起的。

2）直接人工项目分析

单位产品直接人工费用的变动主要受单位产品耗用工时和每小时人工费两个因素的影响。

其计算公式如下：

单位产品耗用工时变动的影响 =（实际工时-计划工时）×计划每小时人工费

每小时人工费变动的影响 = 实际工时×（实际每小时人工费-计划每小时人工费）

【例7-16】正大公司20××年甲产品单位产品直接人工费用分析表，见表7-18。

表7-18 甲产品单位产品直接人工费用分析表

项目	计划数	实际数	差异
单位产品耗用工时/时	10	8	-2
每小时人工费/（元/时）	26	32.75	6.75
单位产品人工费用/元	260	262	2

从表7-18可以看出，甲产品单位成本中的直接人工费用实际比计划超支2元。

单位产品耗用工时变动的影响 = (8-10)×26 = -52（元）

每小时人工费变动的影响 = 8×(32.75-26) = 54（元）

单位产品耗用工时和每小时人工费两个因素的综合影响额 = -52 + 54 = 2（元）

从上述计算结果可以看出，由于单位产品耗用工时节约（由10小时降为8小时），使单位产品直接人工费用降低了52元；由于每小时人工费超支（由26元提高到32.75元），使单位产品直接人工费用超支54元，抵消了单位产品工时消耗节约所产生的直接人工费用的降低额。企业应当进一步查明单位产品耗用工时节约和每小时人工费超支的原因。

3）制造费用项目分析

单位产品制造费用的变动主要受单位产品耗用工时和每小时制造费用两个因素的影响。其计算公式如下：

单位产品耗用工时变动的影响 =（实际工时 - 计划工时）× 计划每小时制造费用

每小时制造费用变动的影响 = 实际工时 ×（实际每小时制造费用 - 计划每小时制造费用）

【例7-17】正大公司20××年甲产品单位产品制造费用分析表，见表7-19。

表7-19　甲产品单位产品制造费用分析表

项目	计划数	实际数	差异
单位产品耗用工时/时	10	8	-2
每小时制造费用/（元/时）	15.2	18.5	3.3
单位产品制造费用/元	152	148	-4

从表7-19可以看出，甲产品单位成本中的制造费用实际比计划节约4元。

单位产品耗用工时变动的影响 =（8 - 10）× 15.2 = -30.4（元）

每小时制造费用变动的影响 = 8 ×（18.5 - 15.2）= 26.4（元）

单位产品耗用工时和每小时制造费用两个因素的综合影响额 = -30.4 + 26.4 = -4（元）

从上述计算结果可以看出，由于单位产品耗用工时节约（由10小时降为8小时），使单位产品制造费用节约30.4元；由于每小时制造费用超支（由15.2元提高到18.5元），使单位产品制造费用超支26.4元。企业应当进一步查明单位产品耗用工时节约和每小时制造费用超支的原因。

（三）费用明细表的分析

费用明细表包括制造费用明细表、管理费用明细表、销售费用明细表和财务费用明细表。对各项费用明细表的分析，主要采用比较分析法和构成比率分析法。

首先，应采用比较分析法，对制造费用、管理费用、销售费用、财务费用进行分析。根据明细表资料将本年实际数与本年计划数进行比较，确定差异，了解费用预算的实际执行情况；将本年实际数与上年实际数进行比较，确定差异，了解其增减变化，分析发展趋势。在对各项费用明细表进行分析时，不能简单地认为某项费用超支就是不合理的。比如，本期增加了产量，势必会相应增加机物料的消耗，这是正常的、合理的，不能认为在成本管理上存在薄弱环节。又比如，本期广告费增加了，不能简单地认为费用没有很好地加以控制，应结合主营业务收入的增减来加以评判，如果该项费用的增长速度小于收入的增长速度，则费用的增加是正常的,也是必要的。

其次,应采用构成比率分析法,分别计算各费用明细项目占费用总额的比率,了解各项费用的开支是否合理,分析各项费用超支或节约的原因,并找出影响费用总额的重点项目,确定管理的重点环节。

在对费用明细表进行分析时,应对费用按性质进行分类,分析哪些费用的发生是正常的,哪些是不正常的;哪些是管理上的原因,哪些不是管理上的原因,有针对性地进行管理和控制。在做进一步分析时应选择费用比重较大、超支或节约数额较大的项目有重点地进行分析。

【例 7-18】 正大公司 20××年制造费用完成预算情况分析表,见表 7-20。

表 7-20 制造费用完成预算情况分析表

编制单位:正大公司　　　　　　　　20××年12月　　　　　　　　单位:元

项目	本年计划	本年实际	差异额	差异率%
职工薪酬	268 900	268 700	-200	-0.074
折旧费	324 500	324 700	200	0.062
办公费	83 740	83 520	-220	-0.263
水电费	95 630	95 740	110	0.115
机物料消耗	52 310	52 310	0	0
差旅费	18 760	18 250	-510	-2.719
保险费	12 000	12 000	0	0
劳动保护费	25 300	25 350	50	0.198
租赁费	8 000	7 960	-40	-0.5
运输费	16 500	16 580	80	0.485
其他	5 700	5 650	-50	-0.877
合计	911 340	910 760	-580	-0.064

从表 7-20 的计算结果可以看出,本年度制造费用总额实际比计划降低 580 元,成本降低率 0.064%,基本符合计划。对于超支的折旧费、水电费、劳动保护费和运输费,还应进一步分析超支的具体原因。

管理费用、销售费用、财务费用的分析方法与制造费用的分析方法相同。

实务训练

实训一 产品生产成本报表分析训练

1. 资料

永丰公司20××年生产甲、乙、丙三种产品,其中丙产品为不可比产品,有关资料见编制完成的表7-9。

2. 要求

分析全部产品生产成本计划的完成情况。

实训二 主要产品单位成本报表分析训练

1. 资料

大卫公司20××年12月甲产品单位成本表,见表7-21。

表7-21 甲产品单位成本表

编制单位:大卫公司　　　　　　　　　　　　　　　　　　　　　　　单位:元

成本项目	上年实际	本年计划	本年实际
直接材料	126	124	120
直接人工	160	162	165
制造费用	196	195	200
产品单位成本	482	481	485

2. 要求

对该公司甲产品单位成本计划完成情况进行分析。

本 篇 小 结

成本报表是企业根据日常成本、费用核算资料及其他相关资料编制的,用来反映企业一定时期产品成本和期间费用水平及其构成情况的书面报告文件。

成本报表属于企业内部报表,主要包括产品生产成本表、主要产品单位成本表、制造费用明细表和期间费用明细表等。通过编制成本报表,可以综合反映企业产品成本、费用的构成及其水平，反映企业成本计划、费用预算的完成情况，为制订成本计划和费用预算、进行成本决策提供信息和依据。

成本报表分析是企业根据成本报表和其他相关资料，运用一系列专门方法，对成本费用水平及其构成情况进行分析和评价，查明成本费用升降的具体原因，寻找降低成本费用途径的一项管理活动。

成本报表分析的方法主要有比较分析法、比率分析法、连环替代法和差额分析法。成本报表分析主要包括全部产品生产成本计划完成情况分析、可比产品成本降低目标任务完成情况分析、主要产品单位成本计划完成情况分析、主要产品单位成本项目分析和费用明细表的分析。

通过成本报表分析，可以加强企业内部的成本管理，挖掘降低成本的潜力，提高企业经济效益。

理 念 训 练

一、单项选择题

1. 成本报表属于（　　）。
   A. 对内报表　　　　　　　　　　B. 既是对内报表，又是对外报表
   C. 对外报表　　　　　　　　　　D. 对内还是对外，由企业自行决定
2. 下列不属于成本报表的是（　　）。
   A. 产品生产成本表　　　　　　　B. 制造费用明细表
   C. 主要产品单位成本表　　　　　D. 资产负债表
3. 不属于产品生产成本表反映内容的是（　　）。
   A. 报告期内全部产品总成本
   B. 报告期内各项期间费用
   C. 报告期内各主要产品单位成本
   D. 报告期内全部产品各成本项目的总成本
4. 主要产品单位成本表的产品单位成本部分是按（　　）反映的。
   A. 产品成本项目　　B. 生产费用要素　　C. 费用定额　　　　D. 消耗定额
5. 成本报表是服务于（　　）的报表。
   A. 企业债权人　　　　　　　　　B. 企业管理者
   C. 有关社会职能管理部门　　　　D. 各有关投资人
6. 采用因素分析法可以揭示（　　）。
   A. 实际与计划数之间的差异　　　B. 产生差异的因素
   C. 各项目所占比重　　　　　　　D. 产生差异的因素和各因素的影响程度
7. 制造费用明细表通常按（　　）来进行编制。
   A. 企业各基本生产车间　　　　　B. 企业各部门

C. 企业各辅助生产车间　　　　D. 企业整体

8. 将本期实际指标与不同时期的指标进行对比来揭示数量差异、分析差异产生原因的分析方法是（　　）。
   A. 比率分析法　　　　　　　B. 因素分析法
   C. 比较分析法　　　　　　　D. 差额分析法

9. 对主要产品单位成本表进行分析时，通常首先采用（　　）进行分析。
   A. 因素分析法　　　　　　　B. 比率分析法
   C. 趋势分析法　　　　　　　D. 比较分析法

10. 通过计算和对比各项指标之间的相对数即比率来考察企业经济活动相对效益的分析方法是（　　）。
    A. 连环替代法　　　　　　　B. 比率分析法
    C. 比较分析法　　　　　　　D. 差额分析法

二、多项选择题

1. 成本报表按反映内容的不同可分为（　　）。
   A. 产品生产成本表　　　　　B. 制造费用明细表
   C. 主要产品单位成本表　　　D. 管理费用明细表

2. 产品生产成本表可以反映可比产品和不可比产品的（　　）。
   A. 单位成本　　B. 本月总成本　　C. 本年累计总成本　　D. 实际产量

3. 在主要产品单位成本表中，需要反映的指标有（　　）。
   A. 本年计划单位成本　　　　B. 本月实际单位成本
   C. 上年实际平均单位成本　　D. 本月实际总成本

4. 制造费用明细表是按照制造费用各明细项目分别反映各项目的（　　）。
   A. 本年计划　　B. 上年实际　　C. 本月实际　　D. 本年累计实际

5. 在进行可比产品成本降低计划完成情况因素分析时，单纯产品产量变动会使（　　）。
   A. 成本降低额增加　　　　　B. 成本降低率增加
   C. 成本降低额减少　　　　　D. 成本降低率减少

6. 比率分析法主要包括（　　）。
   A. 相关比率分析法　　　　　B. 结构比率分析法
   C. 差额分析法　　　　　　　D. 动态比率分析法

7. 影响可比产品成本降低任务完成情况的因素主要有（　　）。
   A. 产品产量　　B. 产品品种结构　　C. 产品单位成本　　D. 产品总成本

8. 比较分析法中的常用比较标准有（　　）。
   A. 本期计划指标　　B. 上期实际指标　　C. 同行业指标　　D. 历史先进水平

9. 影响主要产品单位成本直接材料费用变动的因素主要有（　　）。
   A. 单位产品直接材料耗用量　　B. 产品产量
   C. 材料单价　　　　　　　　　D. 产品品种结构

10. 在连环替代法下，确定各因素替代顺序时，下列说法正确的是（　　）。

A. 先数量因素，后质量因素
B. 先质量因素，后数量因素
C. 先实物量和劳动量因素，后价值量因素
D. 先主要因素，后次要因素

三、判断题

1. 企业成本报表属于内部报表，其种类、格式、内容及报送对象等均由企业自行决定。（　　）
2. 成本报表是反映企业一定时期产品成本水平、考核产品成本计划和生产费用预算执行情况的书面报告。（　　）
3. 制造费用明细表应包括辅助生产车间制造费用的发生额。（　　）
4. 所有的成本报表都是按产品成本项目分别反映的。（　　）
5. 采用比较分析法和比率分析法，可以揭示实际数与基数之间的差异，但不能揭示产生差异的因素和各因素的影响程度。（　　）
6. 在进行可比产品成本降低计划完成情况因素分析时，产品产量只影响降低额，不影响降低率；而产品品种结构和产品单位成本都会同时影响降低额和降低率。（　　）
7. 比较分析法是一种绝对数的对比分析，所以只适用于同质指标的数量对比。（　　）
8. 单位产品工时是影响直接工资和制造费用变动的重要因素。（　　）
9. 单位产品耗用工时是影响主要产品单位成本的直接人工和制造费用变动的主要因素之一。（　　）
10. 差额分析法是连环替代法的一种简化形式，两种方法的计算结果完全相同。（　　）

四、简述题

1. 编制成本报表的基本要求是什么？
2. 简述常见的成本报表有哪些种类。
3. 简述对比分析法的特点和适用范围。
4. 因素分析法的适用范围是什么？如何进行计算分析？
5. 如何分析主要产品单位成本？

参 考 文 献

[1] 中华人民共和国财政部. 企业会计准则 [M]. 北京：中国财政经济出版社，2006.
[2] 中华人民共和国财政部. 企业会计准则：应用指南 [M]. 北京：企业管理出版社，2007.
[3] 于富生，黎来芳，张敏. 成本会计学. 7版 [M]. 北京：中国人民大学出版社，2014.
[4] 杨敏，戴自力. 企业成本会计实务 [M]. 郑州：河南科学技术出版社，2014.
[5] 刘东华，张立恒. 企业成本会计实训 [M]. 郑州：河南科学技术出版社，2013.
[6] 白华，李瑞芬，勾德明，等. 涉农企业财务管理研究 [M]. 北京：中国农业出版社，2014.
[7] 杨寿康，伍少金. 成本会计 [M]. 北京：北京科学技术出版社，2010.
[8] 李平. 农业企业财务管理与分析 [M]. 北京：知识产权出版社，2006.
[9] 栾甫贵. 农业会计学 [M]. 大连：东北财经大学出版社，2001.